Clara Rilke-Westhoff (1878-1954), Tochter aus Bremer Kaufmannsfamilie und Ehefrau Rainer Maria Rilkes, war eine der Vorreiterinnen der Frauen in der Kunst. Wie ihre enge Freundin und Weggefährtin Paula Modersohn-Becker brach sie mit den Konventionen ihrer Zeit und wählte eine Domäne, die bis dahin vor allem Männern vorbehalten war: die Bildhauerei.
Sie geht nach München, dann in die Künstlerkolonie Worpswede, arbeitet bei Max Klinger und wird Schülerin Auguste Rodins. Zurück in Worpswede begegnet sie einem jungen Dichter, der tief beeindruckt von ihr ist: Rainer Maria Rilke. 1901 heiraten die beiden. Zeitlebens sollte die Künstlerin unter dem Spannungsverhältnis zwischen ihren privaten Lebensumständen, ihrer Rolle als Ehefrau und Mutter, und ihrem künstlerischen Schaffen leiden.
Einfühlsam und basierend auf fundierter Recherche erzählt Marina Bohlmann-Modersohn das Leben einer zu Unrecht vergessenen Frau, die Porträtskulpturen von großer Ausdruckskraft schuf und zu den wenigen Bildhauerinnen von Bedeutung in der deutschen Kunst der Jahrhundertwende zählt.

MARINA BOHLMANN-MODERSOHN, geboren in Bremen, arbeitete nach ihrem Literaturstudium in Paris als freie Journalistin. Sie veröffentlichte zahlreiche biografische Essays und ist langjährige MERIAN-Autorin. Sie lebt mit ihrer Familie bei Bremen.

MARINA BOHLMANN-MODERSOHN bei btb
Paula Modersohn-Becker. Eine Biografie mit Briefen

MARINA BOHLMANN-MODERSOHN

Clara Rilke-Westhoff

Eine Biografie

btb

Sollte diese Publikation Links auf Webseiten Dritter enthalten,
so übernehmen wir für deren Inhalte keine Haftung,
da wir uns diese nicht zu eigen machen, sondern lediglich auf
deren Stand zum Zeitpunkt der Erstveröffentlichung verweisen.

Verlagsgruppe Random House FSC® N001967

1. Auflage
Genehmigte Taschenbuchausgabe Oktober 2017
Copyright © 2015 by btb Verlag
in der Verlagsgruppe Random House GmbH,
Neumarkter Straße 28, 81673 München
Covergestaltung: semper smile, München
Covermotiv: Paula Modersohn-Becker
»Porträt Clara Rilke-Westhoff«, 1905, Hamburger Kunsthalle © akg/
picture alliance/dpa
Druck und Einband: GGP Media GmbH, Pößneck
MK · Herstellung: sc
Printed in Germany
ISBN 978-3-442-71542-8

www.btb-verlag.de
www.facebook.com/btbverlag

INHALT

KAPITEL I

Oh, München! Diese göttliche Freiheit!

> *Von jungen Mädchen findet man's entsetzlich,*
> *wenn sie ein Selbst sein wollen, sie dürfen über-*
> *haupt nichts sein, im besten Fall eine Wohn-*
> *stubendekoration oder ein brauchbares Haustier,*
> *von tausend lächerlichen Vorurteilen eingeengt.*
> Franziska zu Reventlow

Siebzehn! Das Bedürfnis, aufzubrechen, um sich weit weg von dort, woher sie stammt, allein und ungestört auf ihre künstlerische Laufbahn vorzubereiten, setzt eine gehörige Portion Selbstvertrauen voraus, viel Mut, einen exzessiven Freiheitsdrang und Neugier auf das Fremde.

Weiß Clara Henriette Sophie Westhoff, wie verbreitet die Vorurteile Frauen gegenüber sind, die Kunst studieren wollen mit dem Ziel, diese zu ihrem Beruf zu machen und damit Geld zu verdienen? Ist ihr bewusst, wie groß die männliche Konkurrenz ist, wie verschworen die Bünde der Meistermaler, die malende junge Frauen als Dilettantinnen verhöhnen und ihnen das Tor zu einem Akademiestudium immer noch verschlossen halten? Kann sie sich ein Bild machen, wie schwierig die Lebensbedingungen speziell für

Künstlerinnen sind und schließlich: Wie kaum vereinbar Leben und Kunst?

Doch Fragen solcher Art übersteigen vermutlich ihre 17-jährige Vorstellungskraft, und statt sie sich zu diesem frühen Zeitpunkt ihres jungen Lebens überhaupt zu stellen, packt sie im Oktober 1895 lieber ihre Koffer und freut sich auf das nun beginnende Neue.

Dass der Vater, gebürtiger Bremer und Kaufmann in zweiter Generation, auf den Wunsch seiner einzigen Tochter, Malerin zu werden und für ihre künstlerische Ausbildung nach München zu gehen, mit wohlwollender Akzeptanz reagiert und nicht mit Entsetzen – in der von patriarchalischen Strukturen und moralischen Zwängen geprägten Gesellschaft des deutschen Kaiserreichs ist das keine Selbstverständlichkeit.

Doch Friedrich Westhoff, der seine drei Kinder von früh auf im Zeichnen und Malen unterrichten ließ und selbst in jeder freien Minute hinaus in die Natur ging, um zu malen, fühlt sich der Kunst verbunden, und in der Familie seiner zweiten Ehefrau Johanna Westhoff, geborene Hartung, einer weltoffenen und von bürgerlichen Wertvorstellungen unabhängigen Frau, deren Mutter mit Clara Schumann musizierte, war künstlerische Betätigung ebenso wenig etwas Ungewöhnliches.

Friedrich und Johanna Westhoff haben Vertrauen in die Tochter und glauben an ihr Talent. Das temperamentvolle junge Mädchen wirkt so zielstrebig und entschlossen, dass sie ihr Vorhaben gerne unterstützen wollen. Trotz der vielen Kilometer zwischen Bremen und München und trotz der hohen Ausbildungskosten.

München gilt um 1900 neben Paris als führende Kunststadt Europas. Mit ihren bedeutenden Sammlungen, Museen und Ausbildungsstätten wie der renommierten Akademie der Künste oder der Münchner Damen-Akademie, lockt die alpennahe Residenzstadt nicht nur Maler und Bildhauer von überall her an. Auch Schriftsteller, Musiker, Meister der Lebenskunst und solche, die es werden wollen, lassen sich an der Isar nieder, vorzugsweise in Schwabing, im Norden der Stadt.

Schwabing, eben noch ein winziger Marktflecken inmitten von Wiesen- und Ackerland und erst seit kurzem ein Stadtteil von München, ist ein charaktervolles, idyllisches Viertel. Weitläufiges Grün, schmale, lange Straßen mit Häusern, in denen man preiswerte Zimmer mieten kann, zahlreiche Wirtshäuser; Universität und Kunstakademie sind nicht weit. In der Türkenstraße 28 ist eine Gruppe debattierfreudiger Kleinkünstler eben dabei, sich zu Deutschlands erstem politischen Kabarett »Elf Scharfrichter« zusammenzuschließen, und in der Kaulbachstraße 51a gründet der Verleger Albert Langen mit dem »Simplicissimus« eine satirische Zeitschrift, die vom 1. April 1896 an alle zwei Wochen in München erscheint. Ihr Wappentier ist eine rote Bulldogge. Zähnefletschend fegt das Tier durch die selbstherrlichen Amtsstuben des wilhelminischen Obrigkeitsstaats und entlarvt im Namen von Th. Th. Heine und Olaf Gulbransson, Frank Wedekind, Jakob Wassermann und Ludwig Thoma seine Schwächen: Zensur, Bürokratie, Militär, Parteien, Klerus. Dabei wird selbst die Frauenbewegung, für die München um 1900 ein Zentrum ist, in ihrem Kampf für weibliche Entfaltungsmöglichkeiten und bürgerliche Rechte nicht verschont. So erscheint im »Simplicissimus« ein Text mit einer Karikatur von Bruno Paul, die eine Studentin mit ihrem Lehrer zeigt: »Sehen Sie, Fräulein, es gibt zwei Arten von Malerinnen: die einen möchten heiraten und die anderen haben auch kein Talent.«

Und wer ist dieser junge Autor, den man häufig mit einem Stapel von Manuskripten unter dem Arm in die Kaulbachstraße gehen sieht? Es heißt, er arbeite für Albert Langen als Lektor und schreibe gerade an einem Roman. Schon bald erscheinen die »Buddenbrooks«, und der 26-jährige Thomas Mann jubelt: *Die Kunst blüht, die Kunst ist an der Herrschaft ... München leuchtet.*

•

Oh, München! Diese göttliche Freiheit! Clara Westhoff, seit wenigen Wochen Schülerin der privaten Malschule von Friedrich Fehr und Ludwig Schmid-Reutte in der Theresienstraße 71, ein *Riesengebäude mit lauter Maler-Ateliers, besucht von jungen Damen*, fühlt sich zur richtigen Zeit am richtigen Ort.

Unter Münchens Privatschulen, die seit einigen Jahren wie Pilze aus dem Boden schießen, ist Fehr/Schmid-Reutte die bekannteste und beliebteste. Mit ihrer Aufnahme in die Zeichenklasse von Friedrich Fehr hat Clara Westhoff Glück. Diese gilt als vorzüglich.

Keine Prüfung, keine Mappe, nichts ist nötig, was die Zulassung an privaten Schulen oder so genannten »Damenateliers« bedingte. Begabung hin oder her, die Masse macht's. »Weiber« zu unterrichten ist ein lukratives Geschäft. Sobald ein junger Künstler die Akademie verlassen hat und seinen Lebensunterhalt noch nicht mit dem Verkauf seiner Bilder bestreiten kann, lehrt er vorzugsweise an einem Damenatelier oder leitet es sogar. Obgleich die Gebühren dort um ein Vielfaches höher sind als die an der staatlichen Kunstakademie, spielt die Qualität des Unterrichts in der Regel eine eher untergeordnete Rolle. Wichtig sind die Umsatzzahlen. Doch Frauen, die sich künstlerisch ausbilden lassen möchten, bleibt nur dieser Weg. Denn sowohl die Münchner Akademie der Künste als auch die anderen großen Kunsthochschulen in Dresden, Düsseldorf und Berlin verwehren ihnen bis auf ganz wenige Einzelfälle den Zugang. Daran wird sich auch in den kommenden zwei Jahrzehnten kaum etwas ändern.

Ich bin sehr froh, in dieser Schule zu sein, berichtet Clara Westhoff nach Hause. Die Eltern sollen es gleich wissen: Sie setze alles daran, erst einmal gründlich zeichnen zu lernen, ehe sie zu malen beginne. *Der Fehler der meisten ist, dass sie zu früh anfangen, zu malen,* schreibt sie im März 1896 nach Bremen und äußert sich abschätzig über die *Damen* in ihrer Klasse, *die so für sich und ihre Familien etwas malen lernen* wollen und deren Arbeiten *so für den Haushalt genug,* nämlich eher beiläufig ausgeführt würden und sich neben Handarbeit, Musik und Dichtung auf den häuslichen, familiären Bereich beschränkten. Doch natürlich gibt es Ausnahmen. Schnell weiß sie die Dilettantinnen von jenen Mitschülerinnen zu unterscheiden, die ernsthaft an ihrer künstlerischen Karriere arbeiten. Marie Czajkowska gehört dazu. Die polnische Porträt- und Landschaftsmalerin ist ein Jahr jünger als Clara Westhoff und studiert von 1896 bis 1900 ebenfalls bei Fehr/Schmid-Reutte. Die beiden Künstlerinnen werden sich, ohne dass sie es zu diesem Zeitpunkt ahnen könnten, während ihrer weiteren Studien in Paris wiedersehen.

Zwar kommt Friedrich Fehr, *sehr jung, süßlich und parfümiert,* nur zweimal in der Woche zur Korrektur, doch Clara Westhoff empfindet seine kritische und strenge Art als ehrlich und fühlt sich von ihm ernst genommen: *Er kam zu mir, sprach mit mir einen Moment, schob meine Staffelei etwas anders, wischte meinen Anfang wieder weg und zeigte mir, wie man's machen muss.* Fehr hatte die Angewohnheit, mit seinem Daumen hier einen Schatten zu setzen, dort für ein effektvolles Licht zu sorgen. Das motivierte seine Schülerin: *Je mehr ich studiere, je mehr ich lerne, je mehr ich sehe, desto mehr angefeuert werde ich.*

Bald weiß sie, was ihr besonders liegt. Clara Westhoff zeichnet Porträts und macht Studien nach dem lebenden Modell. *Wir zeichnen jetzt im Atelier einen Neger. Sehr interessant und schwer. Ganz andere Gesichts- und Schädelbildung.* Am 12. Februar 1896 kann sie Vater und Mutter Westhoff voller Stolz von ihrer Teilnahme an Anatomiekursen berichten, die zu den speziellen Fächern bei Fehr/Schmid-Reutte gehören: *Eine tote Menschenhand in Spiritus mit einem ganzen Stück Arm noch dran.* Leichenteile. An diesen Anblick müsse sie sich erst gewöhnen, gesteht sie einschränkend ein, doch schließlich sei dieses Fach Teil ihres Studiums. Indem sie sich in dieser Disziplin übt, arbeitet die Malschülerin unbewusst an einer wesentlichen Voraussetzung für ihr späteres bildhauerisches Werk.

Und wie sieht es mit dem Aktzeichnen aus? Dass ein junges Mädchen vor dem nackten Modell arbeitet, gilt als anstößig und unschicklich. Darum ist die Teilnahme am Aktunterricht nicht ohne das Einverständnis der Eltern erlaubt. Zum Glück muss Clara keinen zähen Kleinkrieg mit ihrem Bremer Zuhause führen, um diese Erlaubnis zu erlangen. Vater und Mutter Westhoff geben ihrer Tochter umgehend grünes Licht.

Doch die praktische Ausbildung ist das eine, Museumsbesuche, die Erkundung der Stadt und Ausflüge in die Umgebung das Andere. Sie brauche dringend ein Fahrrad und die zum Radeln geeignete Kleidung, eine Hose und eine Kappe, hatte Clara Westhoff gleich zu Beginn ihrer Münchener Zeit nach Hause geschrieben. Obgleich der Anblick von Frauen in weiten Hosen, die sich allein und vergnüglich auf dem Fahrrad fortbewegen, noch keineswegs alltäglich ist, will sie auch diesbezüglich ihre neue Freiheit genießen, und schon bald kann man das *Malweib, ein regelrecht emancipiertes fin-de-siècle-Weib*, durch München sausen sehen, ihr Malgepäck auf dem Rücken.

Vor den Toren der Stadt liegt die Künstlerkolonie Dachau und seit bedeutende deutsche Maler, darunter Max Liebermann, Lovis Corinth und Emil Nolde dorthin reisen, um sich vorübergehend von der unberührten Landschaft des Dachauer Mooses inspirieren zu lassen, zieht der kleine Ort auch zahllose Malklassen aus Münchens Damenakademien und Malschulen an. Sepiafarbene Fotos zeigen Scharen junger Frauen in langen Kleidern und breitkrempigen Sonnenhüten, die an ihren Staffeleien stehen und malen.

Auch die Klassen von Fehr/Schmid-Reutte halten sich mehrfach in Dachau auf. Während eines ihrer Ausflüge lernt Clara Westhoff zwei Schriftsteller aus Bremen kennen, Rudolf Alexander Schröder und Alfred Walter Heymel. Gemeinsam mit dem Dresdener Schriftsteller Otto Julius Bierbaum geben sie in München die Monatszeitschrift »Insel« heraus. Für die künstlerische Gestaltung der reich illustrierten Bände haben sie einen jungen Grafiker gewinnen können, der Heinrich Vogeler heißt, ebenfalls aus Bremen stammt und im Begriff ist, sich als Jugendstilkünstler einen Namen zu machen. Außerdem ist er einer der fünf Maler, die unter dem Gruppennamen »Künstler-Verein Worpswede« im Sommer 1895 mit einer umfangreichen Ausstellung in München für Aufmerksamkeit sorgen.

Die »Jahresausstellung von Kunstwerken aller Nationen« im Glaspalast ist ein Großereignis. Allein der imposante Riesenbau aus Gusseisen und Glas mit seinen plätschernden Brunnen und kostbar ausgestatteten Interieurs auf dem Gelände des Alten Botanischen Gartens ist sehenswert und zieht die Menschenmassen an. Die Worpsweder sind mit 50 Gemälden, Aquarellen und Radierungen in einem eigenen Saal vertreten: Mächtige Wolkenformationen türmen sich über der flachen, weiten Ebene; weißstämmige Birken, schlank und frühlingshaft zart oder knorrig krumm, säumen Moorkanäle und sandige Wege oder spiegeln sich in Wassertümpeln; ärmliche Katen liegen windschief und wie geduckt in der Landschaft, ihre Dächer aus Stroh reichen bis auf den Boden.

Fritz Mackensen, Otto Modersohn, Fritz Overbeck, Heinrich Vogeler und Hans am Ende haben die Akademien und ihre Ateliers in Düsseldorf und Karlsruhe verlassen und im norddeutschen Teufelsmoor eine Landschaft gefunden, die sie zum künstlerischen Arbeiten unter freiem Himmel inspiriert, »en plein-air«. Den französischen Malern von Barbizon folgend, wollen sie der großstädtischen Modernität ein Leben in Einfachheit entgegensetzen.

Clara Westhoff kann sich gut an den Verriss der ersten Ausstellung der Künstlergruppe in der Kunsthalle Bremen nur wenige Monate zuvor, im Frühjahr 1895, erinnern. Presse und Publikum hatten die fünf jungen Männer aus dem Moor als »Apostel des Hässlichen« und »Lachkabinett« verspottet. Jetzt, in München, sind die Reaktionen überraschend positiv. Ihre Kunst sprenge die üblichen Sehgewohnheiten, sei neu und originell und setze der klassizistischen Malerei ein Ende, ist sich die Kritik überwiegend einig. Fritz Mackensen, der als Entdecker Worpswedes für die Kunst gilt, erhält für sein monumentales Gemälde »Gottesdienst im Freien« die Goldene Medaille I. Klasse der Künstlergenossenschaft. Das Königreich Bayern kauft von Otto Modersohn das großformatige Gemälde »Sturm im Moor« für die Neue Pinakothek der bayerischen Staatsgemäldesammlungen an. Rezensionen und Beiträge feiern die Ausstellung als »Europäisches Ereignis« und machen die Worpsweder Künstler über Nacht bekannt.

·

In seinem Schwabinger Atelier in der Gabelsbergerstraße sitzt Heinrich Vogeler an einem Großauftrag. Tafelsilber, Tischleuchter und Wandkandelaber sollen das Esszimmer des »Insel«-Herausgebers Alfred Walter Heymel schmücken, der als junger Millionär in einer luxuriös ausgestatteten Wohnung in der nahen Leopoldstraße lebt. Vogeler zeichnet Ranken und Pflanzen, Früchte und Blätter und arbeitet mit der Linie als Ornament: *Ein reiches Rosengitter, aus Messing gestanzt, war für die Kaminverkleidung entstanden. Aus flammenden Grasblumen wuchs es auf zu einem wogenden Rhythmus rosenbeladener Böschung.*

Über Heymels Reichtum und seine Kostbarkeiten aus aller Welt sind die fantastischsten Gerüchte im Umlauf – altes venezianisches Glas, antike Terrakotten, Meißner- und Sèvres-Porzellan, japanische Holzschnitte und primitive Kunst aus Afrika sollen in seinen Räumen verteilt sein. Bei Heymel kommt im Schein lodernder Kaminfeuer regelmäßig eine kleine Gesellschaft schöner Frauen und auserwählter Musiker und Schriftsteller zusammen. Bald zählt auch ein junger Dichter aus Prag zu dem illustren Kreis. René Maria Rilke hat seine Maturitätsprüfung am Prager Grabengymnasium mit Auszeichnung bestanden und einige Monate Kunstgeschichte, Philosophie und deutsche Literatur an der Karl-Ferdinands-Universität studiert. Ein kleiner, eher zartgliedriger Mann. Sein Gesicht ist blass und schmal und wird von großen, tief liegenden Augen beherrscht, die verwundert und sorgenvoll in die Welt blicken.

Der 21-Jährige hat Heimat und Familie verlassen und will sich in München ganz seiner dichterischen Aufgabe widmen. Da ihn die Geschichte der Bildenden Künste im Zeitalter der Renaissance interessiert, geht er hin und wieder in die Universität und hört Vorlesungen dazu.

•

Um dieselbe Zeit hält sich vorübergehend eine Frau in München auf, die ihren Wohnsitz eigentlich in Berlin hat. Louise von Salomé ist Gast im Hause ihrer engen Freundin Frieda von Bülow in der Schellingstraße. Sie ist 36 Jahre alt, in St. Petersburg geboren, mit dem Orientalisten Friedrich Carl Andreas verheiratet und Schriftstellerin. Eine ungewöhnliche Erscheinung. Groß und schlank mit einer Ausstrahlung, die auf Anhieb besticht. Selbstbewusst, geistreich und herzlich offen, dabei rebellisch und unkonventionell.

Lou Andreas-Salomé hat in Zürich Philosophie, Kulturwissenschaften und Kunstgeschichte studiert. Sie ist viel gereist und als Autorin bereits eine bekannte Größe in Europas intellektuellen Kreisen. Sie kennt August Strindberg und Richard Dehmel persönlich, ist mit Gerhart Hauptmann befreundet, in Wien Arthur Schnitzler und Hugo von Hofmannsthal begegnet, in München Frank Wedekind und Jakob Wassermann. Die Männer lieben sie. Sie sei eine Frau, die Männer sammle wie andere Leute Gemälde, wird hinter vorgehaltener Hand getuschelt. Es heißt, Lou Andreas-Salomé knüpfe eine leidenschaftliche Beziehung zu einem Mann, und neun Monate später bringe er ein Buch zur Welt. Zuletzt hat ihre Liaison mit dem achtzehn Jahre älteren Philosophen Friedrich Nietzsche europaweit für einen Skandal gesorgt.

Es ist ein warmer Frühlingsabend im Mai 1897, als Lou Andreas-Salomé anlässlich einer Einladung zum Abendessen bei Jakob Wassermann der deutsch-österreichische Autor René Maria Rilke vorgestellt wird.

René Maria ist augenblicklich fasziniert von der so viel Älteren mit der Aura einer berühmten Literatin. Zufällig habe er kürzlich ihren Essay »Jesus der Jude« gelesen, verrät er ihr noch am Abend ihrer ersten Begegnung in München und gesteht, dass er zwischen ihrem Text und seiner Lyrik auf eine geradezu geheimnisvolle Weise eine tiefe Verwandtschaft spüre.

Beide sehen sich einen Tag darauf im Theater wieder. Erstaunlich, wie viele Leute sie kennt, einflussreiche Leute aus der Kunst- und Kulturwelt. *Ich bin mit ein paar Rosen in der Hand in der Stadt und dem Anfange des Englischen Gartens herumgewandert, um Ihnen Rosen zu schenken,* schreibt der entflammte Rilke an Lou, *ja, statt sie an der Tür mit dem goldenen Schlüssel abzugeben, trug ich sie mit mir herum, zitternd vor lauter Willen, Ihnen irgendwo zu begegnen.*

Als die Angebetete den Anfang 20-Jährigen auffordert, strenger mit sich zu sein und disziplinierter zu arbeiten, ist die Folge eine bisher nicht gekannte dichterische Schaffensperiode. Unter Lous Einfluss gleicht sich Rilkes bisher eher nachlässige Handschrift ihrer klaren, deutlichen Schrift an, und als sie sich eines Tages kritisch über seinen viel zu französisch und wenig männlich klingenden Taufnamen »René« äußert, ändert er ihn umgehend in »Rainer« um. Er orientiert sich an den Ideen der Lebensreformbewegung so wie sie, und jedes seiner Liebesgedichte, die später in der Sammlung »Dir zur Feier« zusammengefasst werden, richtet Rainer Maria Rilke von nun an nur noch an Lou Andreas-Salomé.

•

An der Malschule Fehr/Schmidt-Reutte sind die Preise für die Kurse kürzlich schon wieder erhöht worden und das ärgert Clara Westhoff. Für die Zeichenklasse bei Fehr müssen die Schüler jetzt 30 Mark monatlich bezahlen und wenn dann noch die Kosten für den Abendakt in Höhe von 12 Mark dazukommen, macht das insgesamt 42 Mark. Nicht zu vergessen die Anatomie. *Das ist doch haarsträubend. Aber man muss nur bedenken, wie billig die Herren studieren, dann kriegt man doch 'ne Wut. Fehr ist ja schlau. (...) Uns hat er sicher, denn wohin sollen wir arme Schlucker uns sonst wenden?*

Die inzwischen 19-Jährige erregt sich über so viel weibliche Diskriminierung und will diese Ungerechtigkeit nicht schweigend hinnehmen:

Da existiert eine sogenannte ›Anatomie‹, wo täglich Vorträge für Ärzte sind und wo sie einmal in der Woche für Künstler stattfinden. Und zwar nur für die Akademie und Kunstgewerbeschule und nur für Herren. Jetzt sag mir einer, warum nur für Herren? Das muss anders werden und soll mich nicht wundern, wenn wir's durchsetzten. Wenn der Staat sich verpflichtet fühlt, für die männlichen Künstler ganz ungeheure Unterstützung zu leisten, warum tut er es nicht für die weiblichen?

Um diese Frage zu klären, macht sich Clara Westhoff auf den Weg zur Behörde. Es dauert lange, bis sie sich endlich zu den Verantwortlichen durchgearbeitet hat, dem bayerischen Minister für Cultus und Unterricht Robert Ritter von Landmann gegenübersteht und ihm ihr Anliegen vortragen kann. Man möge auch Künstlerinnen an den kostenlosen Anatomiekursen teilnehmen lassen, fordert sie. Die Zulassung von Frauen an den Anatomiekursen? Wie lächerlich! Abgesehen davon, dass diese Erlaubnis vermutlich nur weitere emanzipatorische Forderungen zur Folge haben würde, seien die Frauen den harten Anforderungen des Anatomieunterrichts körperlich wie geistig nicht gewachsen. *Der Herr Rat war ein kleines Ekel und unseren Plänen entschieden nicht geneigt.* Die Malschülerin ist entrüstet über den Schwall an fadenscheinigen Argumenten des Ministers, doch ebenso enttäuscht sie die mangelnde Solidarität ihrer Mitschülerinnen:

Viele Damen wollen so für sich und ihre Familie etwas malen, dann zeichnen sie etwas, fangen dann etwas zu malen an, Aquarell und Öl vielleicht, können dann vielleicht ganz nette Landschaften malen und so für den Haushalt genug. Das kann man in zwei Jahren erreichen. Sie können dann aber nichts ordentlich.

Eine von denen, die den Zeichen- und Malunterricht vor allem als Vorbereitung auf die Ehe betreiben, will sie nicht sein, das schwört sich Clara Westhoff. Wenn sie sich zur Künstlerin ausbilden lässt, dann mit dem Ziel, die Kunst zu ihrem Beruf zu machen.

•

Regelmäßig erkundigt sich Friedrich Westhoff bei seiner Tochter, wie es ihr gehe und ob die Ausbildung sie weiterbringe. Schließlich halte sie sich schon seit nahezu zwei Jahren in München auf. Seiner Bitte, Proben ihrer künstlerischen Arbeit nach Bremen zu schicken, damit er sich zu Hause ein Bild machen könne, entgegnet sie:

Du schreibst, ich möchte Zeichnungen mitschicken, ich habe aber meine letzten alle in München gelassen. Ich hätte sie schon

geschickt, aber sie sind nicht so vorteilhaft zum Zeigen und das
kommt daher, weil sie anders gemacht sind, als meine frühe-
ren. Ich hätte eigentlich vorgehabt, sie Dir zu schicken, aber sie
sehen wirklich nicht danach aus. Wißt Ihr, ich bin doch noch
nicht fertig im Studium, sondern in einer Art Übergangssta-
dium.

    15. Mai 1897

Vor allem hat sie durch die Begegnung mit einem jungen
Bildhauer eine künstlerische Disziplin kennen gelernt, die sie
gedanklich nicht mehr loslässt. Ignatius Taschner hat an der
Münchener Kunstakademie Grafik, Illustration und Bildhauerei studiert und arbeitet jetzt in einem eigenen Atelier. Er
soll für die alljährliche Ausstellung im Glaspalast ein Porträt einreichen und bittet Clara Westhoff, ihm Modell zu sitzen. *Bei meinem Bildhauer habe ich schon gesessen,* berichtet
sie euphorisch nach Hause, das Porträt habe bereits Ähnlich-
keit, *der Mensch ist riesig talentiert.* Taschners Können beeindruckt die 19-jährige Malschülerin und sie freut sich darüber,
dass sein Porträt von ihr im Sommer 1897 im Glaspalast ausgestellt wird.

    Wie soll es nun weitergehen? Auf die Briefe des Vaters, der
seine Tochter daran erinnert, dass sich ihre Lehrzeit in München und seine damit verbundene finanzielle Unterstützung
nun langsam dem Ende nähere, kann sie nur mit der Bitte
antworten: Habt weiterhin Geduld mit mir! Während des
Sommers lernt sie fünf Monate bei dem Landschaftsmaler
Bernhard Buttersack, Gründungsmitglied der »Münchner
Secession« und im Glaspalast mit der Goldenen Medaille
ausgezeichnet. Er hat vor den Toren Münchens in Haimhau-
sen ein geräumiges Atelierhaus und unterrichtet dort Privat-
schüler im Malen.

Hoffentlich erwartet Ihr auch nicht, dass ich Euch etwas arbeite, entschuldigt sie sich angesichts des nahenden Weihnachtsfestes vorbeugend, *Handarbeiten tue ich ja nie, aber malen und zeichnen kann ich Euch auch nichts. Es kränkt mich selbst tief, aber ich kann nichts dabei machen. Das, was ich arbeite, ist noch nicht zum Verschenken, ich kann doch nichts verschenken, was nicht gut ist und deshalb keine Existenzberechtigung hat.*

Seitdem Clara Westhoff die Bilder der Worpsweder Maler im Glaspalast sah, zieht es sie gedanklich immer wieder in ihr heimatliches Land um Bremen, und sie sehnt sich danach.

Schon als Kind fühlte sie sich dem Sommersitz der Familie vor den Toren der Stadt viel mehr verbunden als dem engen Giebelhaus in der Bremer Wachtstraße. Wie gut kann sie sich an die zahlreichen Wochenenden und langen Ferienaufenthalte in Oberneuland erinnern, an den großen Garten mit den hohen Bäumen, und wie sehr genoss sie die Wintermonate, wenn der kleine Fluss Wümme über die Ufer stieg und Wiesen und Felder überschwemmte. Dann breiteten sich blanke Wasserflächen aus, und war es ein sehr kalter Winter, froren sie zu und man konnte auf Schlittschuhen bis in das nicht weit entfernte Worpswede laufen.

Im Dezember 1897 fasst Clara Westhoff sich ein Herz und radelt in die Gabelsbergerstraße zu Heinrich Vogeler, den sie über eine gemeinsame Bremer Tanzstundenfreundin flüchtig kennt. Sie möchte mehr über die aktuelle Situation in Worpswede wissen, und er müsste genau der Richtige sein, ihr Auskunft zu geben. Vogeler erzählt, dass er nach dem Tod seines Vaters Geld geerbt und sich dafür in Worpswede einen alten Bauernhof gekauft habe, den er gerade zu einem Atelierhaus um- und ausbauen lasse. Er berichtet auch von den zahlreichen Malerinnen, die inzwischen in Worpswede lebten und sich bei Fritz Mackensen, Fritz Overbeck und Otto Modersohn künstlerisch ausbilden ließen.

Nach diesem Besuch bei Heinrich Vogeler steht für Clara Westhoff fest, dass sie München bald verlassen und für ihre weitere künstlerische Ausbildung nach Worpswede gehen wird.

Vogeler erinnerte sich später:

Ich hatte sie lange nicht gesehen, jetzt sah ich ihr schmal aufgebautes Gesicht wie zum ersten Mal, ein paar widerspenstige Locken drängten sich an den Schläfen vor unter dem Kranzgewinde von wildem Hopfen. Weiß war ihr Kleid. Die großzügigen Bewegungen hätten die einer Diana sein können. Ich dachte, der müsste man einen Wurfspeer in die Hand geben; ihre lockeren, kraftversprechenden Bewegungen würden sich dann bis in die Fersen des elastischen Körpers straffen, der alles in die Wucht des Speeres treibt, einem fernen Ziele zu.

KAPITEL II

Eine Künstlerin muss frei sein …
sonst kann sie sich nicht entwickeln

WORPSWEDE – LEIPZIG

FRÜHJAHR 1898 – DEZEMBER 1899

Es war unter uns Studentinnen Grundsatz …
uns in keiner Weise von anderen jungen Mäd-
chen zu unterscheiden … jede als männlich zu
deutende Note in der äußeren Erscheinung …
sollte vermieden werden.
Ricarda Huch

Für die Kleinbauern im Moor ist es seit Generationen die reine Plackerei. Tag für Tag die bleischwere Erde aus den tiefen Wassergräben schaufeln und sie mit kräftigem Schwung hoch an die Oberfläche werfen. Die feuchte Masse auf ebenem Boden verteilen und mit den Füßen platt stampfen, bis sie fest geworden und wie ein Fladen geformt ist. Beten, dass es nicht regnet, damit die Erde nicht wieder aufweicht. Hoffen, dass die Sonne nicht zu sehr brennt, damit der Torf nicht zerbröckelt. Schließlich ziegelgroße Stücke schneiden und sie zu Pyramiden schichten. Wieder und wieder umschichten, damit sie der Wind von allen Seiten erreichen kann. Diese Arbeit wird vorwiegend von den Frauen verrichtet, wenn sie in ihrer rauchigen Kate nicht kochen, Kinder nähren, Besen binden oder Strümpfe stricken.

Bis es Spätsommer und der Torf gut durchgetrocknet ist, vergehen Monate. Dann sammeln sich die Torfkähne mit ihren mächtigen schwarzen Segeln auf den zahlreichen Kanälen rund um Worpswede und werden beladen. Für den Transport ihrer kostbaren Fracht nach Bremen auf den Flüssen Hamme und Wümme brauchen sie oft mehrere Tage.

Als Häuser kann man die fensterlosen Katen nicht bezeichnen, in denen die meisten Moorbauern leben, häufig Tagelöhner oder ehemalige Gefangene mit ihrer Familie. Wände aus gestapelten Torfsoden, das Dach aus Stroh oder Schilf. Es reicht bis auf den Boden, Gras wächst darauf, Moos und hin und wieder eine kleine Birke. Am offenen Feuer wird gekocht. Weil die Kate keinen Schornstein hat, sondern nur eine kleine Tür, schwängern Rauchschwaden die stets feuchte Luft. Ein seitlicher Verschlag schützt Ziegen, Schafe oder manchmal auch eine magere Kuh vor Kälte und Regen.

Westerwede, Weyerdeelen, Mevenstedt, Hüttenbusch heißen die Moorkolonien rings um den 700-Seelen-Ort Worpswede. Eine Kirche mit angeschlossenem Friedhof, eine Grundschule, eine Apotheke, ein Bahnhof. Am Ortseingang eine kleine Bäckerei mit Gastwirtschaft; dort kann man auch preiswerte Zimmer mieten. Im Hotel »Stadt Bremen« quartierten sich Fritz Mackensen und Otto Modersohn ein, als sie rund ein Jahrzehnt zuvor zum ersten Mal gemeinsam nach Worpswede kamen.

Weit geht der Blick von der 50 Meter hohen Sanddüne Weyerberg über das Land. Pappeln und weißstämmige Birken säumen die Chausseen. Flächen von bräunlich-schwarzem Moor und hellen Sandböden wechseln mit Kartoffel-

und Buchweizenfeldern. Auf blühenden Obstwiesen rund um die prächtigen Bauernhöfe weidet wohlgenährtes Vieh.

Clara kann sich nicht sattsehen an der Großartigkeit des Himmels mit seinen wechselvollen Wolkenformationen und atmosphärischen Stimmungen. Manchmal, bei Sonnenuntergang, leuchtet er in goldenem Kupferrot. *Worpswede!*

Der städtische Malschulenbetrieb in München ist schnell vergessen. Die Zwanzigjährige empfindet die Landschaft als *heimatlich und verwandt.* Als ein *schönes köstliches Geschenk!* Wie den *Anbruch eines unaufhörlichen Sonntags.*

Im Frühjahr 1898 wird sie Schülerin von Fritz Mackensen. Der erfolgreiche Maler mit den kantigen Gesichtszügen und dem gezwirbelten Oberlippenbart gilt als die repräsentative Persönlichkeit der Künstlerkolonie und ist in Bremens gutbürgerlichen Häusern als Porträtist gefragt. Auf seinen großformatigen Bildern sind vorwiegend Worpsweder Bauern zu sehen, oft eingebunden in Genreszenen aus ihrem Lebensalltag, der von harter Feldarbeit geprägt ist.

Clara Westhoff schätzt den professionellen Unterricht ihres Lehrers. Er ist geregelt und streng und verlangt ein aufmerksames, detailgenaues Studium der menschlichen Figur. *Ich freue mich auch, dass Du mal mit Mackensen gesprochen hast und dadurch hoffentlich über mein Talent und den Ernst meines Strebens etwas beruhigt bist,* schreibt sie dem Vater, tief zufrieden darüber, in Worpswede sein und unter Mackensens Anleitung weiterlernen zu dürfen.

Glaubt man den Beobachtungen Heinrich Vogelers, der Mackensen Hand in Hand mit Clara über den Weyerberg spazieren sah, muss den Lehrer schon bald eine besonders enge Freundschaft mit seiner Schülerin verbunden haben.

Im September 1898 stößt eine weitere junge Frau zu dem Malschülerinnenkreis um Fritz Mackensen.

Die aus Dresden gebürtige und in Bremen aufgewachsene Paula Becker hat ihre Lehrzeit an der Berliner Zeichen- und Malschule vor kurzem beendet und jetzt den dringenden Wunsch, ihre Studien im Kreis der Künstler in Worpswede fortzusetzen.

Gemeinsam mit ihrer Berliner Studienkollegin Paula Ritter war sie während ihrer Semesterferien im vergangenen Sommer schon einmal dort gewesen und hatte die Wochen als *Göttertage* empfunden.

Worpswede, Worpswede, Worpswede! klingt es schwärmerisch in ihrem Tagebuch, in dem sie *Birken, Kiefern und alte Weiden* besingt und das *Wunderland,* das *Götterland* und seine *großen Männer* preist, die Maler, in deren Ateliers sie ein und aus gehen durfte. *Wenn man es zu etwas bringen will, muss man den ganzen Menschen dafür hingeben,* weiß die 22-Jährige früh, dankbar für die elterliche Unterstützung ihres Vorhabens.

Paula Beckers Erscheinung und Wesen wissen die Herzen ihrer Mitschülerinnen Clara Westhoff, Marie Bock und Ottilie Reylaender im Nu zu erobern. Es ist ihre gerade Haltung, die sie beeindruckt, der ernste und entschlossene, dabei warmherzige Blick. Dazu ihr kupferfarbenes, volles Haar, *das in der Mitte gescheitelt, locker zurückgelegt und in drei großen Rollen tief im Nacken aufgesteckt war, so dass es in seiner Schwere als ein Gegensatz wirkte gegen das leichte, helle Gesicht mit der schön geschwungenen, fein gezeichneten Nase, das sie mit einem genießerischen Ausdruck wie über eine Oberfläche hinaufhob und aus dem einen die sehr dunklen, blanken braunen Augen klug und belustigt anfunkelten,* wie sich Clara Westhoff erinnerte.

In den großformatigen Aktzeichnungen bäuerlicher Menschen, die unter Fritz Mackensens Leitung entstehen, finden sich im Ansatz bereits jene großen, zusammenfassenden Körperformen, die sich in Paula Beckers späterem Werk zum Monumentalen steigern.

Zwei- bis dreimal in der Woche besucht Mackensen die Ateliers seiner Schülerinnen, korrigiert, gibt Anregungen. Seine kritischen Äußerungen ihren Arbeiten gegenüber mag Clara Westhoff im ersten Augenblick als kränkend empfinden. So wirft er ihr vor, viel zu sehr im *Münchner Lehrsumpf festgefahren!* zu sein, keinerlei Fortschritte im Zeichnen zu machen. Sie müsse viel freier werden, fordert er und gibt ihr den Rat, neben dem Zeichnen plastisch zu arbeiten. Doch nicht kleinformatig, wie es die Damenakademien üblicherweise zu lehren pflegten, sondern möglichst groß, lebensgroß. Fritz Mackensen ist von der bildhauerischen Begabung seiner Schülerin überzeugt und will sie fördern. Schon im August 1898 wendet sie sich in einem Brief aus Worpswede an die Mutter nach Bremen:

Ich möchte Dich vielmals bitten, mir noch einmal Ton zu bestellen. Ich möchte Georg gern modellieren und Mackensen sagt, ich müsste das in Lebensgröße. So klein, davon hätte ich nicht genug, lernte nicht genug dabei und es wäre auch viel zu schwer. Da muss ich wohl noch einen ganzen Zentner Ton haben.

Nur wenige Monate später, an ihrem 20. Geburtstag im November, muss sie dem Vater *noch etwas erzählen,* das sie mit ganz besonderer Freude erfülle: *Ich bin nämlich ganz mit mir ins Klare gekommen, dass ich Bildhauer werden will. Ich bin darüber sehr glücklich.*

Wählt sie bewusst den Begriff *Bildhauer* statt *Bildhauerin*? Klingt die männliche Form weniger verfänglich als die weibliche? Wer kann sich schon vorstellen, dass eine Frau mit Hammer und Eisen in einen massiven Block aus Naturstein oder Marmor schlägt, um daraus in tage-, wochen- oder gar monatelanger Schwerarbeit ein Relief zu formen, einen Kopf oder gar einen lebensgroßen Akt?

•

Von Clara Westhoffs Wohnung im Zentrum des Dorfes bis zum Armen- und Arbeitshaus, wo die Alten und Gebrechlichen aus den Moorhütten leben, junge Mütter mit ihren unehelichen Kindern und ehemalige Strafgefangene, ist es nur ein Katzensprung.

Ich bekomme jetzt wieder jemanden vom Armenhaus, da brauche ich natürlich nicht so viel zu zahlen, versucht sie ihren Eltern den Vorteil der preiswerten Armenhäusler als Modelle gegenüber den teureren Lohnarbeitern deutlich zu machen, denn *wenn ich einen Tagelöhner, einen Mann habe, der noch arbeiten kann, so muss ich ihm natürlich Tagelohn bezahlen, er sitzt dafür aber auch beinahe neun Stunden. Morgens von acht bis zwölf und mittags von zwei bis sieben.*

Ohne eine Vorzeichnung zu machen, modelliert die junge Bildhauerin im Herbst 1898 eine Armenhäuslerin, die ihr gegenüber auf einem Stuhl sitzt, direkt aus Gips: der magere Oberkörper bis zum Brustansatz nackt, das Gesicht hohläugig mit großer Nase und leicht geöffnetem Mund, die Stirn in Falten und das dünne Haar im Nacken geknotet. Einfühlsam, doch ohne sentimentale Verklärung gibt sie die Physiognomie der alten, von mühsamer Landarbeit gezeichneten Worpswederin wider. Ihr Porträt wirkt derbe und abschreckend. Doch es ist auch gar nicht ihr Ziel, den bürgerlichen Kunstgeschmack zu treffen. Eher liegt ihr der Hinweis auf das soziale Unrecht am Herzen. Vor allem geht es ihr darum, zu üben. Sehen üben. Üben, den Bau, die Form und die Fläche des menschlichen Körpers zu erfassen und Neugier auf seine Persönlichkeit zu entwickeln.

Mit dem »Porträt der Alten« schafft Clara Westhoff ihre erste Plastik und erfährt damit ihre erste Anerkennung als Bildhauerin.

Künstlerische Einflüsse des belgischen Bildhauers Constantin Meunier auf ihre Arbeit sind unverkennbar. Sie hatte in München und Dresden Ausstellungen von ihm gesehen, außerdem scheint Familie Westhoff wohl einige seiner Plastiken besessen zu haben: *Ich habe aber etwas gelernt von Meunier, hoffentlich wird es sich bald zeigen,* notiert Clara nur wenige Monate nach der Entstehung der »Alten« im Zusammenhang mit ihrer eigenen bildhauerischen Entwicklung. Sie weiß, dass sie sich auf einem schmalen Grat zwischen Eigenständigkeit und Konvention bewegt. Ebenso ist ihr bewusst, dass die Nähe zu den Arbeiten ihres Lehrers, zu Mackensen, noch viel zu groß ist.

Paula Becker berichtet im Dezember 1898 nach Bremen: *Da ging mir heute ein Licht auf bei Fräulein Westhoff. Die hat jetzt eine alte Frau modelliert, innig, intim. Ich bewundere das Mädel, wie sie neben ihrer Büste stand und sie antönte. Die möchte ich zur Freundin haben. Groß und prachtvoll anzusehen ist sie und so ist sie als Mensch und so ist sie als Künstler.*

•

Eine Schwarz-Weiß-Fotografie, auf der zwei sitzende junge Frauen im Profil zu sehen sind, einander zugewandt, im Gespräch. Lebhafter Gesichtsausdruck, dunkles, hochgestecktes Haar, helle Kleidung. Sie sind beide um die zwanzig, haben

Paula Becker und Clara Westhoff
in Beckers Atelier in Worpswede, 1898

früh den Aufbruch gewagt, in München und Berlin studiert und das Ziel, sich allen herrschenden Vorurteilen zum Trotz in der Kunstwelt zu behaupten und die Kunst zu ihrem Beruf zu machen. *Wir haben uns gern und achten uns und lernen viel voneinander,* notiert Paula Becker in diesen Tagen über ihre beginnende Freundschaft zu Clara Westhoff.

Ich glaube, bei Künstlerinnen ist es sehr schwer, dass sie es zu etwas bringen, viel schwerer als bei Männern, ahnt die junge Bildhauerin und fährt in ihrem Brief vom 24. Mai 1899 an die Eltern fort: *Daher hat es auch noch so wenig wirklich tüchtige Frauen gegeben. Also ich meine tüchtig in dem anderen Sinne, nicht als Frau tüchtig – sondern als Künstler oder überhaupt als Mensch im Beruf. Unter welchen Bedingungen die Frauen nun eigentlich was leisten können, weiß ich nicht, ich weiß nur, dass ich was leisten w i l l.*

Paula Becker geht es ähnlich. Ihre schöpferische Ungeduld fasst sie in der folgenden Tagebuchnotiz zusammen: *Ich will immer weiter, weiter. Ich kann die Zeit nicht erwarten, daß ich was kann.*

Neben der wachsenden Vertrautheit zwischen den beiden Künstlerinnen entwickeln sich auch immer herzlichere Beziehungen zu den Malern: *Es gab gestern ein kleines Fest im Atelier von Otto Modersohn,* berichtet Paula Becker Worpswede-trunken über den Abend bei Otto und Helene Modersohn, *Schummerbeleuchtung mit Papierlaternen. Zwei gedeckte Tische, einen für die Erwachsenen und einen Kindertisch. Am letzteren Fräulein Westhoff und ich, Vogeler, der junge Mackensen und Alfred Heymel.*

Als Mackensen im Oktober 1898 eine gemeinsame Reise zur Ausstellung mit 123 Gemälden von Rembrandt in das Rijks Museum nach Amsterdam vorschlägt, ist Clara Westhoff neben Otto Modersohn, Heinrich Vogeler und Marie Bock auch mit dabei: *Das war eine großartige Reise, eine Pilgerfahrt zu Rembrandt (...) Diese Rembrandt-Ausstellung war ein Ereignis für mich, ich habe riesig viel davon gehabt und dadurch gelernt.*

Was lesen junge deutsche Künstler und Intellektuelle um die Jahrhundertwende? Vorzugsweise die skandinavischen Autoren: Ibsen, Strindberg, Björnson, Hamsun, Jens Peter Jacobsen. Sein tragischer Liebesroman »Niels Lyhne«, von Stefan Zweig als der »Werther seiner Generation« gerühmt, wird auch in Worpswede verschlungen. »Es war die große Traurigkeit, dass eine Seele immer allein ist. Jeder Glaube an Verschmelzung zwischen Seele und Seele war eine Lüge«, lautet einer der letzten Sätze im Buch des dänischen Schriftstellers, bezeichnend für die schwärmerisch-gefühlvolle Gestimmtheit während des Fin de Siècle.

Speziell für Künstlerinnen aus aller Welt gehörte das Tagebuch der Marie Bashkirtseff ins Reisegepäck, wenn sie sich auf den Weg nach Paris machten. Die Aufzeichnungen der mit 26 Jahren jung verstorbenen Tochter aus reicher ukrainischer Adelsfamilie, die in Westeuropa lebte, waren 1897 auf Deutsch erschienen.

Bashkirtseff formuliert darin ihr Streben nach künstlerischem Ruhm und gesellschaftlicher Karriere in größtmöglicher Freiheit und Unabhängigkeit von häuslicher Bevormundung. Als Malschülerin an der privaten Pariser Académie Julian beschreibt sie detailliert die dort herrschende Atmosphäre. Es gibt ein großformatiges Bild von ihr, das den Blick in das Atelier bei Julian zeigt: Mehr als ein Dutzend modisch gekleideter oder in Malkittel gehüllter Frauen mit imposanten Frisuren oder Hüten sitzen vor ihren Staffeleien, ins Gespräch vertieft oder in konzentrierter Betrachtung des männlichen Aktmodells vor ihnen auf dem Podest.

•

Obgleich Fritz Mackensens Arbeitsweise sich von der Clara Westhoffs unterscheidet und ihre »Alte« seinen Vorstellungen streng genommen nicht entspricht, überzeugen ihn ihre bildhauerische Begabung und die künstlerische Qualität ihrer Skulpturen immer mehr. Er macht sich Gedanken, wie er ihr weiterhelfen kann. Es dürfte doch kein Problem sein, ihr eine Lehrzeit bei dem Bildhauer Max Klinger in seinem Atelier in Leipzig zu ermöglichen.

So fordert Mackensen seine Schülerin auf, sich um eine Einladung zur Deutschen Kunstausstellung in Dresden im April 1899 zu bemühen. Er selbst und die anderen Worpsweder Künstler werden auch daran teilnehmen, und vor allem wird Max Klinger mit zahlreichen Skulpturen vertreten sein. Es wäre also naheliegend, Clara Westhoff bei dieser Gelegenheit Max Klinger vorzustellen.

Klinger gehörte mittlerweile zu den führenden modernen Künstlern in Deutschland. Er war Mitglied der Königlichen Akademie der Künste in Berlin und seit 1897 Professor an der Akademie der grafischen Künste in Leipzig. In jungen Jahren hatten ihn seine Grafikzyklen bekannt gemacht. Inzwischen lag der Hauptschwerpunkt seiner Arbeit auf der Malerei und Bildhauerei.

Könnte ihr zu diesem Zeitpunkt ihrer Ausbildung etwas Besseres passieren? *Zu Klinger zu kommen, das ist ja ein fabelhaftes Glück für mich,* notiert die junge Bildhauerin voller Vorfreude auf die Möglichkeit einer Lehrzeit in Leipzig: *Wenn man bedenkt, was ein Mann wie Klinger alles anfängt – das ist ja unheimlich – und da ist man wirklich beneidenswert, wenn man Gelegenheit haben kann, das in der Nähe zu sehen und womöglich da mitzuarbeiten.*

Noch ehe sie den Künstler persönlich kennenlernt, kann Clara Westhoff sich schon ein ungefähres Bild von ihm machen, denn Paula Becker, die Klinger über ihren Vater kannte, hatte ihr erzählt, dass er einen rötlichen Bart und stets eine braune Joppe trage und *einer von diesen Souveränen, und dabei gütig* sei. Paula hatte ihn im Frühjahr 1898 während eines Aufenthalts in Leipzig in seinem *Riesenatelier* besucht und war von seiner Persönlichkeit tief beeindruckt: *Wenn ich an jenen Blick denke, den er mir vor drei Jahren zum Abschied gab; ich war so sehr unreif, so sehr unfertig und sehr unergiebig. Und sein Blick war, als ob er mir leise das Haar streichelte.*

Doch mag er auch noch so »gütig« wirken: Es ist kein Geheimnis, dass Max Klinger Frauen nicht zutraut, in der Bildhauerei Gutes zu leisten. Er hält sie zwar nicht für grundsätzlich unschöpferisch, doch für ihn sind sie körperlich schwache Wesen ohne handwerkliches Können und Geschick. Und so setzt keine Schülerin ihren Fuß über die Schwelle seines Ateliers, der er zuvor nicht ganz deutlich gemacht hätte, wie schwer, eigentlich gar nicht zu bewältigen die Bildhauerei für eine Frau sei.

Clara Westhoff am 1. Juni 1899 an den Vater nach Bremen: *Klinger hat sich eine Personalbeschreibung machen lassen, von wegen der Marmorblöcke. Da hat Mackensen gesagt, ich wöge 160 Pfund, worauf Klinger sehr beruhigt gewesen sein soll.*

Unermüdlich macht Mackensen seine Umgebung und interessierte Käufer, die ihn in seinem Atelier besuchen, auf die Begabung der jungen Bildhauerin aufmerksam:

Und es ist wirklich rührend, wie er für mich sorgt. Erstens, dass ich bei Klinger ankomme – dann, dass er meine Büste ausstellt und den Leuten noch besonders zeigt und dann führt er doch jeden Menschen, der nach Worpswede kommt, in mein Atelier. Neulich erst wieder einen Konsul Susemiehl aus Bremen und jetzt Carl Hauptmann, den Bruder von Gerhart Hauptmann.

Ihr Brief aus Worpswede vom 4. Mai 1899 an die Eltern klingt voller Selbstvertrauen und Zuversicht:

Ich habe das Gefühl, als ob Mackensen mich bald entlässt – obgleich das ja immer überlegt werden muss – denn er kann mir immer sehr viel sagen. Jedenfalls bin ich ihm ganz ungeheuer dankbar und kann das nicht genug betonen. Denn es ist ganz allein Mackensens Verdienst, wenn ich es binnen einem Jahr dazu gebracht habe, dass ich vollständig weiß, was ich brauche und muss und will. Und dass ich nicht im Mindesten mehr das Gefühl habe, in meiner Kunst von irgendjemand abhängig zu sein.

Dresden, im April 1899. Clara Westhoff ist tatsächlich zur Deutschen Kunstausstellung eingeladen worden und kann jetzt zum ersten Mal öffentlich als Künstlerin auftreten.

Sie zeigt ihr »Porträt der Alten«. Die Arbeit wirke, äußert sie, *ganz merkwürdig* zwischen all den anderen, vorwiegend neobarocken und neoklassizistischen Plastiken, darunter auch Skulpturen von Max Klinger.

Wie aufregend der Augenblick, als Fritz Mackensen am Tag der Eröffnung Max Klinger zu Clara Westhoffs Bildnisbüste führt. Der 42-jährige Bildhauer äußert sich lobend über die antiakademische Arbeit der jungen Worpsweder Künstlerin und erklärt sich ohne Umschweife bereit, sie in seinem Leipziger Atelier arbeiten zu lassen. Wieder zurück in Worpswede teilt sie den Eltern mit: *Ich will hier keine neue Arbeit mehr anfangen, denn dazu will ich auch erst in der Technik ganz und gar bewandert sein.*

Sie glaube, es sei jetzt genau der richtige Zeitpunkt, zu Klinger zu gehen, fährt sie in ihrem Brief fort und weist darauf hin, dass sie vor ihrer Abreise noch eine Arbeit abschließen möchte, mit der sie bereits begonnen habe. Es drehe sich um ein Porträt von *Fräulein Becker,* ihrer Freundin:

Ich glaube, es wird gut. Da ist mir nämlich eine ganz andere Aufgabe gestellt worden wie sonst. Deshalb bin ich auch gestern elendiglich in die Brüche gegangen. Heute habe ich nochmals angefangen und ich glaube, jetzt krieg ich es und darüber bin ich riesig froh. Ich möchte nun etwas ganz Feines daraus machen und möchte es auch gern in diesen Tagen fertig kriegen.

Clara Westhoff formt Paula Beckers Büste in Gips: die helle Schulterpartie leicht gebogen und auf dem dunkel getönten Sockel wie losgelöst, Hals und Kopf mit dem kräftigen

Haarknoten nach vorn gestreckt, der Ausdruck des feingliedrigen Gesichts aufmerksam und voller Energie. Ein Porträt, das schwerelos wirkt und zugleich von vibrierendem Leben erfüllt ist.

•

Als Clara Westhoff im August 1899 in Klingers Atelier in Leipzig zu arbeiten beginnt, darf sie von Glück reden, dass er sie für begabt hält und trotz seiner grundsätzlichen Skepsis Bildhauerinnen gegenüber ernst nimmt.

So habe er ihr schon am ersten Tag *ein Stück Marmor zur Verfügung gestellt,* damit sie es bearbeite, *nur um mal Hammer und Meißel in der Hand zu haben und er wollte sehen, wie ich mich dabei benähme,* berichtet sie hochgestimmt nach Bremen. Selbst wenn sie auch nicht »direkt« Klingers Privatschülerin ist und bei seinen bildhauerischen Projekten mitarbeiten darf, so hat sie doch die Möglichkeit, sich den ganzen Tag in seiner Nähe aufzuhalten und unter seiner Aufsicht arbeiten: *Ich finde es riesig nett, dass ich direkt für mich unter Anleitung Klingers eine Studie in Marmor mache, nachher weiß ich von allem Bescheid und kann allein weiterfinden (…) Das Studium auf diese Weise – ohne direkt Schülerin zu sein, macht sehr viel Freude.*

Und dieses von Mackensen vermittelte Studium ist kostenlos. In ihren Briefen nach Hause ist an keiner Stelle von einem Unterrichtsgeld die Rede, das Klinger der jungen Worpsweder Künstlerin in Rechnung gestellt haben könnte. Im Gegenteil. Indem er seinen Freund und Kollegen Carl Ludwig Seffner beauftragt, Clara Westhoff den Umgang mit dem Punktiergerät beizubringen, erweist Klinger sich als ausgesprochen großherzig. Seffner führt sie in die Technik des Steinhauens ein und macht sie mit den verschiedenen Gussverfahren vertraut: *Seffner und seine Arbeiter haben mir gestern das Abgießen meiner Hand gezeigt,* notiert die 21-Jährige, bevor sie beginnt, diese in Marmor zu übertragen. Am 9. August schreibt sie an die Eltern nach Bremen:

Und jetzt stehe ich in einem anderen der unteren Räume von Klingers Atelier und punktiere meine in Gips abgegossene Hand aus dem Stein heraus; was gar keine leichte Arbeit ist. Klinger sagt, er hätte mir den Block nur zum Abschrecken gegeben und wundert sich sehr über meine Konsequenz und Ausdauer, mit der ich mir die Hände zerschlage.

Handwerkliches Geschick, körperliche Kräfte, Durchhaltevermögen. Max Klinger ist beeindruckt. Seine positive Reaktion auf ihre Arbeit wirkt anregend. Jetzt reizt es sie, ihre künstlerische Begabung mit einer Plastik unter Beweis zu stellen, die ihr ganz allein, ohne Hilfe und außerhalb von Klingers Atelier gelingen soll. Und so entsteht an ein paar Augustabenden im Sommer 1899 das Tonmodell eines Knabenreliefs, das für Überraschung und Anerkennung sorgt. 26. August 1899:

Nun habe ich unterdessen, nach einigen Modellschwierigkeiten – der Junge wollte nicht Akt stehen – ein Relief modelliert, nebenbei zu Hause (…) Seffner sagte, ich soll das Relief mit zu Klinger bringen (…) Gestern Abend um sieben Uhr war das Stelldichein. Beide Herren waren schon da, als ich kam und auf meine Anmeldung kamen sie sogleich herunter. Und da hat ihnen dann das Relief sehr gefallen. Nun habe ich aber, glaube ich, dadurch ihr ganzes Interesse erobert, denn sie waren alle

beide ganz Feuer und Flamme, sagten, das Relief wäre reizend
komponiert etc. (...) Klinger hat mir (...) gestern besonders
nett die Hand gedrückt und mir gesagt, dass ich so viel Aus-
dauer und Geschick bewiesen hätte –, »Talent haben Sie, das
ist keine Frage, aber lernen müssen Sie noch viel«. Und kompo-
niert wäre das Ding reizend, ganz famos und Stimmung hätte
es. – Natürlich war dennoch vieles, was anders sein muss – aber
das fehlt nur an der Zeichnung, an der Wiedergabe der Kno-
chen und Gelenke – so einiges, was ich ja aber auf jeden Fall
lerne – und schon gelernt habe.

Noch am selben Tag lässt sie Vater und Mutter Westhoff in
Bremen wissen:

Mein Plan ist der, nach Fertigstellung des Reliefs wieder nach
Worpswede zu gehen, – aber vorher Klingers Interesse soweit zu
wecken, dass er mir erlaubt, ihm von dort aus, immer mal was
von meinen Sachen zu schicken oder auf irgendeine Art zu zei-
gen, um seinen Senf zu hören.

Wieder nach Worpswede gehen? Nein! Ganz entschieden rät
Max Klinger der jungen Künstlerin von ihrem Plan ab. Nein,
auf keinen Fall zurück nach Worpswede! Die Herren dort hätten ganz andere Interessen als sie, begründet er seinen Einwand
und legt ihr ans Herz, nach Paris zu gehen, an die Privataka-
demie Julian, wo sie auch als Frau studieren könne. Schließlich
sei sie noch jung, müsse Aktzeichnen üben, anatomische Studien machen, sich mit gleichaltrigen Künstlern austauschen.
    Doch wie soll das alles in die Realität umzusetzen sein?
Wie zu finanzieren? Natürlich weiß sie, dass ein längerer Aufenthalt in der französischen Hauptstadt ohne die materielle
Unterstützung ihrer Eltern undenkbar ist. Doch Friedrich

Westhoff, der an das künstlerische Können seiner Tochter inzwischen kaum mehr glaubt, ist ungeduldig geworden. Er hält ihre Ausbildung nach den Lehrjahren in München und Leipzig für endgültig beendet und will ihr keine monatlichen Wechsel mehr zahlen. Willensstark, wie sie ist, setzt Clara alles daran, ihn umzustimmen. Paris! Klinger hat recht. Sie muss nach Paris. Und sie muss es schaffen, parallel zu ihrem Studium auf irgendeine Weise Geld zu verdienen.

Am 3. September 1899 schreibt sie aus Leipzig nach Bremen: *Ich habe schon gedacht, wenn Du Vater, es willst, würde ich ein Porträt von Großmama machen und vielleicht noch einige, um sie auszustellen, um eventuell einige Bestellungen auf Porträts zu bekommen, damit ich erst mal was verdiene.* Selbst wenn sie sich diesbezüglich dem Publikumsgeschmack anpassen und auf Kompromisse einlassen müsse – das Wichtigste wäre doch einfach nur, dass sich die Plastiken auf dem Markt gut verkauften und weitere Aufträge und Verkäufe nach sich zögen.

Zurück in Bremen, beginnt Clara unverzüglich mit der Arbeit an dem Porträt ihrer Großmutter Laura Westhoff. Doch unter dem Druck einer eher unerfreulichen Stimmung zu Hause misslingen ihre ersten Porträt-Versuche.

Ich bin überzeugt, dass diese Arbeit mir viel besser geglückt wäre, hätte ich diese Arbeit früher (…) in aller Ruhe angefangen. Die richtige Ruhe hatte ich doch nicht, als ich so plötzlich anfing, rechtfertigt sie sich. *Ich will nächsten Montag früh morgens (…) gleich zu Großmama und lasst mich nur ganz gewähren – jetzt ist ja die Hauptsache, dass Großmama gut wird.*

In Gedanken bereits auf dem Weg nach Paris, geht Clara Westhof jetzt täglich in das Haus ihrer Großmutter. Geduldig sitzt die alte Dame ihrer Enkelin Modell, die sich allmählich in die erzählenden Konturen des ihr so vertrauten Gegenübers hineinzusehen und -zufühlen versucht. Zahlreiche Falten und Furchen durchziehen Laura Westhoffs schmales Gesicht mit den eingefallenen Wangen und der hohen Stirn, die von einem Witwenhäubchen gekrönt wird. Eine große Brosche schließt den Kragen ihres Kleides. Clara stellt sie ganz naturalistisch dar. Schließlich gelingt ihr eine Physiognomie, die trotz ihrer Greisenhaftigkeit und Verbrauchtheit die Autorität und Würde einer Frau aus dem Großbürgertum ausstrahlt.

●

Auf Veranlassung von Gustav Pauli, Direktor der Bremer Kunsthalle, hat Clara Westhoff kurz vor Weihnachten 1899 die Gelegenheit, dort drei Porträtbüsten auszustellen. Paula Becker zeigt zwei Bilder und zahlreichen Studien, Marie Bock ebenfalls einige ihrer Arbeiten. Bevor der in Bremen tonangebende Kunstkritiker und Maler Arthur Fitger zu einem niederschmetternden Verriss gegen die beiden Malerinnen und ihre »unqualifizierten Leistungen« ausholt, erwähnt er die Plastiken von Clara Westhoff und betont ihr »ausgesprochenes Talent«. Doch gleichzeitig empört es ihn, dass »Anfänger bereits mit ihren Studien die Ausstellungen unsicher machen« und so äußert er sich am 13. Dezember 1899 über sie: *Die Künstlerin ist, wie wir hören, eine noch sehr junge Dame; dafür scheint uns ihre Kunst schon ein bisschen reichlich dreist. Dreistigkeit steht nur ganz kleinen Kindern wohl, hernach, und namentlich junge Mädchen, kleidet eine zarte Schüchternheit viel anmutiger, bis dann bei reiferen Jahren die kindliche Dreistigkeit als jugendliche Kühnheit wieder hervortreten und alle Herzen bezaubern mag.*

40

Dass Clara Westhoff und ihre Kolleginnen mit ihrem frühzeitigen Auftritt ein Tabu durchbrachen und statt Schüchternheit Selbstbewusstsein zeigten, ärgerte Fitger, der ein Gegner der Worpsweder und aller Modernen war. Erbaulich, repräsentativ, gut und wahr; so sollte seiner Auffassung nach die Kunst sein. Eine schöne Landschaft, ein erzählendes Genrebild. Das Suchende, nach Ausdruck und Form Tastende lehnte er ebenso ab wie das Neue und Irritierende.

Fitger war mit seinem konservativen Kunstgeschmack nicht allein. So hatten Presse und Öffentlichkeit die erste Ausstellung der Worpsweder 1895 in der Bremer Kunsthalle als »schlechten Scherz« verspottet und die tonige Farbgebung ihrer Malerei als »schmutzige Flecken« kritisiert. Noch viele Jahre später musste ein Museumsmann aus München feststellen, dass es in der Hansestadt nach wie vor genügend Leute gab, auf die der Name Worpswede wirkte »wie auf den Bullen das rote Tuch«.

Es gab hingegen auch Stimmen, die mit den Angriffen des Bremer Kritikerpapstes auf die jungen Künstlerinnen nicht einverstanden waren. So setzte sich der Worpsweder Maler Carl Vinnen Ende Dezember 1899 für die »armen Worpsweder Damen« ein: »Schon kürzlich hatte unsere Landsmännin Fräulein Westhoff das Unglück, sich eine Zurechtweisung zuzuziehen für dieselben Arbeiten, über die Max Klinger in Dresden in Gegenwart des Schreibers dieser Zeilen sich nicht nur höchst anerkennend äußerte, sondern welche ihn auch bewogen hatten, dieselbe als Schülerin anzunehmen. Hoffen wir, dass diese Anerkennung sie ein klein wenig für die Aufnahme in ihrer Vaterstadt entschädigen möge«.

Doch zu diesem Zeitpunkt hat Clara Westhoff ihre Vaterstadt Bremen längst verlassen und ist, vier Wochen bevor sich Paula Becker auf den Weg in die französische Metropole macht, bereits in Paris.

KAPITEL III

Heute war ich wieder bei Rodin im Atelier

PARIS 1899–SEPTEMBER 1900

Im Atelier verschwindet alles; man hat weder
einen Namen, noch eine Familie, man ist nicht
mehr die Tochter seiner Mutter, man ist man
selbst, ist ein Individuum, das die Kunst vor sich
hat und sonst nichts. Man fühlt sich so zufrieden,
so frei, so stolz! Endlich bin ich so, wie ich es seit
langem sein wollte: Ich habe es mir so lange
gewünscht, dass ich es noch gar nicht glauben
kann.

Marie Bashkirtseff

Das Grand Hôtel de la Haute Loire an der Kreuzung Boulevard Raspail/Boulevard du Montparnasse ist ein einfaches
Hôtel garni. Die Zimmer sind klein und nur durch dünne
Tapetenwände voneinander getrennt. Als Beleuchtungskör-
per müssen Petroleumlampen und Kerzen reichen; wenn es
kalt ist, brennt ein Feuer im Kamin. Schmale Treppen aus
dunklem Holz führen in die fünfte Etage.

Seitdem das Viertel Montparnasse auf dem linken Seine-
Ufer zur neuen Heimat der Boheme geworden ist, gehört das
Grand Hôtel zu den besonders begehrten Adressen.

Junge Künstler quartieren sich hier so lange ein, bis sie in einem der mehrstöckigen Häuser in den umliegenden Straßen ihr Atelier oder eine Wohnung gefunden haben, in enger Nachbarschaft zu kleinen Handwerksbetrieben, Gemischtwarenläden, Pferdeschlachtereien und familiengeführten Cafés. Wer kann schon ahnen, dass sich kurz vor Clara Westhoffs Ankunft im Dezember 1899 im Grand Hôtel Antoine Bourdelle, Bildhauer und Assistent von Auguste Rodin, in der nahe gelegenen Gasse Impasse du Maine niedergelassen hat und der rumänische Bildhauer Constantin Brancusi bald in der Impasse Ronsin wohnen wird.

Wie atemberaubend und verführerisch, dieses Paris der Jahrhundertwende! Dieses Paris der Künstler und Literaten, der Salons und Tanzlokale, der Spitzenkleider und Federboas, die Stadt Sarah Bernardts und Toulouse-Lautrecs.

Im Café du Dôme am illuminierten Boulevard Raspail treffen sich regelmäßig zahlreiche Maler und Kunstkritiker, darunter viele Deutsche. Hans Purrmann, Carl Einstein, Julius Meier-Gräfe. Frühe Fotos zeigen den jungen Kunsthändler Daniel-Henry Kahnweiler aus Mannheim, der Braque und Picasso kennt und kauft, im Gespräch mit seinem Freund Alfred Flechtheim, Spross aus jüdischer Münsteraner Kaufmannsfamilie. Flechtheims Liebe zur Malerei und sein enormer Spürsinn für das Neue führen dazu, dass sich der Anfang 20-Jährige ebenso für die französische Avantgarde starkmacht und zum unermüdlichen Sammler wird wie Kahnweiler.

Paris. Ein Aufenthalt in der Metropole der Moderne gehört um 1900 zu den Höhepunkten eines Künstlerlebens. Wer es sich irgendwie leisten kann, macht sich auf den Weg in die französische Hauptstadt, um an einer der zahlreichen privaten Kunstakademien zu studieren, vorzugsweise bei Julian oder Colarossi.

Die Akademie Julian mit ihren zahlreichen, über die Stadt verteilten Ateliers war die renommierteste und teuerste Privatschule von Paris. Rudolphe Julian, ihr Gründer, war Südfranzose. Mit der eigenen Malerei hatte er es nicht weit gebracht, galt aber allgemein als raffinierter Geschäftsmann. Zu seinen Schülern gehörten überwiegend Frauen und junge Mädchen aus wohlhabendem deutschen oder Schweizer Haus, aus Russland und Amerika. Julian bot ihnen sogenannte »Damenateliers« an, wo sie ihre Staffeleien aufstellen und unter Anleitung eines Lehrers zeichnen und malen lernen konnten. Arbeitsplätze für Bildhauer hingegen gab es bei Julian nur in begrenzter Zahl; schließlich verstand die Mehrzahl der Schülerinnen unter Kunst ohnehin nicht das Arbeiten mit Hammer und Meißel in der staubigen Luft einer zugigen Werkstatt, sondern stilles Zeichen und Malen in aufgeräumter Atmosphäre.

Von ihrem Hotel am Boulevard Raspail bis zur Akademie Julian in der Rue du Dragon in Saint-Germain-des-Prés hat Clara Westhoff es nicht weit.

Sagen ihr Namen wie Ernst Barlach oder Georg Kolbe etwas, die ein paar Jahre zuvor auch bei Julian studiert hatten? Dass sie neben der begehrten Zeichenklasse von Jules-Joseph Lefèbvre, der Porträt- und Aktmalerei lehrte, auch die Bildhauerklasse der Akademie besuchte, kann nur vermutet werden. In jedem Fall begegnete sie bei Julian dem gleichaltrigen Bildhauer Karl Albiker aus Süddeutschland, der sich zusätzlich von Auguste Rodin ausbilden ließ, und schloss schnell Freundschaft mit ihm.

•

Seit vier Wochen ist die 22-Jährige nun schon in Paris, und es sind nur noch wenige Tage bis zur Jahrhundertwende.

Mit zunehmender Ungeduld wartet sie auf die Ankunft ihrer Worpsweder Kollegin und Freundin Paula Becker, die sich für den Neujahrstag 1900 angekündigt hat.

Was für eine Wiedersehensfreude der beiden jungen Frauen im Grand Hôtel de la Haute-Loire! *Wir redeten bis zum Morgen! Sie ist so voll von allem*, berichtet Paula Becker ihren Eltern beglückt am 4. Januar 1900 nach Bremen. *Clara Westhoff und ich wohnen nebeneinander und tafeln in traulichem Verein. Heute habe ich zum ersten Mal den Kamin angezündet. Abendbrot und hinterher zur nächtlichen Stunde auf die großen Pariser Boulevards.*

Elterliche Mitfreude angesichts dieser Jubelnachricht aus Paris? Keine Spur. Paula Beckers Vater behagt der Gedanke an die enge Freundschaft zwischen seiner Tochter und Clara Westhoff nicht. Allein, wenn er an die zahlreichen Zeichnungen knochiger, sehniger Körper denkt, die er im Atelier der Bildhauerin in Westerwede sah! Oder an die ausgestellte Büste einer verhärmten Bäuerin in der Bremer Kunsthalle gemeinsam mit Arbeiten von Paula.

Nach dieser, ihrer ersten Ausstellung in Bremen und der negativen Resonanz darauf war es im Becker'schen Zuhause zu erhitzten Debatten gekommen. Woldemar Becker ärgerte sich über Paulas Misserfolg und gab Worpswede Schuld an ihrer verhängnisvollen künstlerischen Entwicklung. Und repräsentierte Clara Westhoff nicht das »moderne« Worpswede wie keine andere?

Woldemar Becker an Paula Becker am 8. Januar 1900:

Es ist gut, für den Anfang jedenfalls, dass Du an Fräulein Westhoff einen sympathischen Stubennachbarn gefunden und mit ihr Deine freie Zeit verbringst. Aber auf Dauer würde ich Dir raten, Dich von ihr zu emanzipieren. Du sollst in ein ganz an-

deres Milieu kommen, und es ist daher nur vorteilhaft wenn Du die Worpsweder Bande möglichst von Dir abwirfst, und Dich ganz den neuen Eindrücken hingibst. Du läßt Dich, ohne daß Du es merkst, von ihr, als der stärkeren Natur, beeinflussen und das halte ich nicht mit Deinem Pariser Aufenthalt für vereinbar, oder wenigstens nicht für wünschenswert. (…)

Je mehr Du Worpswede abschütteln kannst, je weniger Du von dem albernen Worte modern an Dir behältst, desto mehr bist Du einen Schritt vorwärts gekommen. (…)

Nimm alles in Dir auf, was schön ist, und entwickle Dein Gefühl für Form. Darin sind uns die Franzosen über. Schön ist alles, was uns Genuß bereitet. Deine Worpsweder Hängebäuche werden jedenfalls durch zierlichere in der Malakademie ersetzt werden.

Wüsste ihr Vater nur, wie froh und dankbar sie ist, in Paris nicht allein, sondern mit Clara zusammen sein zu können und sich künstlerisch von ihr unterstützt zu fühlen. Auf Woldemar Beckers dringenden Rat, sich von der Bildhauerin als der *stärkeren Natur* zu distanzieren, reagiert Paula Becker mit Enttäuschung und Unverständnis. Dennoch versucht sie, ihre besorgten Eltern zu beruhigen. Sowohl sie als auch Clara Westhoff seien bemüht, *ihre gegenseitigen Existenzen zu ignorieren* und bis auf die Anatomiekurse an der staatlichen Kunstschule École des Beaux-Arts, die sie gemeinsam besuchten, ihr eigenes Leben zu führen. In jedem Fall könne niemand sie, Paula, von ihrer Entscheidung abbringen, Malerin zu werden: *Ich muß doch ruhig meinen Weg weitergehen. Na, wenn ich erst was kann, dann wird's besser. Ihr scheint mir's zwar nicht zuzutrauen, aber ich.*

•

In München hatte Clara Westhoff sich wesentliche künstlerische Anregungen in der Alten Pinakothek geholt und die Porträts von Holbein für sich entdeckt. In Paris beeindruckten sie die alten Meister im Louvre. Häufig ging sie in die Skulpturen-Abteilung und schaute sich die Madonnenreliefs aus der Frührenaissance an.

In den großen Sälen mit der ägyptischen Plastik stand sie zusammen mit Paula Becker fasziniert vor hohen, bemalten Terrakotta-Figuren aus dem 4. Jahrhundert vor Christus, den berühmten Tanagra-Figuren; im Musée du Luxembourg, das mit seiner Sammlung zeitgenössischer Kunst damals das modernste Museum von Paris war, fühlten sie sich angesichts der Bilder von Corot und Daubigny, Dupré und Rousseau an Otto Modersohn erinnert.

Wie häufig hatte er ihnen von den französischen »Intimen« erzählt, wie er seine künstlerischen Vorbilder nannte, und formuliert: *In das dicke Blut der Deutschen müsste immer von Zeit zu Zeit von dem lebendigen, temperamentvollen Wesen der Franzosen etwas eingeführt werden.*

In welche Pariser Galerien man gehen muss, um moderne Kunst zu sehen, haben die beiden Bremerinnen bald herausgefunden: zu Durand-Ruel, Vollard und Bernheim Jeune in die Rue Lafitte; zu Rosenberg und Hessel in die Avenue de l'Opéra; zu Druet in die Rue du Faubourg St.-Honoré.

Der deutsche Schriftsteller, Kunstkritiker und Sammler Wilhelm Uhde, der sich 1904 in Paris niederließ und eine kleine Galerie am Montparnasse eröffnete, notierte im Hinblick auf die Pariser Kunstszene rückblickend:

Dann gab es noch drei oder vier kleinere Galerien. Das war alles. Die impressionistischen Maler waren herrschend; nach schweren materiellen Krisen, nach Jahren voller Schimpf und

Hohn hatte Durand-Ruel sie durchgesetzt.(...) Es war damals
leicht, einen Überblick zu haben über das, was auf dem Gebiet
der Malerei in Paris vor sich ging. Innerhalb von zwei Stunden
konnte man sämtlichen Galerien moderner Malerei einen Be-
such abgestattet haben, über die Maler selbst konnte man sich
in drei Tagen informieren.

Wenn Paula Becker ihre Freundin Clara Westhoff eines Tages
auffordert, sie auf das rechte Seineufer zu begleiten, um ihr
in der als »Bilderstraße« bekannten Rue Lafitte im Neunten
Arrondissement *etwas Besonderes zu zeigen,* möchte sie ein
Seherlebnis mit ihr teilen, das sie kürzlich bei einem Besuch
der Galerie Ambroise Vollard hatte: Dort war sie auf Bilder
von Paul Cézanne gestoßen, die sie tief beeindruckten. Er
komme ihr vor wie »ein großer Bruder«, soll Paula Becker
zu Clara Westhoff gesagt haben, und dass Cézanne *einer von*
den drei, vier Malerkräften sei, *der auf mich gewirkt hat wie*
ein Gewitter und ein großes Ereignis.
　Cézanne, der im Gegensatz zu dem etwa gleichaltrigen
Rodin zurückgezogen in Südfrankreich lebte und arbeitete,
wurde zu diesem Zeitpunkt immer noch von der Öffentlichkeit als »fauler Witz« verschmäht. Nur wenige Kenner rea-
gierten mit Begeisterung auf seine Werke – und Paula Becker
hatte darin etwas von dem gefunden, wonach sie für sich
selbst strebte.
　Ein spanischer Künstler, mit gerade erst 19 Jahren noch
jünger als Paula Becker und völlig unbekannt, wird in Kürze
eine ganz ähnliche Erfahrung machen: Auch für Pablo
Picasso, der anlässlich der Weltausstellung 1900 zum ersten Mal nach Paris reist, ist die Entdeckung der Bilder von
Cézanne ein bedeutendes Erlebnis. Schon bald werden seine
eigenen Arbeiten – Kabarettszenen und Absinth-Trinkerin-

nen, Landschaften, Stillleben und Porträts, vorwiegend in verschiedenen Blautönen – an den Wänden der Galerie von Ambroise Vollard hängen und ein Kunstkritiker am Morgen nach der Ausstellungseröffnung im Juni 1901 über die »brillante Neuentdeckung« euphorisch schreiben: »Er ist noch nicht einmal zwanzig und malt jeden Tag drei Bilder«.

Darunter das gerade entstandene Selbstbildnis »Ich, Picasso«.

•

Außer Clara Westhoff hatte Paula Becker niemandem etwas von ihrer Begegnung mit den Gemälden Cézannes erzählt. An den gemeinsamen Besuch bei Vollard erinnert sie die Freundin in ihrem Brief vom 21. Oktober 1907, kurz vor ihrem Tod. Die Bildhauerin schrieb das Ereignis rückblickend auf:

Sie führte mich zu dem Kunsthändler Vollard und begann in seinem Laden gleich – da man uns ungestört ließ – die an die Wand gestellten Bilder umzudrehen und mit großer Sicherheit einige auszuwählen, die von einer neuen, wie es schien, Paulas Art verwandten Einfachheit waren. Es waren Bilder von Cézanne, die wir beide zum ersten Mal sahen. Wir kannten nicht einmal seinen Namen. Paula hatte ihn auf ihre Art entdeckt; und diese Entdeckung war für sie eine unerwartete Bestätigung ihres eigenen künstlerischen Suchens. Ich wunderte mich später, davon nichts in ihren Briefen zu finden. Vielleicht schien es ihr unmöglich, sich hierüber verständlich mitzuteilen – ja, war dieses Erlebnis so wenig aussprechbar, dass es nur in Arbeit umgewandelt werden konnte.

Mitte Januar 1900 verlassen Clara Westhoff und Paula Becker ihre Hotelzimmer am Boulevard Raspail und ziehen ein paar hundert Meter weiter, jede in *ein kleines Gemach,* wie die Malerin nach Hause berichtet. *Clara Westhoff wohnt mit mir im selben Haus, wirkt hier in Paris überlebensgroß und lässt schön grüßen.* Die Pension liegt in der Rue Campagne Première, einer kurzen Gasse zwischen Boulevard Raspail und Boulevard du Montparnasse.

Wiederum nur ein kurzes Stück, und man ist in der Rue de la Grande Chaumière, einem ländlich wirkenden Sträßchen, in dem sich Katzen auf den Dächern sonnen und Hühner spazieren gehen. Hier liegt die private Malschule Académie Colarossi, ebenso bekannt und populär wie Julian, doch wesentlich preiswerter. Filippo Colarossi, ein Bildhauer aus Italien, hatte sie 1870 gegründet. In den barackenartigen, von wildem Wein umrankten Häuschen heizen die Kohleöfen schlecht, Licht und Luft sind abscheulich.

Während Clara Westhoff weiterhin bei Julian lernt und Anfang März ein neues Quartier in der Rue Dareau 25 bezieht, geht Paula Becker vormittags zu Colarossi und zeichnet Akt.

Doch über die Arbeit wird das Leben nicht vergessen, die beiden jungen Frauen genießen ihre Freiheit. Nichts Schöneres, als in das quicklebendige, farbige, mal erschreckend rohe, dann wieder betörend schöne und kultivierte Paris einzutauchen. *Manchmal geht es auch abends auf die Boulevards. Da gibt's viel komische Dinge zu sehen, Dinge, wie man sie in Worpswede auch nicht kennenlernt,* freut sich Paula Becker und merkt belustigt an: *Clara Westhoff wirkt mit ihrer braunen Gesundheit und Riesenhaftigkeit sehr komisch.* Wenn sie die Freundin anschaut, kann sie sich bisweilen ein Schmunzeln nicht verkneifen. *Geistig und wirklich warf sie bei jeder Bewegung einen kleinen Tisch oder einen Stuhl um.*

Clara Westhoff um 1900

Als groß, schwer, gar *massiv* wurde Clara Westhoff auch von
der gleichaltrigen holländischen Kommilitonin Sanne Brui-
nier beschrieben, die ebenfalls bei Colarossi studierte. Sie besuchte Paula Becker, ein *nettes, lebendiges, schlaues deutsches
Mädchen* oft in ihrem Atelier und lernte Clara Westhoff dort
kennen, deren walkürenhafte Erscheinung sie beeindruckte:

*Ich habe vor einigen Tagen Tee bei ihr getrunken und ein wenig
gezupft auf dem Freund Gitarre. Es war noch eine Freundin
dabei, ein großes, schweres Mädchen, das ich anfänglich wegen
ihrer Massivität etwas fürchtete. Aber nachdem ich ihr nun einige Male begegnet bin, habe ich mich besser gewöhnt und sie*

scheint mir ein Mensch wie alle anderen zu sein und vielleicht sogar von der besonders guten Sorte: so ehrlich und solide, mit etwas Großzügigem, eine Art Kolossalstatue von Ceres, die mit ausgebreiteten Händen Früchte über die Erde verstreut.

Zusätzlich zu ihren Kursen bei Julian und Colarossi nehmen Clara Westhoff und Paula Becker Anatomieunterricht an der staatlichen Pariser Kunsthochschule École des Beaux-Arts. Er ist für Frauen zugänglich und vor allem kostenlos. *In der Woche gehen wir, Paula Becker und ich, jeder unsere eigenen Wege – nur die Anatomievorträge, mittwochs und sonnabends, hören wir zusammen.*

In einem Brief vom 18. März 1900 an Otto und Helene Modersohn in Worpswede erzählt Clara Westhoff ausführlich von ihren Studien dort: *Dann sitzen wir da nebeneinander, jeder mit einem blauen und einem roten Bleistift und zeichnen schematische Zeichnungen von Muskeln und Knochen, die der Professor während des Vortrags an die Tafel macht, nach.* Obgleich ihre Sehnsucht nach Worpswede groß sei, schreibt sie weiter, vergehe kein Tag, an dem sie sich nicht freue, in Paris zu sein, die Kunst zu genießen, die Stadt, die Menschen:

Aber wie gut, dass man ein Worpswede kennt und besitzt. Ich wüsste gar nicht, wie man sich durch dieses ganze Leben hier hindurch leben sollte, wenn man das nicht immer mit sich herumtrüge.

Welche Sorte von Menschen hier! Und alle genießen sie ihr Leben aus dem vollen – sogar die verkommenen Männer und Weiber, die, aus Lumpen zusammengesetzt, sich den Bedarf für ihren Haushalt des Morgens aus den Ascheneimern wühlen (…). Manchmal kommt man mit einem Grauen nach Hause, dass man gar nicht mehr um sich blicken mag. Nur nichts mehr

sehen von alledem! Und dann wieder 'mal fühlt man sich so an-
geregt und freudig gehoben, dass man wohl für Jahre in dieser
Stadt bleiben möchte. (…) Wenn Sie unten beim Kirchhof vor-
bei gehen zu Ihrem Atelier, dann grüßen Sie ihn von mir, und
den stillen kleinen Kirchturm, der da heruntersieht, der kennt
mich doch noch besser, als alle diese fremden Bäume. Hoffent-
lich kommt der Frühling bei Ihnen auf dem Weyerberg nun
auch recht bald und sonnig und warm, damit er Ihr winter-
liches Schlechtbefinden, liebe Frau Modersohn, gründlich nach
Hause schickt, durch Paula Becker hörte ich, dass Sie eine zeit-
lang sogar das Bett hüten mussten. Der alte Winter!
18. März 1900

Ihre anatomischen Kenntnisse erweitern, wissen, wie ein Ge-
lenk funktioniert und wo die Muskeln liegen, zeichnen, Ausstellungen anschauen, ja, das ist alles wichtig für Clara Westhoffs weitere künstlerische Entwicklung. Doch wann geht sie
nun endlich mit dem Empfehlungsschreiben von Max Klinger,
das sie in der Tasche hat, zu Rodin? Stellen Sie sich bei Rodin
vor!, hatte Klinger beim Abschied in Leipzig zu ihr gesagt
    Auguste Rodin hat sein Atelier im staatlichen Marmor-
depot in der Rue de l'Université in Saint-Germain-des-Prés,
unweit der Académie Julian. Jeden Samstagnachmittag öffnet
der Bildhauer seine Räume für das Publikum. Marmorplasti-
ken und Gipsabgüsse verteilen sich überall, an den Wänden
hängen Skizzen, Zeichnungen und Kompositionen. Gerade
bereitet Rodin eine umfangreiche Werkschau vor, die er anlässlich der Weltausstellung in einem eigens errichteten Pavillon an der Place de l'Alma zeigen will. Clara Westhoff schreibt
rückblickend über ihre entscheidende Begegnung mit dem
französischen Bildhauer:

Er begrüßte mich freundlich und aufmerksam und sagte, ich solle mich nur umsehen, indem er auf den mit Arbeiten gefüllten Raum hinwies. Ich war recht froh, mich so allein in die Betrachtung versenken zu können. Als ich einmal zu ihm hinübersah, hielt er gerade ein kleines Werk aus Gips in der Hand, das er von dem Bock, auf dem es gestanden, aufgenommen, drehte es vor den Augen der Besucher und gab einige Erklärungen. Als er merkte, dass ich zusah und hörte, wendete er sich mit einem liebevollen Blick zu mir und gab mir die kleine, zerbrechliche Sache in die Hand. Dann wandte er sich wieder seinen Gästen zu – vornehmen Damen und Herren aus der großen Welt. Diese unscheinbare kleine Geste führte mich auf eine liebevolle, selbstverständliche, vertrauensvolle Art in seine Welt ein, die mir von da an aufgeschlossen war.

Manchmal reicht so eine *unscheinbare kleine Geste* schon, um sich beflügelt zu fühlen.

Heute war ich wieder bei Rodin im Atelier, der sehr liebenswürdig zu mir war, mir alle möglichen Sachen zeigte, die da augenblicklich in Arbeit sind.

Die 22-Jährige ist dankbar angesichts der Aufmerksamkeit, die der Meister ihr entgegenbringt. Inzwischen hat sie auch von der privaten Bildhauerschule gehört, die Rodin trotz der zeitraubenden Vorbereitungen für seine Ausstellung gemeinsam mit seinem ehemaligen Schüler Antoine Bourdelle und dem befreundeten Kollegen und früheren Mitarbeiter, Jules Desbois, Mitte März gegründet hat, das Institut Rodin am Boulevard du Montparnasse 132.

Als Alternative zu den Pariser Privatakademien und der staatlichen Kunsthochschule ist dieses Institut etwas Neues, erregt Aufsehen und sorgt trotz hohen Schulgeldes für gewaltigen Ansturm. Die Kurse finden ganztägig statt, Männer und Frauen werden in getrennten Ateliers unterrichtet.

Rodin hat eine Bildhauerschule eingerichtet, die Clara Westhoff besucht, schreibt Paula Becker am 13. April 1900 an ihre Eltern:

Zwar hat sie monatlich nur ein oder zwei Korrekturen von ihm, sonst kommen seine Schüler (Bourdelle und Desbois). Aber sie ist eben ein Mensch, der überall lernt. Im letzten Grunde weiß ich nicht einmal recht, ob Paris im Augenblick das Rechte für sie ist. Sie ist meiner Empfindung nach oft zu groß und zu massig, innerlich und äußerlich. Aber sie ist solch kräftige Natur, die alles, was an sie herantrit, ergreift, es unwissentlich dreht und wendet, bis sie es verwenden kann. Solche Menschen können überhaupt nicht unglücklich werden. Was ihr auch zustößt, immer wird es zu ihrem Besten sein.

So käme es Clara Westhoff denn auch wahrlich nicht in den Sinn, darüber zu klagen, dass Auguste Rodin seltener als erhofft in seinem Institut auftaucht und die Korrekturen gern seinen Kollegen überlässt. Sie nimmt die Dinge, wie sie sind: *Mit den Herren zusammen kann ich leider nicht arbeiten, aus tausend Gründen, die er mir vorstellte,* schreibt sie an die Eltern. *Er war aber sehr liebenswürdig und ich hoffe, dass er sich für mich interessieren wird, dann bitte ich ihn auch mal, meine Arbeiten zu Hause anzusehen.* Selbst wenn sie nicht in seiner direkten Nähe arbeiten kann: *Am Schluss hat er sich meine Karte ausgebeten, um meinen Namen zu behalten.* Immerhin! Das gibt doch Hoffnung auf einen häufigeren professionellen Austausch mit dem bewunderten Meister.

Auguste Rodin im Atelier

Ob Clara Westhoff bei ihren Besuchen in Rodins Atelier in der Rue de l'Université Skulpturen von Camille Claudel gesehen hat? Weiß sie, wer diese Frau ist?

In der Pariser Kunstwelt wird getuschelt, dass der 60-jährige Rodin immer noch unter dem Verlust seiner 24 Jahre jüngeren Geliebten Camille leidet und sie trotz zahlreicher anderer Amouren nicht vergessen kann. Die Bildhauerin lebt jetzt schon seit einigen Jahren getrennt von ihm und hat sich in ihrem Atelier am Quai Bourbon auf der Île Saint-Louis verschanzt: Von allen nur als offizielle Mätresse eines arrivierten, deutlich älteren Künstlers wahrgenommen und nicht als eigenständige Künstlerin, die bald selbst Skulpturen von überwältigender Schönheit schuf, war ihr Zorn gegen Rodin und seine ignorante Entourage immer mehr gewachsen. Wie schlecht es ihr inzwischen schon geht, dass sie zu trinken begonnen hat, immer mehr verwahrlost, äußerlich zunehmend verfällt und aus der bildschönen, leidenschaftlichen Frau eine finster dreinblickende, vor Angst zitternde Camille Claudel zu werden droht, die unter Verfolgungswahn leidet, glaubt, Rodin wolle sie »verschwinden« lassen, und schließlich mit gezielten Hammerschlägen alles zertrümmert, was sie im Laufe des Jahres geschaffen hat, ahnen wohl die wenigsten.

•

Wenn Paula Becker notiert, sie und Clara Westhoff kennten inzwischen *einen ganzen Schwarm junger deutscher Künstler*, mit denen sie Ausflüge machten, gemeinsam ruderten, deutsche Lieder trällerten und tanzten, so gehören dem Kreis neben dem Bildhauer Karl Albiker auch der Schweizer Tier- und Landschaftsmaler Adolph Thormann und Emil Hansen an, der sich später Nolde nannte und ebenfalls Schüler bei Fehr/Schmid-Reutte war, bevor er nach Paris ging und jetzt bei Julian studierte, ebenso wie seine Freundin, die aus Hamburg gebürtige Malerin Emmi Walther, die auch in München bei Fehr studiert hatte.

Für nächste Woche wird ein Fest geplant, freut sich Paula Becker auf den Atelier-Abend bei Albiker mit Mandolinen- und Gitarrenmusik, Lampions, Erdbeerpudding, Topfkuchen und Wein. *Clara Westhoff und ich ziehen den Nachmittag vorher hin, um die Räumlichkeiten festlich zu schmücken.* Spätnachts marschiert die kleine Gesellschaft noch hoch zum Montmartre und genießt den Blick von der Freitreppe vor der Kirche Sacré-Cœur auf das zu ihren Füßen liegende leuchtende Paris in vollen Zügen.

An ihren akademiefreien Sonntagen besteigen Clara West-hoff und Paula Becker häufig einen kleinen Dampfer am An-leger Louvre und fahren die Seine hinauf. Unter blühenden Obstbäumen machen sie Rast, quartieren sich in einer klei-nen Pension ein und schreiben im Schein des Mondes Briefe an ihre »großen Männer«: an die Worpsweder, an Max Klin-ger und Carl Hauptmann. Von einer gemeinsamen Fahrt nach Versailles *in die breiten, feierlichen Alleen hinein, die uns ganz andächtig machten, im Gedenken an all' die großartige märchenhafte und grauenvolle Vergangenheit* berichtet Clara Westhoff dem Ehepaar Modersohn:

Wie feierlich die Gebäude da lagen, wie feierlich die beschnit-tenen Bäume standen. Und dann im engen Anschluß daran, die einfache, wilde, natürliche Natur, üppig und reich und fast berauschend in ihrer Üppigkeit. (...) Da sind wir ganz weit ge-gangen, es war ganz fabelhaft still – und wir sprachen fast gar nicht. Und so was nimmt man dann mit ins Gewühl und in das laute Treiben der Woche. (...) beide froh, ich jedenfalls, jemand zu haben, mit dem man nach allem Geist/ der klugen Mitmen-schen/ und allem Reden und Reden mit tausend Leuten und allem Suchen und Kämpfen – friedlich auf Worpsweder Art Natur genießen kann und Kunst.

Beiden jungen Frauen geht es ähnlich: Ihre Stimmungen schwanken. Das Gefühl von Glück und Lebensfülle wech-selt mit tief empfundener Traurigkeit. Mal könnten sie Luft-sprünge machen angesichts des anregenden Pariser Groß-stadtlebens, dann wieder reicht schon der Geruch nach Knoblauch, der aus der Küche einer Kneipe strömt, um alles widerwärtig zu finden und sich über zu viel Lärm, Hektik, soziales Elend, schmutzige Straßen und wüst aussehende Männer und Frauen aufzuregen. Kein Zweifel. In regelmäßigen Abständen bricht sich die Sehnsucht nach der norddeutschen Heimat Bahn, nach jenem Land, *das meine Sprache spricht,* wie Clara Westhoff notiert, um dann aber wieder ganz schnell dem Bann zu weichen, den Paris auf sie ausübt.

Einmal, während sie in einem der Cafés in der Avenue Montsouris noch etwas trinkt, schreibt sie auf einer Postkarte, die sie an Paula Becker in der Rue Campagne Première schickt:

Ich habe einen ganz traumhaften Abend verlebt. Wie's in Paris immer geht, man geht um die Ecke und begegnet etwas ganz anderem. Also darum müssen Sie morgen Abend von der Rue Dareau aus einen Spaziergang mit mir machen. Ungefähr um 21 Uhr. Das ist früh genug. Kommen Sie nur; es ist der Mühe wert! Und durchaus nicht weit. Ein kleiner Weg in der Abendstunde! Eigentlich sollten wir wohl morgen zu den Gobelins? – Und wie ist es mit dem jour fixe in der Ausstellung? Kommen Sie morgen eben in der Crémerie vor? Ich bin um 12 ½ Uhr dort.

In der *Crémerie* von Madame Charlotte in Montparnasse treffen sich Künstler und Kunststudenten regelmäßig zum Imbiss. Das Lokal ist klein, mit Bildern vollgestopft. Madame Charlotte ist eine freundliche Frau mit tiefrot geschminkten Lippen, die hinter der Kasse gegenüber der Eingangstür sitzt und ihre Kundschaft persönlich begrüßt. Sie weiß genau, dass viele ihrer Gäste in der Regel nur wenige Francs in der Tasche haben und sich eigentlich gar keine Mahlzeit bei ihr leisten könnten, wäre sie nicht so großzügig, ihnen Kredit zu gewähren. Dass unter vielen anderen damals bereits bekannten

Künstlern auch der besonders von Paula Becker verehrte Paul Gauguin bei Madame Charlotte seinen Pastis trank, wenn er in Paris weilte, war den beiden Worpswederinnen vermutlich nicht bewusst.

•

In den Frühjahrs- und Sommermonaten bis zum November 1900 droht Paris aus allen Nähten zu platzen: Niemand will sich die Weltausstellung entgehen lassen, Millionen von Besuchern reisen an die Seine. Paris sonnt sich im Glanz der pompösen Belle Époque und feiert ein rauschendes Fest.

Das Großereignis erstreckt sich von der neu errichteten Brücke Pont d'Alexandre am unteren Ende der Champs-Élysées bis zum Trocadéro-Platz und schließt auf der anderen Seite der Seine das Marsfeld um den Eiffelturm mit ein. Begleitet von der Musik nordafrikanischer Trommler und ungarischer Kapellen, strömen Menschenmengen durch das monströse Eingangstor zum Ausstellungsgelände in die zahlreichen Hallen und Pavillons, die meisten historisierend mit weißen Rokokotürmchen und Putten wie aus Zuckerguss verziert.

Doch Clara Westhoff und Paula Becker interessieren auf der Weltausstellung nicht die technologischen Exponate in den Industriepalästen. Sie wollen die große internationale Kunstschau sehen, die aus diesem Anlass gezeigt wird. Vor allem den Pavillon an der Place de l'Alma. Sie wissen ja, dass Rodin ihn auf eigene Kosten errichten ließ, nachdem die Organisatoren seine Teilnahme an der Schau abgelehnt hatten. Insgesamt 171 Werke sind dafür eigens aus seinem Atelier in den imposanten Pavillon transportiert worden. Die Welt soll sich noch wundern!

Der Rodin, das ist doch ein Riese! Paula Becker verschlägt es angesichts der zahlreichen Skulpturen und Zeichnungen fast die Sprache. Clara Westhoff hat ihr ja schon viel von Rodins Kunst erzählt, doch was sie jetzt erlebt, übersteigt alles, was sie sich bisher hat vorstellen können.

Sie müssen einfach herkommen!, fordert sie Otto und Helene Modersohn Anfang Mai 1900 auf. *Gerade Sie mit Ihren Farben!* Wie bedauerlich sie es findet, dass Modersohn und die anderen Worpsweder Maler keine Bilder in Paris zeigen! *Ich hätte sie alle so gerne hier gesehen. Wissen Sie, Sie sind einer, der sich durch den Berg der Konvention hindurchgearbeitet hat. Alles andere fällt von Ihnen ab. Ich hoffe ganz riesig auf ihre Zukunft.*

Paula Becker ist überzeugt, dass die Ausstellung außerordentlich anregend für Modersohn sein könnte, und das schreibt sie ihm. Doch seine Reaktion ist verhalten. Zweifellos würde ihn ein Besuch des internationalen Großereignisses in Begleitung der jungen Künstlerin reizen. Doch er kann seine Frau jetzt nicht in Worpswede allein lassen. Helene Modersohn ist sehr krank, und ihr Zustand hat sich in den vergangenen Monaten verschlechtert. Schweigsam sitzt die Einunddreißigjährige in dem großen Lehnstuhl am Fenster ihres Hauses, kaum noch hat sie die Kraft, ihre kleine zweijährige Tochter Elsbeth auf dem Schoß zu halten. Häufige Hustenanfälle wechseln mit Atemnot.

Obwohl die Schwerkranke mehrfach versucht, ihren Mann zu der Reise nach Paris zu bewegen, kann sich Modersohn dazu nicht durchringen. Er sagt Paula Becker schließlich mit der Begründung ab, gut in der Arbeit zu sein und sie nicht unterbrechen zu wollen.

Doch Ende Mai sieht alles wieder ganz anders aus, und die junge Malerin jubelt: *Das wird ein Fest.* Die Familie in Bre-

men soll es gleich erfahren: *Und Montag kommen die Worps-*
weder! Das ist die Hauptriesenfreude. Überhaupt: Dort ist all-
zeit mein Sinn. Ich kann Euch sagen, manchmal dürste ich
nach Heimat.

Die Worpsweder in Paris! Auch Clara Westhoff ist begeistert. *Hurrah!*, schreibt sie an Modersohn, was für eine Freude,
dass Sie sich noch entschlossen haben. Und auf einem losen
Zettelchen fragt sie ihn: *Was wollen Sie lieber – ein feines, an-*
genehmes Haus u. Zimmer mit Kaffee – 5 frs. pro Tag, oder ein
ruppiges Zimmer ohne Kaffee, 3 frs. pro Tag?

Am 11. Juni 1900 lassen sich Otto Modersohn, Hermine
und Fritz Overbeck und Marie Bock mit der Postkutsche
von Worpswede über Lilienthal an den Bremer Hauptbahnhof fahren und besteigen dort den Zug nach Paris. Der Empfang für sie an der Gare du Nord könnte nicht herzlicher sein.
Clara Westhoff und Paula Becker stehen am Bahnsteig, mit
weißen Tüchern winkend. Die Wiedersehensfreude ist besonders groß. Was für herrliche gemeinsame Tage! Weltausstellung, Louvre-Besuche, Spaziergänge durch die Tuilerien-
Gärten.

Doch plötzlich, am Abend des 14. Juni, die erschütternde
Nachricht aus Worpswede: Helene Modersohn ist an einem
Blutsturz gestorben. Modersohn und seine Freunde bre-
chen ihren Aufenthalt in Paris unmittelbar ab: *Dies ist ein*
sehr trauriger Schluß meiner Pariser und auch meine nächste
Worpsweder Zeit wird schwer und traurig sein, notiert Paula
Becker in ihr Tagebuch: *Ich habe in diesen Tagen so viel von*
Modersohn gehabt.

Kurz darauf verlassen auch sie und Clara Westhoff Paris
und fahren zurück in die norddeutsche Heimat.

KAPITEL IV

Ich habe sehr viel vor

WORPSWEDE 1900

Und wenn jede von uns fünfhundert im Jahr hat
und ein Zimmer für sich allein.
Virginia Woolf

In Paris hat Clara Westhoff *in jeder Beziehung sehr, sehr reich geschöpft.* Unbändig freut sie sich jetzt auf einen Sommer in der ländlichen Stille. *Ich habe sehr viel vor,* notiert sie und will die kommenden Tage intensiv für die Weiterentwicklung ihrer Kunst nutzen.

Und spricht denn irgendetwas dagegen, wieder aufzubrechen, wenn die Zeit dafür reif ist?

Über die Stimmung während der ersten gemeinsamen Wochen in Worpswede mit Paula Becker schrieb Clara Westhoff rückblickend:

Zunächst war es ein seltsamer Eindruck für uns, auf den langen Birkenchausseen wieder in das heimatliche Land hineinzuwandern, nach dem wir uns in der Ferne gesehnt hatten. Das Land war so ernst und so schwer, so dunkel, so schien es uns, und so ernst und schweigsam die arbeitenden Bauern, die rechts und links in den Torfstichen zu sehen waren. Fast war es, als könne

alles Erlebte gar nicht wahr sein. Wir waren tief ergriffen und
bewegt von diesem Unterschied zwischen unserer jetzt kärglich
erscheinenden Heimat und den Eindrücken der vergangenen
Monate.

Westerwede zählt nur wenige Hofstellen und liegt im Süden
von Worpswede, an der Landstraße nach Lilienthal.

Clara Westhoff muss nicht lange suchen, bis sie bei einem
der Bauern einen Raum gefunden hat, in dem sie wohnen
und arbeiten kann. Wenn sie aus dem Fenster schaut, fällt
ihr Blick auf die ausladenden Äste einer großen Kastanie; dahinter breiten sich Wiesen aus, auf denen Kühe und Pferde
weiden. Bis auf eine dunkel gekleidete alte Frau mit einem
schwarzen Kopftuch, die tagaus, tagein viele Stunden lang
schweigend draußen vor der Dielentür sitzt, und ein paar
spielende Kinder, die hin und wieder über den Hof rennen,
ist in dieser abgelegenen Gegend kaum ein Mensch zu sehen.

Wie beruhigend, dass der Weg von Westerwede nach Ostendorf nicht so weit ist; zu Fuß benötigt man vielleicht 20 Minuten. Dort hat Paula Becker auf dem Hof des Kleinbauern
Martin Brünjes eine Kammer bezogen, die direkt an den Kuh-
stall grenzt. Einen Schritt aus dem mächtigen Dielentor, und
man ist gleich im Moor. Nicht weit vom Hof entfernt steht
mitten in einem verwilderten Garten eine alte, nahezu verfal-
lene Ziegelei, die unter einem dichten Geflecht wuchernder
Kletter- und Schlingpflanzen fast verschwindet. Eine Lehm-
kuhle gehört dazu. Auf diesem kargen Stück Erde wachsen
Anemonen, Veilchen, Vergissmeinnicht und der gelbe Huf-
lattich. Diese Frühlingsblume gehörte zu Paula Beckers Lieb-
lingsblumen. Oft flocht sie Kränze aus den *kleinen Gelben von*
der Kuhle und malte sie.

Der plötzliche Tod von Helene Modersohn hat unter den

Worpsweder Künstlerfreunden Fassungslosigkeit und Trauer ausgelöst. Dass dieses Schicksal ausgerechnet Otto Modersohn treffen müsse, dem *Worpswede künstlerisch alles verdankt,* betrübe ihn zutiefst, schreibt Heinrich Vogeler an den Schriftsteller Hans Bethge und betont: *Wenige Menschen kennen seine eminente Künstlerschaft. Für mein Gefühl ist er der stärkste Poet unter allen deutschen Landschaftern. Hinter den Zauber, das Geheimnis Modersohnscher Kunst zu kommen, dazu gehört ein tiefes Versenken, eine Ruhe, eine Vereinsamung.*

Eine Fotografie des 35-jährigen Witwers zeigt einen schlanken Mann mit einem langen, schmalen Gesicht und einem vollen Bart. Ein ernster, grübelnder Blick verbirgt sich hinter runden Brillengläsern. Modersohn sitzt in seinem Atelier, die Hände auf den Knien. Kästen mit seltenen Schmetterlingsarten, Libellen, Käfern und Insekten hängen an der Wand, auf hölzernen Regalen stehen ausgestopfte Vögel aus der Gegend, verschiedene Gräser und Blätter liegen zum Trocknen ausgebreitet. Über den ganzen Raum verteilt stapeln sich Studien, Skizzen und Gemälde.

•

Clara Westhoff und Paula Becker verbringen so viel Zeit wie möglich miteinander. Ihre Beziehung ist etwas ganz Besonderes. Beide verbindet ein gemeinsames Thema, die Kunst. Zwei »Schwesterseelen« haben sich gefunden, vergleichbar jenen »Seelenschwestern« Rahel Varnhagen und Pauline Wiesel, den berühmten Briefschreiberinnen aus Berlin.

Eine jauchzende, innere Freude, ein gewaltiges Drängen erfüllte die beiden jungen Menschenkinder, hält Heinrich Vogeler in seinen Erinnerungen fest. *Da segelte in ihrem weißen*

Kleide mit einem jungen Bauern Clara Westhoff vorbei, wie eine Fregatte unter vollen Segeln. – Fest auf den Arm ihres Tänzers gelehnt, kreiselte in ruhiger Kraft Paula vorüber. Schützenfeste auf dem Weyerberg, lange Wanderungen durch das Moor, Sonnenbaden in freier Natur, Nackt- und Reigentänze im Mondschein, abendliche Kahnfahrten auf der Hamme.

Ich möchte furchtbar gern gleich zu Ihnen runter kommen. Wenn es Ihnen recht ist, so warten Sie auf mich, bei sich? – Wenn Sie lieber hierher kommen wollen, kommen Sie doch übern Berg und Kirchhof, damit wir uns nicht verpassen. Bolte's Weg. – Voller Ungeduld fiebert Clara Westhoff dem nächsten Wiedersehen mit Paula Becker entgegen. *Ich komme dann so um halb 4 U. Ich klebe noch erst Ihren Michel Angelo zusammen und bringe ihn Ihnen mit, Ihr Relief, wenn es geht, auch.*

An manchen Tagen packt die beiden jungen Frauen der Übermut. Einmal versetzen sie das gesamte Dorf in helle Aufregung: Während eines sonntäglichen Spaziergangs auf den Weyerberg klettern sie in ihren langen weißen Kleidern in den Turm der Zinskirche und läuten die Glocken. Paula Becker hält das folgenschwere Ereignis in einem Brief vom 13. August 1900 fest:

Nach einem ziemlich biederen Sonntag schlendern Clara Westhoff und ich zusammen durchs Dorf. Wir finden, der Tag darf nicht so geschlossen werden. Wir wollen tanzen. Aber wo und wie? Im nächsten Augenblick sind wir aber schon wieder bei der Kunst, bei Claras Kirchenengeln. Also zur Kirche. Sie ist verschlossen. Nur der Turm steht offen. Wir ersteigen ihn zum erstenmal und sitzen nun beide oben auf dem Balken neben dem Glockenstuhl. Und da kommt es uns. Wir müssen läuten. Wir schlagen nur einmal mit dem Klöppel an, es klingt zu verlockend. Da zieht Clara das Seil von der großen Glocke, und ich von der kleinen, und sie schwingen sich, und wir werden von ihnen geschwungen, hoch vom Boden empor, und es klingt und tönt und dröhnt über den Weyerberg, bis wir müde sind.

Das war auch gerade der Zeitpunkt, wo der längste aller Lehrer die steilen Treppen alle erstiegen hatte, und uns in seiner Länge zur Rede stellte. Als er aber zwei weißgekleidete Jungfrauen erblickte, lenkte er seine Schritte wieder abwärts.

Wir folgen ihm – und – der ganze Kirchhof schwarz vor Leuten. Wir hatten die Feuerglocke gezogen. Man hatte geglaubt, es brenne. Unten im Dorf war die Spritze eingespannt. Wir machten uns schnell aus dem Staube, wurden aber noch vom Pastor gestellt, der mit bleich schnaubendem Gesicht einige Male: Sacrosanctum! zischte.

Welch ein Frevel! Der Worpsweder Kirchenvorstand beschließt, dass solch ein Vergehen nicht ungestraft bleiben kann, und fordert von den Übeltäterinnen ein Strafgeld von je einhundert Mark. Zum Glück weiß Clara Westhoff sich und ihre Freundin unverzüglich aus der Affäre zu ziehen. Die Kirche schulde ihr noch das Honorar für die Skulpturen, die sie vor kurzem für den Kirchenraum angefertigt habe, entgegnet sie und erklärt sich bereit, darauf zu verzichten, wenn man ihr und Paula Becker das Strafgeld erließe.

In der Worpsweder Zionskirche blicken den Besucher von den Wänden der beiden Längsseiten jeweils vier Engelsköpfe von Clara Westhoff an. Alte Fotos zeigen Blumenbemalungen rund um die kleinen Skulpturen, die nach der Renovierung der Kirche inzwischen wieder zu sehen sind. Paula Becker soll die Sonnenblumen »zur Strafe« um die Engelsköpfe gemalt haben.

•

Worpswede, Spätsommer 1900. Im Weißen Saal von Heinrich Vogelers »Barkenhoff« trifft sich jeden Sonntagnachmittag ein Kreis enger Freunde zum gemeinsamen Vorlesen, Musizieren, Tanzen, Debattieren und ausgelassenen Feiern bis in die frühen Morgenstunden. Neben dem Hausherrn und seiner Verlobten Martha Schröder, der Tochter eines Lehrers aus Worpswede, gehören Otto Modersohn, Paula Becker und Clara Westhoff dazu. Häufig sind auch Marie Bock und Paula Beckers Schwester Milly dabei.

Hier, in den stillen Giebelzimmern, im Musiksalon und auf der Terrasse des »Märchenschlosses« mit der geschwungenen Freitreppe, die zwei Empire-Urnen schmücken, leben sie in einer Welt für sich, umgeben von Möbeln im Biedermeier- und Jugendstil, Bestecken, Gläsern und Geschirr, die Vogeler selbst entworfen hat.

Häufig besuchen Gäste die »Insel der Schönheit«. Aus München reisen Alfred Walter Heymel, Julius Bierbaum und Rudolf Alexander Schröder an; Modersohns Freund Carl Hauptmann kommt aus Schreiberhau und der Dichter Richard Dehmel aus Hamburg. Da sich Richard Muther, Kunsthistoriker in Breslau, für den Kreis der jungen Künstler im weit entlegenen Moor interessiert und mit dem Gedanken an eine umfassende Publikation über sie trägt, taucht auch er hin und wieder in der Moorkolonie auf.

Ende August 1900 tritt ein weiterer Gast über die Schwelle des Vogler'schen Giebelhauses. Der in russische Tracht gekleidete junge Mann mit den roten, bunt applizierten Tartarenstiefeln zieht alle Blicke auf sich und sorgt vorübergehend für Irritation. Schnell hat sich herumgesprochen, dass er Rainer Maria Rilke heißt, Dichter ist, aus Prag stammt, in Berlin lebt und gerade von einer mehrmonatigen Russland-Reise in Begleitung seiner Geliebten Lou Andreas-Salomé zurückgekommen ist.

Merkwürdig. Der 24-Jährige macht einen niedergeschlagenen Eindruck. Ist in sich gekehrt, redet kaum ein Wort und verschwindet schon sehr früh in sein Zimmer unter dem Giebel, das er als Freund Heinrich Vogelers bewohnen darf. Rainer Maria Rilke leidet unter Liebeskummer. Nach mehr als drei gemeinsamen Jahren hat sich Lou Andreas-Salomé von ihm getrennt, und über diese Trennung kann er nicht hinwegkommen. Mit ihr hat er nicht nur die geliebte Frau und Muse verloren, sondern auch Russland als seine geistige Heimat.

Rilke weiß nicht, wie es weitergehen soll. Der Gedanke an die Zukunft ängstigt ihn.

•

Wie eifrig hatte sich Rilke nach seiner ersten russischen Reise mit Lou Andreas-Salomé um die Osterzeit 1899 auf alles Russische gestürzt.

Russische Literatur füllte seine Berliner Bibliothek, er benutzte russische Redewendungen, wenn er sprach, und kleidete sich vorzugsweise russisch. Er lernte Russisch, konnte bald Gedichte aus dem Russischen übersetzen und mit Lous Freunden auf Russisch korrespondieren. Intensiv vertiefte er sich in die Geschichte und Kunst ihrer Heimat, die sie ihm auf so eindrucksvolle Weise gezeigt hatte. Zuletzt verehrte er Land und Leute nahezu hymnisch und deutete Lou gegenüber an, er wolle sich vielleicht für immer in Russland niederlassen – am liebsten gemeinsam mit ihr.

Mit einem derartigen Gefühlsüberschwang hatte die in Berlin Verheiratete nicht gerechnet; Rilkes Jüngerschaft wirkte oft so exaltiert, dass Lou befürchtete, er könnte ernsthaft krank sein. Angstattacken überfielen und lähmten ihn.

Dann verhielt er sich wie ein hilfloses Kind, das die Präsenz seiner Mutter und ihren Schutz suchte.

Je bewusster sich Lou Andreas-Salomé der verantwortungsvollen Rolle wurde, die Rilke ihr zuteilte, desto mehr nahm ihr Bedürfnis zu, sich aus seiner Umklammerung zu lösen. Ihr Leben mit Rilke teilen? Lou wusste, dass sie das nicht wollte, und stellte sich bald die Frage, ob es nicht auch für seine weitere Entwicklung besser sei, sie trennte sich von ihm.

Doch sich Rainer Maria gegenüber zu offenbaren und auf die zweite gemeinsam geplante Reise nach Russland im Frühjahr/Sommer 1900 verzichten? Dazu fehlte Lou zu diesem Zeitpunkt noch der Mut, und so bestiegen beide am 7. Mai 1900 in Berlin die Eisenbahn und reisten über Warschau nach Moskau, wo sie drei Wochen lang blieben, Freunde trafen, Kirchen und Kunstgalerien anschauten. Besonders eindrucksvoll war die Begegnung mit Leonid Tolstoi auf seinem Sommersitz Jasnaja Poljana in Begleitung Leonid Pasternaks, seiner Frau und dem 10-jährigen Sohn Boris.

An einem warmen Sommermorgen des Jahres 1900 geht ein Schnellzug vom Kursker Bahnhof ab, berichtete später Boris Pasternak über die gemeinsame Reise mit dem ungleichen Paar aus Deutschland: *Unmittelbar vor seiner Abfertigung tritt draußen jemand in einer schwarzen Tiroler Pelerine ans Fenster. Mit ihm eine Frau von hohem Wuchs. Sie ist wahrscheinlich seine Mutter oder seine ältere Schwester.*

Der Besuch bei Tolstoi, das Zusammensein mit den Pasternaks, ein zweiwöchiger Aufenthalt in der ukrainischen Hauptstadt Kiew, schließlich eine siebentägige Schiffsreise auf der Wolga – als das Ende der gemeinsamen Zeit nahte, fürchteten beide den Abschied.

Darum wünschte sich Lou, noch ein paar Tage in der großartigen russischen Landschaft unter den Wolgabauern zu verbringen, und mietete ein einfaches kleines Haus auf dem Land. Rilke war glücklich. Endlich mit der geliebten Frau wieder einmal allein sein. Ungestört unter einem eigenen Dach, wie zu Beginn ihrer Liebe im Sommer 1897 im Dörfchen Wolfratshausen in der Nähe des Starnberger Sees.

Doch Rilke fühlte sich durch Lous verändertes Verhalten verunsichert. Er vermisste die alte Vertrautheit und empfand ihren stillen Rückzug als *tägliche Verluste,* auf die er mit Furcht und Verstummen reagierte. Nach den gemeinsamen Tagen auf dem Land verbrachte er noch nahezu einen Monat allein in St. Petersburg, während Lou mit ihrer Familie in Südfinnland Ferien machte. Rilke litt unter seiner Einsamkeit, bat Lou, möglichst schnell nach St. Petersburg zu kommen, doch als sie dort eintraf, erklärte sie ihm, dass er seinen Weg von nun an ohne sie weitergehen und sich in Freiheit entwickeln müsse.

Zurück in seiner Wohnung in Berlin-Schmargendorf konnte Rilke den Gedanken nicht ertragen, nur einen Steinwurf entfernt von Lou und Friedrich Andreas-Salomé zu wohnen und die Geliebte dennoch nicht mehr sehen zu dürfen.

So kam die Einladung von Heinrich Vogeler wie gerufen, Ende August zu ihm nach Worpswede zu kommen. Die beiden Männer kannten sich von einer Begegnung in Florenz 1898. Rilke hatte Vogeler daraufhin in seinem Bremer Elternhaus besucht und bei dieser Gelegenheit auch Worpswede flüchtig kennen gelernt.

Ein Jahr später war sein Gedichtband *Mir zur Feier* mit Illustrationen von Heinrich Vogeler im Insel-Verlag erschienen.

•

Liebe Mama! In einem Brief vom 28. August 1900 schildert Rilke seiner Mutter Phia die ersten Eindrücke von der Worpsweder Landschaft: *Seit gestern mittags bin ich selbst hier in diesem seltsam schönen Wiesenland, das so reich ist in Wechsel und Bewegung und so gut als Milieu für Erholung und Arbeit.*

Schon in wenigen Tagen stellen sich in der Einsamkeit dieses *seltsam schönen* Wiesenlandes Gefühle ein, die Rilkes Schmerz über die verlorene Liebe zu Lou lindern und seinem Leben über Nacht eine neue Richtung geben.

Über einen gemeinsamen Spaziergang ins Moor an einem der ersten Abende mit dem Dichterfreund notierte Heinrich Vogeler:

Eine schwefelfarbene Abendluft stand am Himmel. Über dem Bergrand schob sich eine lange dunkelviolette Wolke. Sie wirkte wie ein zum Moor hinübergreifender Arm, der in eine krallige Hand auszulaufen schien. Als wir hinter Kücks Gastwirtschaft an dem schwarzen Torfsumpf vorüberkamen, erschauerte Rilke: ›Ein grausiges Land, in dem ihr da lebt‹. Wir wanderten weiter über die Landstraße und bogen in die schimmernde Birkenallee, in das Moordorf Westerwede ab. Es dunkelte schon, als wir beide vor dem Giebel eines alten Strohdachhauses standen. In der großen Dielentür erschien das leuchtende Weiß einer Frauengestalt, die uns begrüßte. Es war Clara Westhoff.

Der kurzen nächtlichen Begegnung mit der Bildhauerin im Schein einer Petroleumlampe folgt der erste gemeinsame Sonntag im Weißen Saal. Auf dem Klavier der mehrarmige silberne Kerzenleuchter, *feine Empirestühle*, Spiegel, Gläser, Blumensträuße und eine Uhr, die leise tickt. Es ist später Nachmittag. Allmählich trifft der kleine Freundeskreis auf dem Barkenhoff ein. *Dr. Hauptmann kommt mit zwei Schwestern, einer blonden und einer dunklen, über den Berg. Herr Modersohn und ein fremder junger Mann (...) ist mitgekommen. Wir sitzen im Musiksaal (...) Man spielt Richard Strauss, Franz Schubert... Später, da man mich bittet, lese ich einiges.*

Zwei Schwestern. Die eine »blond«, Paula Becker, die andere »dunkel«, Clara Westhoff. Sie sind jung, Mitte zwanzig, so wie Rilke, und von einer ansteckenden Lebensenergie. Von beiden fühlt er sich herzlich empfangen. In ihrer Nähe kann er seine Traurigkeit vorübergehend überwinden. *Ich gebe Gesellschaften*, notiert er am 4. September 1900 und liest dem Kreis der Freunde aus seinem Buch »Die weiße Fürstin« vor, *süß und bleich*, wie Paula Becker beobachtet: *Ein feines lyrisches Talent, zart und sensitiv, mit kleinen rührenden Händen.*

Rilke geht häufig zu der *blonden Malerin*, in ihr *Lilienatelier.* Er benannte Paula Beckers Arbeitsraum bei Brünjes nach dem dunklen Gobelin mit dem französischen Lilienmuster, der dort an der Wand hängt.

Tee erwartete mich. Eine gute und reiche Gemeinsamkeit in Gespräch und Schweigen. Es wurde wundersam Abend; wovon die Worte gingen: von Tolstoi, vom Tode, von Georges ›Rodenbach‹ und Hauptmanns ›Friedensfest‹, vom Leben und von der Schönheit in allem Erleben, vom Sterbenkönnen und Sterbenwollen, von der Ewigkeit und warum wir uns Ewigem verwandt fühlen. Von so vielem, was über die Stunde hinausreicht und über uns. Alles wurde geheimnisvoll. Die Uhr schlug eine viel zu große Stunde und ging ganz laut zwischen unseren Gesprächen umher. – Ihr Haar war von florentinischem Golde. Ihre Stimme hatte Falten wie Seide. Ich sah sie nie so zart und schlank in ihrer weißen Mädchenhaftigkeit. Ein großer Schat-

ten ging durch die Stube … erst über mich, den Redenden, über meine wandernden Worte, dann über ihre helle Gestalt und über die glänzenden Dinge alle. Wir schauten nach den westlichen Fenstern hin. Aber es war niemand nah vorbeigegangen. – Gleich darauf ging ich von dem blonden Mädchen, das mit warmen Wangen und stillen Augen am Tisch sitzen geblieben war, hinaus in den blonden Abend, der von wundersamer Weite und Klarheit war.

Paula Beckers warmherzige Ausstrahlung, ihr stiller Ernst, ihre Klugheit und innere Freiheit beeindrucken Rilke und regen ihn zu neuen Gedichten an: *Du blasses Kind, an jedem Abend soll der Sänger dunkel stehn bei deinen Dingen.*

Auf andere Weise, doch ebenso stark fühlt sich der Poet von der Bildhauerin Clara Westhoff angezogen. Tagebuch, 10. September 1900:

Als wir eben in der dunklen Diele standen (…) kam Clara Westhoff. Sie trug ein Kleid aus weißem Batist ohne Mieder im Empirestil. Mit kurzer, leicht unterbundener Brust und langen glatten Falten. Um das schöne dunkle Gesicht wehten die schwarzen, leichten, hängenden Locken, die sie (…) lose läßt zu beiden Wangen. – Das ganze Haus schmeichelte ihr, alles wurde stilvoller, schien sich ihr anzupassen, und als sie oben bei der Musik an meinem riesigen Lederstuhl lehnte, war sie Herrin unter uns. Ich sah sie an diesem Abend wiederholt schön. Im Lauschen, wenn die manchmal zu laute Charakteristik des Gesichtes gebunden ist an Unbekanntes (…) Sie wartet, ganz hingegeben, auf das, was sie nun erleben soll.

Sonnabend, 23. September 1900. Vor dem weißen Tor des Barkenhoff hält eine hochrädrige gelbe Kutsche, mit Sonnenblumen und Levkojen geschmückt, die gepolsterten Sitze aus tiefrotem Samt. Es steigen ein: die beiden Schwestern Paula und Milly Becker, Marie Bock und Rainer Maria Rilke. Kurz darauf kommt Heinrich Vogeler aus dem Haus und gibt dem livrierten Kutscher Anweisungen, gefolgt von seinem Bruder Franz und Otto Modersohn. Nur Clara Westhoff fehlt. Sie sei schon nach Bremen gefahren, um ihre Eltern zu besuchen, begründet Vogeler ihre Abwesenheit, man würde sich am Hauptbahnhof treffen. Gemeinsam will die kleine Worpsweder Gesellschaft nach Hamburg reisen, wo Carl Hauptmanns Drama »Ephraim Breite« Premiere hat.

Die Pferdekutsche befindet sich bereits auf der Chaussee in Richtung Lilienthal, als in der Ferne plötzlich ein kleiner heller Punkt auftaucht, der schnell näher kommt. Clara Westhoff im flatternden weißen Sommerkleid auf dem Fahrrad. Bald auf gleicher Höhe mit der Kutsche reicht sie Rilke einen selbst gebundenen Heidekranz und ruft ihm, nach Atem ringend, zu: *Den sollten Sie eigentlich haben für gestern.* Am Vorabend hatte der Dichter dem Freundeskreis im weißen Musiksaal sein Drama »Das tägliche Leben« vorgelesen.

Den Kranz aus blühender Heide von Clara Westhoff in der Hand, ihm gegenüber in der Kutsche Paula Becker mit einem *wundervollen Pariser Hut* aus schwarzem Stroh, auf welchem *dunkelrote, etwas müde Rosen, ohne Betonung, wie eben von einsamer Hand fortgelegt, ruhten.* In diesem Augenblick scheint Vergangenes mehr und mehr zu verblassen und Rilke neuen Lebensmut zu schöpfen: *Und so genoss ich die Stärke des einen Mädchens mit meinen hochgehaltenen Händen, und aus dem lieben Gesicht der anderen kam mir etwas Mildes und zu aller Demut Mutiges zu.*

Hauptmann-Premiere, ein Opernabend mit anschließendem großen Essen im Hotel Atlantik, Besuche der Hamburger

Kunsthalle und der privaten Kunstsammlung des Bankiers Behrens mit Bildern von Corot, Daubigny und Böcklin, – die Stunden in Gesellschaft der Worpsweder Künstler sind *voll von Glanz, Glück und Gemeinsamkeit* und wirken anregend auf Rilke.

Mir ist, ich lerne jetzt erst Bilder schauen, notiert er nach der Hamburgreise in sein Tagebuch und beschließt es mit dem folgenreichen Eintrag: *Da entschloss ich mich, in Worpswede zu bleiben.*

•

Seit ihrer ersten Begegnung bilden die beiden jungen Künstlerinnen Clara Westhoff und Paula Becker für Rilke zweifellos den Mittelpunkt aller Ereignisse auf dem Barkenhoff. Sie inspirieren ihn und wirken gleichermaßen anziehend, wenn sie sich mit *lachheißen Wangen* aus dem Fenster *hell in die Mondnacht lehnen,* aufmerksam seinen Gedichten lauschen oder *Lieder spielen und singen und sich zusammensetzen, in feinen Empirestühlen.*

Vor dem Hintergrund des Worpsweder Naturerlebnisses empfindet er ihre Schönheit als geheimnisvoll und märchenhaft. Man muss sie betrachten *wie wachsende Blumen: Nicht allein, für sich; neben anderen und immer eingefügt in das Land und in große himmlische Zusammenhänge: in Aufgang und Untergang, in Wiesen und an Wassern, die voll zitternder Bilder sind, unter rauschendem Regen und in klar gewordenen weiten Abenden.*

Den geheimnisvollen Zustand des Mädchenseins gilt es zu schützen, denn er ist die Voraussetzung für ihr Leben als Künstlerinnen:

Keine darf sich je dem Dichter schenken,
wenn sein Auge auch um Frauen bat;
denn er kann euch nur als Mädchen denken,
das Gefühl in euren Handgelenken,
würde brechen von Brokat /

Laßt ihn einsam sein in seinem Garten,
wo er euch wie ewige empfing,
auf den Wegen, die er täglich ging,
bei den Bänken, welche schattig warten,
und im Zimmer, wo die Laute hing.

Nach einem gemeinsamen Abend, den die Freunde im Atelier von Fritz Overbeck verbracht haben, wird Clara Westhoff, *die mit ihrem Rad gekommen,* von Rilke noch ein Stück begleitet, *aber sie ging bald den ganzen Weg bis Westerwede zu Fuß, weil ich im Gespräch an meinem Tor vorübergegangen war und neben ihr blieb.*

Es ist der 11. September 1900, und schon bald ist das Haus der Bildhauerin wieder Rilkes Ziel: *Bei Clara Westhoff ist eine Laube von dicht gedrängten Trauben, und so dicht war jetzt das Dunkel unter ihr, dass die Sternennacht tiefer wurde davor und man die Fensterkreuze einer entfernten Hütte erkannte.*

Wenn er sie in ihrem Atelier besucht, als aufmerksam *Lernender und Schauender,* nimmt er alles auf, was sie ihm über bildende Kunst und das Medium Bildhauerei erzählt. Über ihre Ausbildungszeit bei Max Klinger in Leipzig berichtet sie ebenso detailliert wie von ihrer Reise nach Paris, den Kursen an der Académie Julian und ihrer Begegnung mit Auguste Rodin.

Clara Westhoffs Plastiken wirken stark auf Rilke, zuletzt der kleine *Akt des sitzenden Knaben, welcher, besonders von vorn gesehen, eine überaus köstliche Arbeit darstellt. Das linke Knie, um welches sich der Kranz der Arme spannt, ist sanft angezogen, während das rechte, stärker abgebogen, direkt unter das vorgestreckte Kinn führt, dem es als Stütze dient. Dieser Aufbau zum Kopf hat etwas unglaublich Monumentales.*

Den kleinen Akt erwähnt er an mehreren seiner Brief- und Tagebuchstellen, *das Einfache und Große an seiner Haltung* beeindrucke ihn, notiert Rilke am 26. November 1900. *Man kann sich ihn ganz riesig denken. Er ist durchaus Clara Westhoff; so ist alles Leise und Liebe, was sie sagt, auch: es könnte von Chorälen gesungen und von weiten Landschaften empfangen werden. Und dieses ist das Bildhauerische an ihr, es kommt ihrer Kunst entgegen und wirkt doch aus ihrem täglichen Leben heraus.* Doch Rilke empfindet nicht nur die künstlerische Auseinandersetzung mit Clara Westhoff anregend. Immer lieber mag er ihre unbezähmbare Arbeitslust: *Die Bildhauerin ist da mit ihrer ganzen dunklen Lebhaftigkeit, die Kraft ist und Unmut über den Mangel an Anlaß zur Kraft.*

Paula Becker hatte Clara Westhoffs neue, kaum zwanzig Zentimeter hohe Skulptur »Sitzender Knabe« ebenso beeindruckt. Als sie in ihrem »Lilienatelier« einmal mit Rilke darüber sprach, sagte sie zu ihm, es sei oft *rührend* bei Clara Westhoff, *in der so viel monumentaler und großliniger Stil liegt, zu sehen, wie sie eine Blume, eine einzelne Blume trägt oder auf ein kleines Ding alle Güte und Fülle ihres breiten Wesens anwendet, wie sie um ein kleines Wort alle ihre Sinne versammelt, so dass dieses fast unter der Last der Liebe zusammenbricht. Es macht mich ganz wehmütig, das zu sehen. Zu sehen, wie sie sich zusammenfaßt, sich zurückzieht aus ihren Maßen und mit all ihrer Liebe über ein Ding kommt, an dessen Kleinsein sie sich erst gewöhnen muss!*

Nicht zurück nach Berlin, sondern in Worpswede bleiben.

So hatte Rilke es nach den Tagen in Hamburg beschlossen und in seinem Tagebuch festgehalten. Er wolle *Herbst haben, sich mit Winter bedecken,* er *wolle einschneien um eines kommenden Frühlings willen,* damit, was in ihm keime, *nicht zu früh aus den Furchen steige.*

Doch am 5. Oktober 1900 bricht er seinen Aufenthalt plötzlich ab, ohne sich von den Freunden zu verabschieden, und reist nach Berlin. Nur Paula Becker hinterlässt er einen schriftlichen Gruß. Wichtige Briefe aus Russland warteten auf ihn, die er dringend beantworten müsse, begründet er seinen jähen Aufbruch und erklärt, es sei höchste Zeit, seine dritte Russlandreise zu planen: *Mir ist ja Rußland doch das geworden, was Ihnen Ihre Landschaft bedeutet: Heimat und Himmel. Verstehen Sie, dass es eine Untreue ist, wenn ich tue, als ob ich anderswo schon ganz erfüllt Herd und Heimat fände? Ich darf noch kein Häuschen haben, darf noch nicht wohnen. Wandern und Warten ist meines.*

Nur wenige Tage nach seiner Ankunft in Berlin schreibt er an Clara Westhoff nach Worpswede: *Meinen ganzen Winter richte ich dafür ein, tüchtig im Tage zu sein, und vielleicht schon im Januar 1901 gehe ich wieder nach Rußland. Sie wissen, was mir diese Studien, welche ich neben meine persönlichste Arbeit gegründet habe, bedeuten; den Alltag, das Dauernde, den Weg, auf welchen ich aus jedem Fluge zurückkomme.*

Am 23. Oktober erfährt seine Mutter:

Also endlich sind die Lose gefallen: meine Arbeit macht es mir also doch unmöglich, in dem schönen lieben Worpswede zu bleiben, das mir in der kurzen Zeit so warme heimatliche Gefühle geweckt hat. Ich muss mich, um an den Bibliotheken und der Universität teilnehmen zu können, wieder in Schmargendorf einfinden u. zw. in aller Eile, da der Winter schon regel-

recht fortgeschritten ist, was die Zeit betrifft: Ende Oktober. Mein Programm ist gegeben: es heißt russische und Kunstge- schichtsstudien allen Eifers betreiben, um sich für eine dritte russische Reise vorzubereiten, welche um das Ende des Winters geplant ist.

Fast täglich schreibt Rainer Maria Rilke einen Brief an Clara Westhoff.

Noch denke ich viel und sehnsüchtig nach Worpswede hin, nach dem Häuschen, in dem es schwarze Abende geben wird, tagein, tagaus und kalte einsame Tage… nach unsern Sonntagen und nach unerwarteten Stunden der unvergesslichen Schönheit so voll, dass man sie nur mit beiden Händen tragen kann, – allein, schon wächst hinter mir im großen Meere des Hintergrunds die Arbeit wie eine wandernde Welle, die mich bald ergreifen und einhüllen wird – ganz, ganz.

Am 23. Oktober 1900 malt er sich und Clara eine idyllische Zweisamkeit aus:

Im kleinen Häuschen würde Licht sein, eine sanfte, verhüllte Lampe, und ich würde an meinem Kocher stehen und Ihnen ein Abendbrot bereiten: ein schönes Gemüse oder Grütze, – und auf einem Glasteller würde schwerer Honig glänzen, und kalte, elfenbeinreine Butter würde auf der Buntheit eines russischen Tischtuchs ruhig auffallen. Brot hätte da sein müssen, starkes, korniges Schrotbrot und Zwieback, und auf langer schmaler Schüssel etwas blasser westfälischer Schinken, von Streifen wei- ßen Fetts durchzogen wie ein Abendhimmel mit langgezoge- nen Wolken. Zum Trinken stünde der Tee bereit, goldgelber Tee in Gläsern mit silbernen Untersätzen, leisen Duft ausatmend, jener Duft, der zu der Hamburger Rose klang und der auch mit weißen Nelken oder frischer Ananas klingen würde ... Große Zitronen, in Scheiben geschnitten, senkten sich wie Sonnen in die goldene Dämmerung des Tees, ihn leise durchleuchtend mit ihrem strahligen Fruchtfleisch, und seine klare, glatte Oberfläche erschauert vor den steigenden sauren Säften. Rote Mandarinen müssten da sein, in welche ein Sommer ganz klein zusammen gefaltet ist, wie ein italienisches Seidentuch in eine Nussschale. Und Rosen wären um uns, hohe, welche sich von Zweigen neigen, und liegende, die leise ihre Häupter heben, und solche, die wandern von Hand zu Hand, wie Mädchen in einem Tanzspiel. So träumte ich. Voreilige Träume, das Häuschen ist leer und kalt, und auch meine hiesige Wohnung ist leer und kalt: Gott weiß, wie sie wohnlich werden soll. –

Aber dennoch kann ich nicht glauben, dass die Wirklichkeit gar nicht soll Beziehung gewinnen zu dem, was ich träumte. Ich sandte Ihnen gestern zur Probe ein kleines Paket einer sehr trefflichen Hafergrütze. Gebrauchsanweisung auf dem Paket. Nur ist es gut, sie etwas länger als die angegebenen 15 Minuten kochen zu lassen. Vor dem Essen legen Sie ein Stück Butter hinein, oder Sie nehmen Apfelmus dazu. Ich esse sie am liebsten mit Butter, Tag für Tag. In 15 Minuten ist die ganze Speise fertig, d.h., vorher muss schon siedendes Wasser gemacht sein; sie wird heiß aufgesetzt also und kocht 15 – 20 Minuten. Wenn Sie sich einen doppelwandigen Patent-Kochtopf »Kann alles« aus einem großen Haushaltungsgeschäft kommen ließen, müssen Sie kaum einmal durchrühren; die Gefahr des Anbrennens ist dann ganz gering. Versuchen Sie, und sagen Sie mir Bescheid. Die große kalifornische Firma hat auch sonst prächtige Präparate. Ich sende demnächst den Katalog. – Übrigens, Sie wissen, dass ich mir vor jenem reich geträumten Abendbrot einen fleißigen Tag gedacht habe. Nicht wahr?

Paula Becker an Rainer Maria Rilke, Worpswede, 25. Oktober 1900:

Wir warten auf Sie in der Dämmerstunde, mein kleines Zimmer und ich, und auf dem roten Tische stehen herbstliche Reseden, und die Uhr tickt auch nicht mehr. Aber Sie kommen nicht. Wir sind traurig. Und dann sind wir wieder dankbar und froh, dass Sie überhaupt sind. Dieses Bewusstsein ist schön. Clara Westhoff und ich, wir sprachen neulich darüber, dass Sie eine lebendig gewordene Idee von uns seien, ein erfüllter Wunsch. Sie leben stark unter unserer kleinen Gemeinde. Ein jeder von uns ist Ihnen dankbar zugekehrt und möchte Ihnen so gerne noch einmal Freude machen. Es geht so schön, Ihnen Freude zu machen, weil man es tut, ohne es zu merken und zu wollen. An unsern schönen Sonntagen sind Sie unter uns, sind wir bei Ihnen. Und so wird es bleiben. Denn Sie werden einem jeden von uns zum Ereignis, und in uns lebt weiter, was Sie uns in Überfülle lautlos und sanft in die Hände legten. – Und nun danke ich Ihnen für die neuen Freuden. Ihr sonntägliches Gedicht machte mich still und fromm, und Clara Westhoff las es und blieb lange sinnend still. Der Sonntagvormittag brachte mir die Bücher mit ihrer persönlichen Physiognomie. Sie liegen vor mir. Ich streichle sie in Gedanken. Und Ihr Skizzenbuch ist mir ein lieber Teil von Ihnen, das ich in stillen Abendstunden dankbar blättere. Die »Verkündigung« und »An meinen Engel« ranken sich lieblich um meine Seele. – (…)
Herr Modersohn hat sich s e h r über Ihren Brief gefreut. Er hat ein schönes Bild gemalt: Ein Mädchen mit Schafen, das in der Abendsonne den Abhang hinunter heimzieht. Sie würden das Bild lieben. Es entsteht fast täglich ein neues. Es ist der Beginn einer wundervoll reichhaltigen Schaffensperiode für Modersohn. Mir ist immer, als ob ich die Hände über ihn halten

*sollte. Dieses Händehalten tut mir wohl. Sie haben dem Manne
an jenem Nachmittage in das verborgene Gewässer seiner Seele
geblickt, das aber ist tief und schön, und wer es schauet, dem
ist wohl. –*

Clara Westhoff an Rainer Maria Rilke, Westerwede, 5. November 1900:

*Hier sind Weintrauben aus meiner Laube. Ich wollte Ihnen
schon längst welche schicken, aber merkwürdigerweise dachte
ich immer, die schönsten wären schon fort und es ginge nicht
mehr. Nun habe ich genommen, was es noch gab. Sie hat nur
noch wenige Blätter, und es sieht ein ruhiger Winterhimmel
durch ihre kahlen Ranken. Heute Morgen standen viele Gold-
bäume leer. Es war so eine kalte Nacht, die Schritte klangen auf
dem hartgefrorenen Wege, und der Mond glitzerte auf bereiften
Ranken und Gestrüpp. Ich habe bei G… im Wirtshaus am Fuße
des Berges getanzt, ganz spät noch, als ich von Vogeler nach
Hause ging, kehrte ich dort noch ein, um mit meinem Hauswirt
zu tanzen. Davon erzähle ich noch mal.*

»Erinnern Sie sich jenes schönen Schwanes? Auf einmal
wurde Nacht und Alster weit«.
    Ein Gedicht für Clara Westhoff, das Rilke seinem Brief
vom 5. November 1900 beifügt. Am Abend nach der Hauptmann-Premiere in Hamburg hatten beide noch einen Spaziergang an der Alster gemacht. Plötzlich war im Licht der
sich spiegelnden Straßenlaternen auf dem Wasser ein Schwan
aufgetaucht, der still auf sie zugeschwommen kam. Es sei, als
wolle er ihnen etwas sagen, hatte Clara Westhoff, ganz im
Bann des majestätischen Tiers, geäußert, und Rilke hatte ge-
antwortet, sie dürften diesen Augenblick nicht vergessen, es

sei ein Rätsel, wie im Märchen und eines Tages würden sie die Auflösung kennen.

Ein zweites Briefgedicht an sie folgt am 7. November. *Ich habe viel Schönes gesehen in diesen Tagen,* berichtet er am 8. November aus Berlin. *Cottet (Landschaften aus Savoyen), Rodin (...) und die Bilder eines eigentümlichen Franzosen Cézanne.*

Um diese Zeit schickt Paula Becker das kleine, in graues Leinen gebundene Heft mit einer Sammlung Rilke'scher Verse an ihn zurück, das sie am Vorabend seiner Abreise aus Worpswede mit der Bitte erhalten hatte, es für die Zeit seiner Abwesenheit aufzubewahren. Als persönlichen Gruß legt sie eine Kastanienkette in das Päckchen. Rilke bedankt sich postwendend. Die Kastanienkette hänge an der Wand, von Zeit zu Zeit nehme er sie in die Hand und lasse sie wie einen Rosenkranz durch seine Finger gleiten: *Man muss bei jeder Kugel solcher Rosenkränze ein bestimmtes Gebet wiederholen; ich ahme diese fromme Regel nach, indem ich bei jeder Kastanie etwas Liebes denke, das sich auf Sie und Clara Westhoff bezieht. Du erweist es sich nur, dass der Kastanien zu wenige sind.*

•

In Paula Beckers Notizen aus diesen Wochen des Spätherbst 1900, in denen sie sich mit Otto Modersohn verlobt hat, klingt neben zahlreichen Äußerungen über ihr *Glück, tief und sanft* an seiner Seite, zwischen den Zeilen dennoch die Furcht an, sie könnte in ihrem neuen Leben als Ehefrau ihre Eigenständigkeit verlieren: *Ich will meine Junggesellenzeit noch recht zum Lernen wahrnehmen; denn dass ich mich verheirate, soll kein Grund sein, dass ich nichts werde.* Doch trotz aller Bedenken weiß sie und schreibt es an Rilke nach Berlin: *Das Eine für mich, das Ganze, das Große, das Feststehende für mich ist meine Liebe zu Otto Modersohn und seine Liebe zu mir. Und die ist was Wundervolles und segnet mich und überströmt mich und singet und geiget um mich und in mir.*

»Brautsegen« heißt jenes Gedicht, das Rilke Paula Becker als Glückwunsch zu ihrer Verlobung schickt. Mitte November dankt er Modersohn für drei Zeichnungen mit abendlichen Landschaften.

Abendblätter nannte der Lyriker die kleinformatigen, abends am Tisch unter der Lampe in wenigen Minuten entstandenen Kompositionszeichnungen in Kohle, Rötel und verschiedenen Kreiden auf getöntem Papier, in denen Modersohn die Natur gleichsam aus dem träumerischen Spiel, der Imagination heraus neu gestaltete. Der Maler selbst vermerkte zu diesen groß und einfach angelegten Kompositionsskizzen, sie seien *ganz unbewusst, wie Funken im Feuer der Begeisterung abgesprüht (…) mit fliegender Hand hingeschrieben, das Wesentliche deutlich sagend.* Es ergriff ihn, wie einfühlsam Rilke auf diese Studien reagierte, und er schenkte ihm drei seiner »Abendblätter«. Rilke bedankte sich: *Nicht e i n Fest geben Sie mir. Eine ganze Kette festlicher Stunden schließt sich an diese Blätter an, und viele Gedichte werden aus dem geheimnisvollen Dunkel dieser Landschaft zu mir kommen.*

In der Zeit von Weihnachten 1900 bis Neujahr 1901 trennen sich die Worpsweder Freunde. Clara Westhoff reist zu ihren Eltern nach Bremen in die Wachtstraße, Paula Becker zu ihrer Familie in die Schwachhauser Chaussee und Otto Modersohn nach Münster.

Als Dank für seinen weihnachtlichen Gruß schreibt ihm Clara Westhoff:

Das war ganz reizend von Ihnen an mich zu denken und mich mit Ihren Zeilen zu überraschen. Sie wissen ja selbst, dass solche Lebenszeichen von gleichgesinnten Wesen in solchem Stadtleben einem vorkommen wie Inseln auf denen auf einmal alles Getriebe still steht und man Zeit hat auf einmal einen kleinen Atemzug Heimatluft zu spüren. Und wie schön, dass wir eine so kleine Gemeinde Gleichgesinnter haben oder vielmehr sind. Ich wollte Ihnen vor einigen Tagen auch schon schreiben, aber ich stand so wenig über der Situation, dass ich lieber ganz still sein wollte, um niemandem mit der schlechten Stimmung auf die Nerven zu fallen. Jetzt steigen meine Aktien betreffs der Stimmung wieder sehr, denn wahrscheinlich schon morgen werde ich wieder nach Worpswede reisen. (…) Gottseidank!

KAPITEL V

Man nennt mich jetzt Frau Rilke

> *Selbst wenn Neigung dazu vorhanden ist, ist es*
> *nicht Aufgabe des Künstlers, zu heiraten. Für*
> *einen Mann mag es angehen, doch für eine Frau,*
> *auf der eheliche Pflichten und Sorgen stärker*
> *lasten, ist es moralisch ein Unding, meine ich,*
> *denn sie muß entweder ihren Beruf oder ihre*
> *Familie vernachlässigen und kann weder eine*
> *gute Ehefrau und Mutter noch ein guter Künstler*
> *werden. Ich wünsche mir das letztere und so liege*
> *ich in ewiger Fehde mit dem einigenden Band.*
> Harriet Goodhue Hosmer

Und gestern hatte ich lieben Besuch aus unserem Worpsweder
Kreise. Sonst Arbeit, Arbeit, Arbeit.

Rainer Maria Rilke schreibt am 14. Januar 1901 aus Berlin
an seine Mutter Sophia, »Phia« Rilke nach Wien.

Einen Tag zuvor hatte Paula Becker ihn in seinem Schmar-
gendorfer Zimmer besucht und sich über sein *stilles, arbeit-*
sames Leben voll Schönheit und Zartheit beeindruckt geäußert. Zwar mache er keinen so frohen Eindruck wie in
Worpswede, wo *er schaffend und im Vollgefühl seiner Kunst*

lebte, hatte sie festgestellt, doch hole er jetzt *Atem zu neuen Dingen.*

In Berlin arbeitet Rilke mit aller Hingabe an der Planung einer dritten Russlandreise. Korrespondenzen mit zahlreichen Moskauer Freunden, Lektüre russischer Bücher, Kontaktaufnahme mit Tolstois Verlag wegen der Übersetzungsrechte. Doch bedeutet dies nicht, dass Worpswede vergessen wäre: *Ich bin bei Euch, Ihr Sonntagabendlichen. Mein Leben ist beglänzt und überglüht,* beteuert er dichtend seine Verbundenheit mit den *Schwestern* im Weißen Saal. *Ich bin bei euch, Ihr sanften Aufmerksamen. Ihr seid die Säulen meiner Einsamkeit.*

Rilkes Gemütszustand ist labil. Seine Versuche, Lou zu sehen, haben sich als vergeblich herausgestellt, wodurch er sich verunsichert und verängstigt fühlt. Er mache Tage *äußerster Hoffnungslosigkeit* durch, notiert er, *Atemnöte der Seele,* Tage, *die weder dem Leben noch dem Tode gehören.*

Jetzt allein zu sein, ist ihm kaum erträglich. Umso tröstlicher, Paula Becker in der Nähe zu wissen, die zu Beginn des Jahres zu Verwandten nach Berlin gereist war, um sich auf Wunsch ihrer Eltern als Hauswirtschaftsschülerin mit den zukünftigen Aufgaben einer Ehefrau vertraut zu machen.

Wenn es möglich ist – halten Sie doch den nächsten Sonntag wieder frei für mich, schreibt er und freut sich auf den nächsten Besuch, dankbar, das vertrauliche Gespräch des Worpsweder Sommers mit der Malerin fortsetzen zu können. Er liest ihr aus seinem »Buch der Bilder« vor, sie gibt ihm ihre ganz persönlichen Aufzeichnungen zur Lektüre, ihr »Kinderbuch«.

In einem Brief vom 24. Januar 1901 an Paula Becker dankt Rilke der Freundin rückblickend für die gemeinsamen Stunden und gibt ihr zu verstehen, wie sehr er es bedaure, sie in ihrem Worpsweder »Lilienatelier« zwar häufig aufgesucht und wohl die eine oder andere Skizze an der Wand wahrgenommen, *aber fast nichts von Ihnen gesehen zu haben: Denn Sie selbst haben mir niemals etwas gezeigt.*

Wenn es um ihre Kunst ging, verhielt sich Paula Becker eher reserviert. Es lag ihr nicht, etwas von sich zu zeigen. So ist selbst Otto Modersohn überrascht, als er, während sie in Berlin ist, zusammen mit Clara Westhoff einmal in ihr Brünjes-Atelier geht und dort eine Reihe von Skizzenbüchern auf dem Regal liegen sieht, die ihm bis dahin unbekannt waren. Er könne nicht glauben, dass sie ihm diese Zeichnungen *vorenthalten* habe, schreibt er nach Berlin, tief beeindruckt von der künstlerischen Stärke der Blätter. *Wir saßen in Deiner Bude und träumten, da lud uns Frau Brünjes ein, brachte Brot, Tee, eine ganze Leberwurst, dazu Blumen, Geschirr kam flugs heraus, Clara Westhoff machte Tee, ich schnitt Brot, gerade als ob Du unter uns wärst.*

Ihre *arme, kleine Seele* fühle sich wie eingesperrt zwischen den hohen Häuserwänden in den Straßen von Berlin, seufzt die 24-jährige Hauswirtschaftsschülerin. Nur widerwillig erträgt Paula Becker die erzwungene Unterbrechung ihrer menschlich und künstlerisch reichen Zweisamkeit mit Modersohn. *Wenn ich mein Leben erst geordnet habe in Kunst und Kochen,* schreibt sie ihm, *dann wird es wohl besser sein.*

Mit jedem Tag wächst ihre Ungeduld, umso mehr, wenn Briefe von Clara Westhoff kommen, die von den Sonntagen im Weißen Saal erzählen, von ausführlichen Gesprächen über *Ihre feinen Kunstschilderungen* und den *Wein aus Heinrich Vogelers grünen Gläsern.* Nichts wünscht sich die kleine Gemeinschaft mehr, als *noch viele feine Sonntage miteinander in der Zukunft,* und stößt *auf das Wohl der Familie* an.

Am 25. Januar 1901 schreibt Clara Westhoff an Paula Becker nach Berlin:

Ich dachte gar nicht daran, dass die Blumen für mich sein könnten, ich dachte gleich an Otto Modersohn. Und da waren sie auch für mich. Mir haben Sie sie nicht umsonst geschenkt. Ich war ganz aufgeregt heute Abend und die anderen wussten nicht was das war. Ich eigentlich auch nicht. Bis ich auf einmal merkte, dass es der Frühling war. Sehen Sie, diese kleinen etwas welken Blüten, die schickten manchmal einen Duft, oder nur den Hauch eines Duftes – schon wenn man es ergreifen wollte war es wieder fort. – Aber es war doch im Zimmer und kam immer wieder. Und ich hatte manchmal das Bedürfnis ganz versonnen ins Licht zu starren und ganz in warmen Wellen unterzugehen. Aber das darf man nicht immer oder will man nicht oder darf man nicht wollen und um es zu verscheuchen ist man merkwürdig hastig. Kennen Sie das? Jedenfalls können Sie es sich denken. Die anderen fühlten das alle gar nicht, die kamen mir so gemütsruhig vor. Ich fühlte es ja aber auch erst hinterher. Aber da zitterten mir die Hände, als ich Abendbrot aß und ich konnte eigentlich gar nicht. Modersohn, Vogeler und Martha waren wieder fort. Und als ich meine Hände zittern fühlte, bekam ich eine Sehnsucht zu weinen und da fürchtete ich mich vor dem Frühling. Weinen war ja auch weit fern – Sehen Sie und nun ist mir eingefallen, dass Rilke einmal sagte: »Vor Rosen braucht man sich aber nimmer zu fürchten«. Der Mond scheint draussen und es ist ein Sturm, in dem es nach Erde und Frühling riecht. Es heult und kommt von weither über die Heide.

(...) Ich habe nun endlich den gelben Kachelofen und eine sehr gemütliche Stube dadurch. Ich freue mich auf das Mündliche mit Ihnen und möchte, dass es fein und ernst und herzlich wird. Vielleicht bald. Auf meinen heutigen Brief bin ich nicht stolz, aber er musste sein.

Schon Ende Januar 1901 besteigt Clara Westhoff am Bremer Hauptbahnhof den Zug nach Berlin, um ihre Freundin zu besuchen. *Also Clara Westhoff ist hier und – wir tanzen den ersten Abend,* teilt Paula Becker umgehend Otto Modersohn nach Worpswede mit: *Meine Wohnung ist reizend, et madame votre femme est tout à fait jolie.* An der Wand ihres winzigen Zimmers hängt eine der kleinen Wolkenstudien ihres Verlobten, gleich daneben das »Dreierbildnis«, eine Fotografie, auf der sie selbst, Clara Westhoff und Modersohn zu sehen sind. Ginge es nach ihr, muss es für immer so bleiben: *Du und ich und ich und Du und Clara Westhoff auch dazu.* Die Liebe zu ihrem Mann soll das vertrauensvolle Verhältnis zu der engen Freundin nicht ausschließen.

Häufig besuchen die beiden Worpsweder *Schwestern* Rilke in seinem Zimmer in Berlin-Schmargendorf.

In einem Briefgedicht an Heinrich Vogeler – »Mir ist: es wandert der weiße Saal« – fordern die drei Freunde den Künstler auf, anlässlich des 25. Geburtstags von Paula Becker am 8. Februar nach Berlin zu kommen. Modersohn möge ebenfalls dabei sein, wünscht sie sich und schreibt ihm: *Dann zeige ich Dir auch viele Böcklins und es ist schön.* Pünktlich zu ihrem Geburtstag trifft ein liebevoll zusammengestelltes Päckchen aus Worpswede ein. Modersohn bedauert seine Abwesenheit in der kleinen Runde, und so recht behagt ihm der Gedanke an das Dreigestirn Rilke-Paula-Clara in Berlin nicht. Doch es gibt keinen Grund zur Eifersucht. Noch am Abend des 8. Februar schreibt Paula Becker an Rainer Maria Rilke:

Ich habe einen Immortellenkranz im Haar und einen wundervollen großen Schildpattkamm und ein gelblichseidenes Spitzentüchlein. Das schenkte mein Großvater einst meiner Mutter, als s i e noch jung war. Und gelbe Immortellen habe ich im

Gürtel. So sieht man aus, wenn man 25 Jahre alt ist und Otto Modersohns Braut ist. Hallelujah. Und er hat mir ein süßes Bildlein gemalt.

•

Bräutliches Glück wirkt ansteckend und kann den Wunsch nach eigenem Nestbau beschleunigen.

Kaum hat Paula Becker Rilke ihre Liebe zu Otto Modersohn offenbart, adressiert die noch in Berlin weilende Clara Westhoff einen Brief an die Freundin, den sie mit einer vieldeutigen Frage einleitet:

Woran denken Mädchen am Morgen nach ihrer Hochzeit? – Woran dachte ich wohl an jenem Herbstmorgen, als die Sonne schien und ich immer lächeln musste? – Vielleicht ist es das, dass etwas geschehen war, welches nun für alle Ewigkeit wunderbar blieb. Fragen Sie nicht. Vielleicht ist es das, was wir meinen, wenn wir »Kunst« sagen – vielleicht ist es Leben, oder Gott – oder vielleicht – bin ich es auch. Ich wollte Ihnen nur sagen, dass ich Sie sehr lieb habe.

Als Paula Becker drei Tage später, am 15. Februar 1901, Rilke in Schmargendorf besucht, begegnet sie dort zu ihrer Überraschung Clara Westhoff. Sie fühlt, dass die Konstellation nicht mehr der aus Worpsweder Tagen entspricht, und das macht sie betroffen. Die beiden Freunde weihen sie in ihre Heiratspläne ein, und natürlich kann sie im ersten Augenblick nicht mit Begeisterung auf diese Nachricht reagieren. Doch Paula Becker wäre nicht Paula Becker, ließe sie die Kontinuität ihres eigenen inneren Lebens dadurch unterbrechen, und so schreibt sie am 16. Februar 1901 an Rainer Maria Rilke:

Als ich gestern bei Ihnen beiden im Zimmer stand, war ich weit, weit ferne von Ihnen Beiden. Und es überfiel mich eine große Traurigkeit, die auch heute über mir lag und mein Lebensmütlein dämpfte. Heute im Schlaf aber ist sie von mir gewichen und ich fühlte, dass es eine kleinliche Traurigkeit war. Nun freue ich mich ihrer, daß sie weg ist, und freue mich meiner und des Lebens und, und dies wollte ich Ihnen sagen, und freue mich über Sie und reiche Ihnen die Hand. Ihr Bäumlein hat einen großen Schuß getan und ist gewachsen. Und der, der es sieht, der freut sich dran.

Unerwartete Umstände brachten es mit sich, berichtet Rilke wenig später seiner Mutter, *dass ich in diesem Jahre nicht nach Rußland gehe und mir einen Ort suchen muß wo ich möglichst still meiner Arbeit leben kann.*

Am 18. Februar 1901 schickt er Clara Westhoff, die ihn unmittelbar nach ihrer Abreise aus Berlin um eine Aussprache in Westerwede gebeten hat, einen Gruß: *Ich sehe nicht zurück und laufe zu Dir, wie ein Füllen hinausläuft zur kühlen nächtlichen Weide. Mit fliegender Mähne und gestrecktem Hals.* Um das nötige Reisegeld bittet er seinen Verlegerfreund Axel Juncker, dem er als Pfand Siegelring und Pass hinterlegt: *Durch eine Reihe von unerwarteten Zufällen in große Unkosten gestürzt, brauche ich für eine notwendige Reise nach Bremen fünfzig Mark.*

Nur einen Tag darauf trifft der Dichter Rainer Maria Rilke als Verlobter der Bildhauerin Clara Westhoff in Bremen ein.

Die Familie, der gesamte Freundeskreis ist sprachlos und will es nicht glauben. *Ja, dieses neue Brautpaar*, bemerkt Paula Becker lakonisch Otto Modersohn gegenüber. Zwei so unterschiedliche Menschen! Sie vital und von stattlicher Größe mit einem schönen, charaktervollen Gesicht; er einen Kopf kleiner als sie, feingliedrig und schlank, nahezu schmächtig, das Haar zurückgekämmt, unter dem Kinn ein dünner Spitzbart.

Maßlose Verwunderung mischt sich mit gehässigem Spott. *Ob die jungen Leute zueinander passen, kann ja nur die Zukunft lehren*, wirft Woldemar Becker kritisch über das *romantische Abenteuer der beiden* ein, und wenn man Milly Beckers Aussage glauben darf, kann selbst Clara Westhoff ihre überstürzte Eheschließung mit dem Mann, den sie erst seit einem halben Jahr kennt, nicht recht fassen: *Vor vierzehn Tagen hatte ich noch darauf geschworen, es sei nur Freundschaft.*

Lou Andreas-Salomé reagiert ebenfalls mit Bestürzung, als sie von Rilkes Heiratsplänen hört. Postwendend sendet sie ihm einen schriftlichen »Letzten Zuruf«:

Schweifst Du frei ins Ungewisse, so verantwortest Du nur für Dich selbst; indessen für den Fall, dass Du Dich bindest, musst Du erfahren, warum ich Dich auf einen so ganz bestimmten Weg zur Gesundheit unermüdlich hinwies, warnt sie den Lyriker eindringlich vor dem *bald Deprimierten, bald Excitierten, einst Allzufurchtsamen, dann Allzuhingerissenen* seines Wesens, das sie für möglicherweise krankhaft, wenn nicht gar wahnsinnsgefährdet hält. Eindringlich rät sie ihm von einer ehelichen Bindung ab. Allein in der Einsamkeit seines Künstlertums könne er Frieden finden. In seiner Arbeit solle er *seinem dunklen Gott entgegengehen* und dort jene Geborgenheit finden, die ihm das Leben versage.

Rilkes Entscheidung, Clara Westhoff zu heiraten, nahm Lou Andreas-Salomé zum Anlass, den Weg ihrer Liebe ihm gegenüber noch einmal nachzuzeichnen, an dessen Ende sie sich *verzerrt, zerquält, überanstrengt* fühlte und nicht mehr im Stande war, das *Allesmiteinanderteilen* weiterhin durchzuhalten. Seine wiederholten Stimmungsschwankungen hätten ihre Nerven stark angegriffen, nur *automatisch, mechanisch* sei sie zuletzt noch neben ihm hergegangen – wirkliche Wärme habe sie ihm unter diesen Umständen nicht mehr geben können.

Er muss Anlehnung und Ausschließlichkeit haben um jeden Preis, erklärt Lou ihrer Freundin Frieda von Bülow, *wenn nicht bei mir dann sonstwo.* Am 27. Februar 1901 schreibt sie an Gerhart Hauptmann:

Von Herrn Rilke kann ich Ihnen keinen Gruß bestellen, da er verreist ist; er wird nach Schmargendorf auch nicht mehr zurückkehren: allzu lange war er schon hier; und es erwies sich nach verschiedenen Richtungen als nicht wünschenswert, das fortzusetzen. Er ist ein nervöses, sogar nervös bedrohtes und belastetes Menschlein, das einem leicht unter den Fingern zerbricht, wenn man nicht gut Acht gibt.

Das *Menschlein* Rilke, Sohn geschiedener Eltern, geschwisterlos und ohne Heimat, sucht Schutz und hat nach Jahren des Unterwegsseins ein Bedürfnis nach Sesshaftigkeit. Im Kreis der Worpsweder »Familie«, wie Paula Becker den engen Freundeskreis nennt, fühlt er sich aufgehoben.

Clara Westhoffs lebhafte Erzählungen aus Paris haben ihn stark beeindruckt, sie hat es verstanden, sein Interesse an Rodins Kunst zu wecken. Sie ist selbst Künstlerin, ihre Arbeit imponiert ihm, und darüber hinaus vermag er vermutlich bei ihr jenen Anteil mütterlicher Geborgenheit zu finden, der ihm zeitlebens versagt blieb.

Clara ist nachhause gereist auf meinen Wunsch, um unser Haus in Westerwede einzurichten und mich dort zu erwarten. Das kann Rilke seiner Mutter am 2. März 1901 aus München berichten:

Ich leide furchtbar unter der Trennung von meiner Braut, aber es ist die letzte, die wir uns auferlegen und sie hat nicht äußere konventionelle Gründe, sondern innere, das tröstet mich. Du wirst mich froh finden! (...) Clara bat mich vor ihrer Abreise noch ausdrücklich, Dich tausendmal zu grüßen: Deine gute Mama – sagte sie. Und das sage ich auch: meine gute Mama.

Seit der zweiten Februarhälfte zurück in ihrem Bremer Elternhaus, schreibt Clara Westhoff am 6. März 1901 an Paula Becker, die in wenigen Tagen ihre Berliner Zeit beenden und wieder in Worpswede sein wird. Ihrem Brief fügt sie ein Gedicht von Rilke hinzu:

Dies sende ich Ihnen, liebe Paula Becker, zum Empfang in unserer Heimat. Ich bin auch wieder da. Sitze ganz still in Westerwede und baue an unserem Haus. Und warte still aber voll Sehnsucht auf das Ende unserer letzten Trennung, meiner letzten Einsamkeit, die schon keine Einsamkeit mehr ist.

•

In unserer Nachbarschaft ist soviel Glück, jubelt Paula Becker, die schon bald Otto Modersohns Frau sein wird. *Heinrich Vogeler kommt in diesen Tagen mit seinem blonden schlanken Mädel von der Hochzeitsreise heim, und Clara Westhoff heiratet in der nächsten Woche den Dichter Rainer Maria Rilke, unser aller Freund. Und zu alledem ist Frühling.*

Dass Rilke, kaum ist er im Westhoff'schen Haus in Bremen eingetroffen, an Scharlach erkrankt und von Clara gepflegt wird, hat sich schnell herumgesprochen. Die gesamte Familie ist in heller Aufregung, auch Mutter Phia in Wien. Besorgt erkundigt sie sich nach dem Befinden ihres Sohnes und schickt ihm täglich einen Veilchengruß. Paula Becker bringt Kätzchenzweige, die Clara in ein großes grünes Glas neben das Bett des Kranken stellt. Täglich nimmt er Bäder, bereit, allen Anweisungen zu folgen, um einen Rückfall zu vermeiden.

Kein Wunder, dass die Stimmung bei den Westhoffs in Bremen unter diesen Umständen nicht gerade als heiter zu bezeichnen ist.

Vorläufig hatte Rilke in der Westhoffschen Familie keine sehr angenehmen Stunden verbracht. Die Eltern sind dem Wesen von Rilke ganz fremd, die Mutter außer Rand und Band, der Vater als guter praktischer Kaufmann seinen Interessen unzugänglich, beobachtet Woldemar Becker die Entwicklungen im Haus der Freundin seiner Tochter.

Dass nun in Worpswede endlich Frühling ist und Sie ihn schon alle feiern ist ein lieber Gedanke für uns. Clara Westhoff dankt Paula Becker und Otto Modersohn für ihre aufmunternden Grüße.

Wenn die Birken grünen sind wir hoffentlich auch wieder da. Lassen Sie vielleicht noch manchmal ein paar Zeilen von sich hören, wenn es Ihnen gerade Freude macht. – Wir grüßen Sie und den Frühling aus unserm stillen Krankenzimmer herzlich. – Rainer Maria ist aber auf dem Weg der Besserung und hoffentlich in nicht zu langer Zeit wieder ganz gesund. Einstweilen müssen wir noch geduldig sein. –

Du musst keine Sorgen mehr haben!, kann Rilke seine Mutter am 14. April 1901 beruhigen:

Ich war über alle Maßen gut aufgehoben in Claras Händen, denen ich es auch gewiss zu danken habe, dass alles so rasch und leicht vorüberging. (…) Ich danke auch noch für Deine Osterwünsche und für die süße Sendung, von der wenigstens Clara etwas hatte; das ist ja so als hätt' ich's selbst gehabt! Sie hatte eine schwere Zeit und braucht jetzt mindestens so viel Erholung wie ich.

Fünf Tage später schreibt Clara Westhoff an ihre *liebe künftige Mama*:

Herzlichen Dank für den heute erhaltenen schönen Veilchenbrief. Auch der uneingeschriebene kam gestern. Wir freuen uns so, dass Dir Deine neue Wohnung gut gefällt und wünschen Dir nur recht viel Sonne, damit Du bald viel im Freien sein kannst. René und ich sind so froh, dass es mit seiner Gesundheit schon so viel besser geht, wenn er sich auch noch sehr schonen muss, so sind doch die Tage so viel leichter und glücklicher, seit er das Kranksein nicht mehr so sehr spürt.

Meine Mutter läßt immer viele gute Grüße sagen und ich fürchte, ich habe da gar nicht immer alles ausgerichtet. Sie war über die lieben Sendungen und Briefe stets so hoch erfreut und gab mir immer viele Grüße und Dank an Dich auszurichten.

Ich freue mich so auf das morgen eintreffende Paket mit den Mocca-Schalen. Herzlichst Deine treue künftige Tochter Clara.

•

Sie: 22, geboren am 21. November 1878 in Bremen, protestantisch. Vater: Friedrich Westhoff. Mutter: Johanna Westhoff, geborene Hartung.

Er: 25, geboren am 4. Dezember 1875 in Prag, kurz vor der Hochzeit aus der katholischen Kirche ausgetreten, im Tauf-

buch irrtümlich als Protestant eingetragen; Vater: Josef Rilke.
Mutter: Phia Rilke, geborene Entz. Geschieden.

Vermählungs-Anzeige
Rainer Maria Rilke und
Clara Rilke-Westhoff haben
ihr Heim gegründet in Westerwede
bei Bremen.
Bremen, im April 1901

Meine liebe, gute Mama, ich komme heute als Gratulant und
zwar nicht allein. Meine Wünsche haben sich verdoppelt, da ein
lieber Mensch zu mir steht, der, in gleicher Weise wie ich, mit
segnenden und frommen Gefühlen, mit Dankbarkeit und viel
herzlicher Liebe an dich denkt am Festtage.

Phia Rilkes Geburtstag am 4. Mai nimmt das frisch getraute Ehepaar zum Anlass, sich für ihre Grüße und Geschenke zu bedanken und ausführlich von der Hochzeitszere-
monie zu berichten, die am 28. April 1901 im Westhoff'schen
Zuhause in der Lübecker Straße 9 in Bremen stattgefunden
hat.

Und wie hast Du Clara mit Deinem reichen fürstlichen
Geschenk, das in seiner Einfachheit so stolz ist, froh und schön
gemacht. Sie trug es bei der Trauung und möchte es gar nicht
ablegen am liebsten, so schön passt dieser einfache matte Reif
zu ihrem strengen und kräftigen Handgelenk. –

Unsere Trauung war ganz still. Nur Claras Stiefschwester
Paula mit ihrem Mann und die beiden Brüder Claras waren
außer den Eltern anwesend. In einem dunkelpanelierten Spei-
sezimmer unter einem schönen alten Ahnenbild stand ein klei-
ner Tisch mit einem weißen Tuche bedeckt, mit 2 Kerzen und

einer großen Familienbibel. Davor lagen 2 schwarzsamtene Kniepolster und aufblühende Rhododendron, welche später in unserem Garten eingesetzt werden sollen zu beiden Seiten. Die Familie versammelte sich im Kreise, der hiesige Domprediger Primarius Pastor Schenkel trat hinter den kleinen Tisch vor dem wir standen, hielt eine kurze Ansprache, erfragte unser Ja-Wort, gab uns unsere Ringe und schloss mit einem schönen Gebet und dem Vaterunser. Hernach blieben wir noch beisammen, tranken Tee und waren dabei, die eingetroffenen Telegramme (obwohl nur wenige den Tag wissen konnten waren es 17 Stück) zu verlesen. Dass wir auch Deiner herzlich gedacht haben, besagt Dir ein Telegramm von unseren Eltern!

Gegen Abend war es sonnig und warm geworden und ich ging mit Clara ein wenig spazieren, kam zum Abendbrot wieder nachhaus, bei dem es recht einfach und gemütlich zuging und man gedachte als der Champagner kam, mit dem Papa Westhoff uns trotz der Einfachheit der Feier überrascht hatte, aller, die eigentlich an diesem Tage hätten um uns sein müssen!

Gestern hatten wir viel für unseren künftigen Hausstand zu tun, besichtigten die Kücheneinrichtung – so dass wir erst heute zum Packen kommen und erst morgen 10 Uhr Vorm. abreisen können. Dann sind wir abends in Dresden, übernachten in einem Hotel und fahren Freitag früh nach Weißer Hirsch. Unsere Adresse ist Herr oder Frau R. M. Rilke, Weißer Hirsch bei Dresden Sanatorium Dr. Lahmann. –

Ich lege Dir hier übrigens eine Visitenkarte Claras bei, damit Du siehst, wie ihr neuer Name aussieht. Schön, nicht?

Verzeih wenn Clara Dir nur wenig schreibt. Sie wollte Dir zum 4. einen großen Brief schreiben, aber ich bat sie es nicht zu tun! Sie hat so viel zu packen und zu bedenken und ist überdies sehr angegriffen von der vorangegangenen Mühe und Sorge.

Meine liebe gute Mama! Nun komme ich heute schon als Deine Tochter zu Dir, um Dir zu Deinem Geburtstag die allerherzlichsten Glückwünsche zu senden. Leider kann ich nicht festlicher zu Dir kommen als mit einigen armseligen Zeilen, da ich durch die bevorstehende Abreise in Anspruch genommen bin und viele noch auf unsere neue Wohnung bezügliche Besorgungen. Auch ist mir in diesen Tagen nicht ganz wohl, was wir auf die langen Tage im Krankenzimmer schieben. Aber wir hoffen auf baldige frohe Tage auf dem »Weissen Hirsch« und von da aus werde ich auch mit einem längeren Brief wiederkommen. Heute möchte ich Dir nur die allerherzlichsten und besten Wünsche für die Zukunft sagen und Dir tausendmal danken für Dein schönes reiches Hochzeitsgeschenk. Das Armband liebe ich sehr und möchte es am liebsten niemals ablegen, da es in seiner Einfachheit sehr gut für mich passt. Von unserer Hochzeit erzählte Dir Rainer schon und dass wir viel und herzlich Deiner gedachten. Mit tausend Grüssen und guten Wünschen Deine Tochter Clara

Die Flitterwochen mit einem Kuraufenthalt in einem Sanatorium zu verbringen – für zwei eben frisch Getraute ist das vermutlich nicht gerade der ersehnte Beginn einer Ehe. Und dennoch! Was für ein üppiges Hochzeitsgeschenk, das Großmutter Laura Westhoff den jungen Rilkes macht. Beide freuen sich auf die erholsame Zeit in gesundem Klima bei guter Pflege, Rilke, weil er sich endgültige Genesung verspricht, und Clara, weil sie erschöpft ist und das Gefühl hat, sich dringend ausruhen zu müssen. *Auch ist mir in diesen Tagen nicht ganz wohl,* hatte sie ihrer Schwiegermutter geschrieben und die latenten Schwächezustände auf die anstrengenden Stunden während der Pflege ihres kranken Mannes geschoben. Doch verbargen sich hinter diesem Unwohlsein nicht eher die ersten Zeichen einer Schwangerschaft?

Das vom Bremer Naturheilkundler Heinrich Lahmann geführte Sanatorium Weißer Hirsch bei Dresden ist eine der begehrtesten Wasserheilstätten Deutschlands, eine villenartige Anlage mit Damen- und Herrenthermalbad, umgeben von einem prachtvollen Park. Das von der aktuellen Reformbewegung propagierte naturnahe und gesunde Leben wird bei Lahmann täglich praktiziert: Barfußlaufen im taufrischen Gras, Gymnastik unter freiem Himmel, bequeme Kleidung, Bädertherapie, vorzugsweise vegetarische Kost. Kettenraucher und Alkoholiker haben in diesem Kosmos nichts zu suchen.

Vom Sanatorium Weißer Hirsch ist es nicht weit bis zur Dresdener Innenstadt, wo in diesen Wochen die III. Internationale Kunstausstellung stattfindet. Neben München und Berlin hat sich Dresden zu einem Zentrum des deutschen Ausstellungsgeschehens entwickelt, und Clara Rilke darf stolz sein: Sie ist mit drei kleinen Akten dabei, neben Max Klinger, der seine Büste von Liszt präsentiert, Rodin und dem Spanier Ignacio Zuloaga, den die Rilkes aus Paris kennen und sehr schätzen. Wie wäre es großartig, sich über das Gesehene jetzt mit ihrer Freundin austauschen zu können. Liebe Paula Becker! *Wir hören ja schon lange von Ihnen gar keinen Ton!* Ungeduldig, ohne Lebenszeichen von ihr zu sein, schreibt Clara Rilke am 5. Mai 1901 nach Worpswede:

Machen Sie Fortschritte mit Ihrer neuen Wohnung? Heiraten Sie bald? Und malen Sie auch? Wir haben glücklich die großen Schwierigkeiten, die dem Heiraten vorausgehen, hinter uns und auch die schlimme Krankheitszeit. Aber wir sind beide jetzt erholungsbedürftig und haben uns deshalb nach dem Weißen

Hirsch geflüchtet, wo es uns, was Behandlung und Essen an-
betrifft, sehr gut gefällt. Sonst haben wir ja viele Sehnsüchte –
aber wir werden bald zur Dresdener Ausstellung hineinfahren,
wo auch Rodin ausgestellt hat.

Und dann überhaupt sehen wir doch in einiger Entfernung
ein Ende all dieser Prüfungen und können uns vielleicht schon
denken, dass einmal jeder wieder seine Tätigkeit haben wird
und beide das Leben, das wir meinen. –

Jetzt »müssen wir noch was für unsere Gesundheit tun«, vor
allem. –

Ich stelle mir manchmal vor, dass alle jetzt fleißig sind auf
dem Weyerberg. Sie atmen alle Mai und Frühling und ihre Skiz-
zenbücher füllen sich mit Bäumen, Kindern, Abendhimmeln
und Moorfernen. Und an der Hamme wimmelt es und tönt es
von großem und kleinen Getier und alles piept und krächzt so
gut es kann – und man hat ein Boot und träumt in den Himmel
und es ist ganz einsam dort – kein Tier fürchtet sich vor dem
kleinen Menschengeschöpf und duldet es gern in der Nähe und
da hüpfen ganz nahe die Kampfhühnchen und eine ganze Welt
ist das um einen in Gras, Wasser und Himmel. –

Vielleicht ist alles noch nicht so weit – aber es wird so weit
sein eh' wir dort sind u. es miterleben können – denn wir wer-
den erst kommen, wenn alle Obstbäume schon ganz heimlich
und in der Stille ihre Früchte angesetzt haben und schon un-
sichtbar und unbemerkt aber mit ihrer ganzen Kraft sie zu fül-
len beginnen, und wenn der Jasmin und die Syringen da oben
duften. Vielleicht sind wir dann da.

Und vielleicht haben wir den Sommer dann auch verdient,
wie alle Bäume und Wiesen, wenn wir auch den Frühling dort
nicht leben konnten. –

Hier nennt man mich jetzt Frau Rilke – können Sie sich den-
ken, dass Leute »gnädige Frau« zu mir sagen? – Ich trug mal

früher blaue Kattunkleider und versuchte kleine nackte Men-
schenkinder zu machen. Da hieß ich noch anders und mein
neuer Name muss das erst lernen. – Aber er freut sich drauf.
(…)

Liebe Paula Becker! Ich will Ihnen nun noch erzählen, dass
wir in Dresden wunderbare Zuloagas gefunden haben – viele
schöne Bilder. Die Sie sehen müssten. Ich wünsche es Ihnen
sehr. –

Es sind auch gute Freunde von uns da aus Paris: Das Bild
von Cottet mit der sonnigen Prozession in der Mitte – leider
nur das. Aber feine Rodins und unter den Schatten von »Victor
Hugo« von ihm stehen meine drei kleinen Akte. Unser Denk-
mal von Père Lachaise ist auch hier und viel besser aufgestellt
als auf der Pariser Ausstellung. Dann haben wir ein liebes Wie-
dersehen mit Modersohns Waldfrau gefeiert. Es hängt ganz still
und einsam und groß, trotzdem es unter vielen Bildern hängt –
Wir haben nur erst einen kurzen Besuch gemacht dort, wer-
den aber noch oft hinfahren. Erzählen Sie doch auch Heinrich
Vogeler, dass die Bilder von Zuloaga so schön sind. Ich erzähle
Ihnen nichts davon, denn ich hoffe bestimmt, dass Sie sie noch
selbst sehen. Nicht allein für mich, um es in der Erinnerung
später mit Ihnen genießen zu können – sondern so, wie ich Sie
bitten würde, eine Rodin-Ausstellung zu sehen – oder Paris. Sie
und Modersohn werden Ihre Freude daran haben. Fahren Sie
nur noch 'mal nach Dresden hinüber, wenn Sie verheiratet sind.
Wann werden Sie das sein?

Hoffentlich hören wir davon rechtzeitig. – Hoffentlich wird
Ihnen das nicht so schwer gemacht wie uns. Wir freuen uns
von Tag zu Tag mehr auf unsere endliche Heimkehr und sin-
nen darauf unseren Aufenthalt hier so kurz wie möglich zu ge-
stalten. Wir tun nichts als essen und trinken, kalte und warme
Güsse aller Art nehmen und Luft baden, sind aber den ganzen

Tag vom sehr frühen Morgen an schon in dieser Art tätig. – Ich werde Ihnen später davon erzählen und gute Lehren mitbringen. Schöner ist es wenn man alles das zu Hause machen kann.

Paula Becker an Clara Rilke, Worpswede, 13. Mai 1901:

Liebe Clara Westhoff, ich fange schon beinahe an mich daran zu gewöhnen, Sie nicht zu sehen und mit Ihnen über all diese Dinge zu reden. Aber ganz geht es doch nicht und ich fühle, wie manches in mir unausgesprochen bleibt, weil Sie nicht da sind (…) Liebe Clara Westhoff, es wird schön, wenn wir wieder zusammen sind. Ich möchte Ihnen noch viele liebe Dinge sagen, aber dann will so vieles nicht aufs Papier und es wird wohl gut sein so zwischen uns beiden, dass manche letzten Dinge aus Scheu unausgesprochen bleiben. (…) Wir heiraten wahrscheinlich am Sonnabend vor Pfingsten. Wir können es nun, wo es da ist, uns beide nicht denken. Wir hatten uns schon an das Warten gewöhnt. Und nun werde ich sein Weib. Im kleinen Haus wird Ihnen vieles gefallen. Das Glashaus ist zur kleinen weißen Gartenstube geworden. Da läßt sich abends im Dämmern lieblich sitzen. Und mein kleines Mädchen müssen Sie auch lieb haben. Tun Sie es nur. Es wird Ihnen leicht bei Ihrem großen Liebereichtum, mit dem Sie haushälterisch und verschwenderisch umgehen.

Nach ihrer Rückkehr aus Dresden Ende Mai 1901 sind Clara und Rainer Maria Rilke in ein altes Bauernhaus nach Westerwede gezogen, das einsam in der moorigen Landschaft liegt.

Nach Heinrich Vogelers Plänen haben örtliche Handwerker aus den ehemaligen Zimmern des Hauses *warme, wohnliche Stuben* gemacht, in denen *wir beide uns, im Einklang mit der Umgebung, aufhalten,* wie Rilke vermerkt. Bemalte Teller und eine silberne Schale mit einem Krug, die Vater Josef Rilke dem Brautpaar zur Hochzeit geschenkt hat, schmücken ein bäuerliches Buffet auf der Diele. Über dem Schreibtisch in seinem Arbeitszimmer oben im Giebel hängt Modersohns Gemälde »Mondnacht mit Paar im Garten«, ebenfalls ein Hochzeitsgeschenk.

Bis alle sechs Kisten voller Bücher und persönlicher Dinge aus Berlin geleert sind! Alles seinen Platz gefunden hat! Wochen vergehen.

Da packe ich nun aus bis ich grau und grün bin vor Staub. Ich komme noch nicht an die Arbeit deshalb. Clara habe ich gebeten zu arbeiten. Sie hat so lang unterbrochen meinetwegen und das schadet bei bildender Kunst sehr, weil man mehr aus der Übung kommt als bei Schriftstellerei. Sie muß jetzt sehr fleißig sein. (Ich übrigens auch.) Darum schreibt sie nicht selbst und sendet nur durch mich herzliche und dankbare Grüße. Rilke hält seine Mutter kontinuierlich auf dem Laufenden. *Außer dem kleinen Streifen Garten vor unserer Laube, haben wir noch bei Claras Atelier, welches im Nebenhaus sich befindet, einen kleinen Garten,* teilt er ihr am 22. Juni 1901 mit und fügt seinem Brief einen Hausplan bei. *Heute ist unsere erste Rose aufgeblüht, allein wir wagen nicht sie Dir zu schicken, da sie sehr empfindlich scheint und gewiss ganz welk ankäme. Nun haben wir doch Zuversicht wenn die außergewöhnlichen Auslagen vorüber sein werden, dass es bald schön wird bei uns. Alle Anlage dazu hat das Haus und wir auch.*

Während sich an den Sonntagabenden auf der Vogeler'schen Terrasse weiterhin die »Familie« trifft – neben Heinrich Vogeler und Martha Schröder sind auch Paula Becker und Otto Modersohn inzwischen verheiratet –, richten die Rilkes ihren jungen Haushalt ein. *Wir dachten sehr an Sie Beide,* schreibt Paula Modersohn an Clara Rilke, *wie wir überhaupt sehr oft an Sie denken und wie unsere Sonntage noch nicht ihren vollen Klang haben ohne Sie Beiden.* Beharrlich hält die Malerin trotz aller neuen Paarkonstellationen an ihrem Glauben an die Vereinbarkeit von Arbeit und Leben in der »Familie« fest und hofft weiterhin auf einen unverändert freundschaftlichen Austausch.

Zahlreiche Gäste besuchen das junge Ehepaar Rilke in seiner ländlichen Zurückgezogenheit in Westerwede, darunter im Frühsommer 1901 Oskar Zwintscher, Professor an der Akademie in Dresden. Rilke hatte den Maler mit der Bitte nach Worpswede eingeladen, seine junge Frau zu porträtieren, *obwohl wir arme, sehr arme Leute sind,* und er genau wusste, dass sie sich einen solchen Auftrag eigentlich gar nicht leisten konnten.

Er stamme *aus einer alten Kärntner Uradelsfamilie,* die einmal vermögend gewesen sei, mit dem Verlust ihrer Güter aber auch alle Ahnenbilder verloren habe. Darum besitze er kein Gemälde seiner Großmütter, argumentierte Rilke – umso mehr habe er das Gefühl, *dass man seine Frau einem großen und nachdenklichen Maler zeigen muss, in ihrer ersten Schönheit, vor der zweiten Schönheit ihrer Mutterschaft, damit die Kinder und Enkel eine Erbschaft und einen untrüglichen Beweis jener Schönheit und Güte haben, die, mögen sie wie immer geartet sein, mit ihnen verwandt und verwoben ist. Die Kinder müssen wieder unter den schönen Jugendbildnissen ihrer Mütter aufwachsen, dann werden die Zeiten wieder besser werden.*

Zwintscher malte ein Porträt von Clara Rilke und später, aus dem Gedächtnis heraus, ebenfalls eines von ihrem Mann. Doch Rilke gefielen beide Bilder nicht, und er ärgerte sich auch noch nach Jahren, wenn der Name Zwintscher fiel.

Von Westerwede aus fährt das Ehepaar häufig nach Bremen. Gleich zu Beginn ihrer gemeinsamen Zeit in dem abgelegenen Moordorf hatte Rilke erkannt, dass es sowohl für Clara und ihre bildhauerische Arbeit als auch für ihn als Schriftsteller existenziell notwendig werden würde, *mit den besten Bremer Familien gesellschaftliche Beziehungen zu suchen, da wir nur mit der Hilfe einflussreicher Leute über die großen Schwierigkeiten unserer bescheidenen ménage hinwegkommen können.* Das war mühevoll und zeitaufwändig. Briefe schreiben, Besuche machen, Danksagungen schicken, Gegeneinladungen organisieren.

Nun scheint es allerdings, dass die ersten Patrizierhäuser Bremens (Adel gibt es keinen in Bremen) sehr gerne sich für uns öffnen wollen: Clara ist jetzt schon von allen maßgebenden Persönlichkeiten geschätzt und verehrt und auch mein Name scheint in Bremen nicht ganz unbekannt geblieben zu sein, so dass wir wohl viele Wege finden dürften.

Rilkes zahlreiche, in schöner, gleichmäßiger Handschrift verfassten Briefe an seine Mutter füllen Seiten.

Mehrere Jahre lang hatten beide nicht miteinander korrespondiert und schrieben sich erst seit Rilkes Münchener Zeit wieder regelmäßig. Phia Rilke unterrichtete ihren Sohn über alles, was sie unternahm und an freundschaftlichen Beziehungen pflegte, vor allem aber informierte sie ihn detailliert über ihren jeweils aktuellen Gesundheitszustand, und da dieser häufig schwankte, nahmen ihre Berichte darüber einen bedeutenden Platz in ihren Briefen ein.

Im Sommer 1901 scheint Phia Rilkes Gesundheit wieder einmal so angeschlagen, dass sie zu einer Kur nach Karlsbad reisen muss. Ihr Sohn macht sich Sorgen. Sobald sie sich wieder erholt habe, müsse sie nach Worpswede kommen, schreibt er an sie, am besten Ende September, wenn sich das Land am *eigenartigsten im Zusammenklang seiner dunklen und einfachen Farben* zeige.

Dann solle sie endlich auch Familie Westhoff und ihr Landhaus in Oberneuland kennenlernen. In die Vorfreude mischt sich seine Furcht, der Mutter könnte es unter seinem Dach schnell zu kalt und ungemütlich werden. Zu dieser späten Jahreszeit krieche die Feuchtigkeit bereits in alle Zimmer, und natürlich könnten Clara und er ihr den gewohnten Komfort nicht bieten, selbst wenn eine Haushälterin für Ordnung sorgte und die Betten machte, ein *Fräulein aus guter Familie*, eine *echte Perle*. Und dann das Essen. Würde es nicht zu einseitig sein für Phia Rilkes empfindlichen Magen?

Du weißt wir essen nie Fleisch, und unsere Kost setzt sich aus Gemüse, leichten Mehlspeisen u.s.w. zusammen. Abendbrot: dicke Milch, Käse, Eier. Solange Du da bist soll natürlich leichtes Fleisch: Hühner, Tauben, Filet etc. ins Programm aufgenommen werden – allerdings – soweit es zu haben ist und dafür kann ich nicht immer einstehen!

Wenn er recht überlegt: Wäre es am Ende nicht viel besser, seine Mutter bezöge ein Gasthaus in Worpswede oder gar ein gutes Hotel in Bremen, statt in seinem fußkalten Bauernhaus zu wohnen? *Man könnte ja von der Bahn aus auch einen Wagen bekommen, wenn Du es nicht übel nimmst, dass wir den nicht bestreiten können. Wir sind eben sehr arme Leute.*

Ein Familienfoto zeigt die 50-jährige Phia Rilke als schlanke Großstadtdame in schwarzem Kleid mit Pelzbesatz und Hut, eine elegante Frau. Daneben Clara und ihre Mutter

Johanna in ländlichen hellen Kleidern, das Haar locker zu-
sammengesteckt. In die Ferne blickend, der Vater Friedrich
Westhoff, Rilke und sein Schwager Helmuth Westhoff.

•

Um seinen Lebensunterhalt in Westerwede bestreiten zu
können, benötigt das jungvermählte Paar monatlich rund
250 Mark. Geteilt durch zwei, bedeutet dies, dass jeder von
beiden mindestens 125 Mark verdienen muss. Doch wie soll
das zu schaffen sein?

Am 1. Juli 1901 wendet sich Clara Rilke an Otto Modersohn:

*Ihnen strömen jetzt wieder Schülerinnen im Überfluß zu, die
Sie doch nicht annehmen mögen. Da wäre es Ihnen vielleicht
eine Kleinigkeit, mir eine zuzuführen. Ich würde sehr gerne
eine Schülerin im Zeichnen unterrichten. Vielleicht auch, wenn
es eine gibt, die modellieren will, so bin ich gern bereit, ihr
darin zu helfen.*

*Ich glaube wohl, dass Sie mich mit gutem Gewissen emp-
fehlen können. Man kann sich ja auch noch immer gegenseitig besehen, wenn's soweit ist, ob auf beiden Seiten so viel Vertrauen vorhanden. Jedenfalls habe ich Lust dazu. Ich möchte es
hauptsächlich tun, weil ich das Geld brauche. Ich denke aber
auch Freude daran zu haben und selbst noch dadurch zu lernen. Also, wenn es Ihnen gerade möglich ist und Ihnen paßt, so
würde ich Ihnen für so einen Freundschaftsdienst sehr dankbar sein.*

Doch bis es so weit ist und der Unterricht von Schülerinnen die eigene, intensiv betriebene Arbeit zu unterbrechen

droht, zeichnet Clara Rilke Kinderakte in stehender, hockender und kauernder Stellung. Sie modelliert sie in Gips und bittet schließlich ihren Mann, ihr ebenfalls Modell zu sitzen.

Für das Porträt »Rainer Maria Rilke« aus dem Sommer 1901 wählt die Bildhauerin den knappen Kopf- und Halsausschnitt. Ganz im Sinne Rodins fasst sie die Gesichtspartien durch weiche Modellierung zu einer einheitlich wirkenden, dennoch differenzierten Oberfläche zusammen und vermag so, Rilkes introvertiertes Wesen wiederzugeben.

Als sie mit der Büste fertig ist, kerbt Clara den Namen ihres Mannes in Großbuchstaben in die rechte Schulterkante ein: RILKE. *Trefflich,* erkennt der Porträtierte die Arbeit seiner Frau an und nennt sie in diesem Zusammenhang bei ihrem Mädchennamen: *Clara Westhoff ist längst keine Anfängerin mehr.* Später wird er ein Foto dieser Arbeit zur Veröffentlichung an seinen dänischen Verleger Axel Juncker freigeben, der ihn für einen Verlagskatalog um eine Aufnahme gebeten hatte.

Vom Herbst 1901 stammt ebenfalls das Freundschaftsbildnis »Heinrich Vogeler«, mit dem Clara Rilke beweise, wie ihr Mann rühmte, *dass man sie kaum mehr mit jemandem anderen verwechseln und neben dem Besten sehen kann.*

Die bronzene Vogeler-Büste war noch im Entstehungsjahr im Kunstsalon Richter in Dresden ausgestellt worden. Sie ist heute in der Kunsthalle Bremen zu sehen und zeigt den Jugendstilmaler in seiner charakteristischen Kluft mit Stehkragen, Weste und Biedermeierfrack, so, wie Rainer Maria Rilke ihn beschrieb: *Vogeler ist da… seine Gestalt leicht und ruhig. Die Augen dunkel, glanzlos. Der hochgeknöpfte Hals mit der feinen Kamee, die hohe Sammetweste… ein Bild. Ein unendlich fernes Ahnherrnbild.*

Die Mitte ihrer Schwangerschaft ist längst erreicht, und Clara Rilke setzt alles daran, den Schwung ihrer künstlerischen Entwicklung bis zur Geburt ihres Kindes noch voll zu nutzen. Schon bald wird sie nicht mehr nur für sich und ihre Bildhauerei existieren und ihr Wirkungsfeld primär im Atelier haben können, sondern ihr Leben einem größeren familiären Zusammenhang unterordnen, Mutter, Gattin und Hausfrau sein müssen.

Doch hörten nicht Frauen wie sie von allen Seiten, dass sich ihre schöpferische Leistung nicht allein in ihren künstlerischen Werken ausdrücke?

Mit welcher Eindringlichkeit hatte Woldemar Becker seine Tochter Paula noch im Februar 1901 auf ihre untergeordnete Rolle in der Ehe hingewiesen und gefordert: *Deine Pflicht ist es ganz in Deinem zukünftigen Manne aufzugehen, ganz nach seiner Eigenart und seinen Wünschen Dich ihm zu widmen, sein Wohl immer vor Augen zu haben und Dich durch selbstsüchtige Gedanken nicht leiten zu lassen.* Ähnlich war es Käthe Kollwitz ergangen. Kurz vor ihrer Eheschließung hatte der Vater sie ermahnt: *Du hast nun gewählt. Beides wirst Du schwerlich vereinigen können. So sei das, was Du gewählt hast, ganz.*

Clara Rilkes Rückzug stößt bei Paula Modersohn auf Unverständnis. Sie nimmt ihn persönlich und reagiert enttäuscht. Es kann doch nicht sein, dass ihre beste Freundin kein Bedürfnis nach Nähe und Gedankenaustausch mit ihr hat, so, wie es war, bevor Rilke in ihr Leben trat?

In einem Brief vom 30. September 1901 fragt sie die Freundin: *Ist Ihnen nicht manchmal, als ob Sie in eine kleine Stube bei Brünjes in Ostendorf eintreten müssten. Da warten viele Dinge auf Sie und eine junge Frau. Der wird das Warten aber sehr lang und traurig.*

Doch an ruhige Gespräche unter Freundinnen im Lilien-atelier, gemeinsame Ausflüge ins Moor oder entspannte Sonntagnachmittage auf dem Barkenhoff kann Clara Rilke jetzt gar nicht denken. Die Kunst ist ihr Beruf, damit will sie Geld verdienen. Darüber hinaus beherrschen häusliche Pflichten den Alltag. Immer noch ist der Tischler nicht fertig, die Wände müssen tapeziert, die Öfen in den Zimmern gesetzt werden. Besuch sagt sich an. Dazwischen macht das Ehepaar immer mal eine kurze Reise, zuletzt nach Haseldorf in Holstein zu Emil von Schönaich-Carolath, der dort einen sehr schönen Besitz hat.

Rilke fühlt, dass Prinz Emil ihn mag, eine Verbindung, die interessant ist und gepflegt werden muss, wer weiß. Aber das ist Zukunftsmusik, erst einmal muss im Haus noch weiter geräumt, müssen Dinge angeschafft werden. Stühle, eine Kommode, eine Lampe. *Ist nicht außerdem irgendein kleiner Tisch da, den man als Schreibtisch für Clara verwenden kann; irgendein alter Schreibsekretär oder Schreibschrank?* Rilke fragt bei seiner Mutter an, dankt für ihre Hilfe und drückt seine Vorfreude auf Kochbücher, Kompottteller und Mokkatassen aus, die sie ihm aus dem Besitz der Familie schicken will. Bitte, sie *möge die Möbel doch bald verkaufen*, damit er, vielleicht schon im Dezember, das Geld dafür bekommen könne. *Sag' Großmutter nicht erst etwas davon, damit sie mich nicht für gar zu unbescheiden hält; aber sieh Dich bitte gut um, mit unseren Augen; wir nehmen alles sehr dankbar an.*

•

Nicht nur die enge Freundin Paula, der gesamte Barkenhoff-Kreis empfindet Clara und Rainer Maria Rilkes Schweigen und ihr zurückgezogenes Leben in der Moor-Einsamkeit von

Westerwede als weihevolle Selbstinszenierung und fühlt sich von den beiden Freunden vernachlässigt.

Wie ist seine Frau in dieser kurzen Zeit ins Gegenteil verwandelt, wie hat sie ganz ihre Individualität eingebüßt, empört sich Otto Modersohn Ende Oktober 1901 in Erinnerung an die ehemals temperamentvolle Clara, aus der eine stille, angepasst wirkende Frau geworden sei. *Das ist ein Jammer. Wo sie vor einem Jahr tobte, in ihrem einfachen, bäuerlichen Kram saß, zwanglos und ungeschlacht – da sitzt sie nun, ein Vogel, dem man die Flügel geschnitten, still in ihrem Sessel in einem kühl, äußerst pedantisch, übermäßig ordentlichen Zimmer, wo man die Gegenstände alle blank und kahl sofort zählen kann.* Von Rilkes gekünstelter Art ganz zu schweigen. *Er las Beatrix von Maeterlinck und Gedichte von Stefan George, den er imitiert in seiner Gesuchtheit.*

Besonders schmerzlich wird Clara von ihrer Freundin Paula vermisst, die am 22. Oktober 1901 notiert:

Nun gibt es schon lange drei junge Frauen in Worpswede. Und gegen Weihnachten kommen die Kindlein. Ich bin noch nicht reif dazu, ich muss noch ein wenig warten, auf dass ich herrliche Frucht trage. Clara Westhoff hat nun einen Mann. Ich scheine zu ihrem Leben nicht mehr zu gehören. Daran muss ich mich erst gewöhnen. Ich sehne mich eigentlich danach, dass sie noch zu meinem gehöre, denn es war schön mit ihr.

•

Mit welcher Begeisterung hatte Clara Rilke ihrem Mann während der vergangenen Monate immer wieder von ihren bildhauerischen Studien bei Auguste Rodin in Paris erzählt, von ihrer Freude, ihm in seiner Werkstatt zusehen zu dürfen, wenn er mit seinen schweren Händen die feuchten Tücher von seiner letzten Arbeit nahm, die auf dem Sockel stand, das Porträt eines Knaben vielleicht oder eine kleine Studie, sie versunken betrachtete, mit heftigem Schritt vor- und zurücktrat, einen Spachtel nahm, glättete, etwas Unverständliches in seinen dichten Bart murmelte, änderte, korrigierte, wobei die Bewegungen seines mächtigen Körpers immer schneller wurden, bis er schließlich innehielt, tief durchatmete, wieder zu den feuchten Tüchern griff und sie über die Arbeit legte, ehe er seinen weißen Kittel auszog und die Werkstatt verließ.

Rodin! Neben Claras Erzählungen hatten zahlreiche, in den französischen Zeitungen und Kunstmagazinen erschienene Aufsätze Rilkes Interesse an ihm immer mehr geweckt. Rodin war inzwischen einundsechzig Jahre alt, hatte die monumentalen Plastiken »Bürger von Calais« und das »Höllentor« geschaffen, man feierte ihn als Begründer der expressionistischen Skulpturkunst, und sein Ruhm erstrahlte weit über Frankreichs Grenzen hinaus.

So hatte Rilke schon im Sommer zuvor Kontakt zu Rodin aufgenommen, ihn wissen lassen, dass er sich mit dem Gedanken trage, ein Buch über ihn zu schreiben, um Zusendung biografischen Materials gebeten und bei dieser Gelegenheit erwähnt, dass er seiner Frau noch eine Antwort auf ihren Brief vom Frühjahr 1901 schuldig sei. Clara Rilke war damals mit der schriftlichen Bitte an Rodin herangetreten, er tue ihr einen riesigen Gefallen, wenn er sich zu einigen ihrer Arbeiten äußere, und er hatte ihr postwendend zurückgeschrieben, des Lobes voll für seine Schülerin.

Es trifft sich gut, dass Richard Muther Mitte November 1901 einen Vortrag über Rodin in der Kunsthalle Bremen hält. Im Publikum sitzt auch Rilke. Er nimmt Muther anschließend mit nach Worpswede und führt ihn durch die Ateliers der dort ansässigen Maler. Muther bleibt über Nacht bei den Rilkes in Westerwede: *Es waren schöne, anregende Stunden,* notiert Rilke erleichtert über die Gespräche mit dem Kunsthistoriker, die einen höchst erfreulichen Auftrag zur Folge haben. Rilke darf eine Biografie über Auguste Rodin schreiben.

Kaum vier Wochen später, am 12. Dezember 1901, bringt Clara Rilke ein Mädchen zur Welt. *Heißen soll unsere Tochter mit dem schönen biblischen Namen: Ruth, Ruth Rilke, ohne Zufügung irgendeinen Namens,* informiert der frisch gebackene Vater seine Mutter Phia gleich am folgenden Tag. Westerwede, 13. Dezember 1901:

Gestern früh begannen die Schmerzen und steigerten sich sehr, und gegen eins hatten wir unser liebes Töchterchen. Es ist ein ungewöhnlich großes und stämmiges Kind (wiegt 4 Kilo), hat festes Fleisch, einen starken Kopf mit hoher ernster Stirne und dunkelblondem oder eigentlich noch dunklerem Haar darüber und trefflich ausgebildete Hände. Und sonst alles was sich gehört in der besten Form. Wir freuen uns sehr. Es schreit nicht viel, und wenn es seine kleine Stimme erhebt, scheint Hunger die beruhigende Ursache zu sein. Clara befindet sich recht wohl, hat Appetit und Schlaf und ist trotz der schweren Schmerzen von gestern bei Kraft und Gleichgewicht.

Mehr ist heute nicht zu berichten. Ich bin müde und habe viel zu schreiben und schließe deshalb. (...) Du kannst Dir denken, wie viel es zu tun gibt! Mama Westhoff ist gestern gleich mit Sack und Pack herausgekommen und bleibt als Pflegerin bei uns solang es nottut. Das beruhigt uns natürlich sehr und ist uns sehr lieb.

Aus dem sicheren Gefühl heraus, die lang ersehnte Geborgenheit nun gefunden zu haben, lässt Rilke sogar die Nachricht vom Misserfolg der Aufführung seines Dramas »Das tägliche Leben« am 20. Dezember 1901 im Residenztheater in Berlin an sich abperlen.

In seine Gedichtsammlung »Die Letzten«, die er Clara zu Weihnachten schenken möchte, schreibt er die Widmung: »Wir haben diesem Buch ein Haus gebaut/ und du hast treulich mich dabei beraten...«. Sein Gedicht »Weihnachten ist der stillste Tag im Jahr...« soll seine Frau ebenfalls zum Fest bekommen.

Am 21. Dezember 1901 schreibt Rilke an seine Mutter:

Weihnachten! Ich möchte Dir gerne einen großen Weihnachtsbrief schreiben; aber in meiner neuen recht beneidenswerten Eigenschaft als Vater hab ich so viele Pflichten, dass ich Dir nur wenige innige Worte senden kann. Ich glaube diesmal wirst Du es nicht so traurig und bange empfinden, dass ich zum 24. nicht nach Prag gekommen bin, da Du weißt, dass ich ein eigenes Haus und eine liebe Frau und ein kleines Kindchen habe, für die ich wohl einen Christbaum schmücken darf. Ich bin nicht mehr allein! Das sagt alles! –

Die Stimmung in dem eingeschneiten Rilke'schen Zuhause in Westerwede ist nicht nur weihnachtlich, sondern wirkt geradezu sakral. Otto Modersohn, der sich zusammen mit seiner Frau Paula auf den Weg gemacht hat, um das junge Ehepaar zur Geburt seiner Tochter zu beglückwünschen, erinnerte sich an das Bild der »Heiligen Familie«, zu der ein Spalier von Kerzen führte:

Wir waren mühsam durch den Schnee gestapft und klopften nun an die Haustür. Das Mädchen meldete uns – aber wir mussten draußen warten und wurden schon etwas ungeduldig.

Schließlich durften wir eintreten. Dort fanden wir in der Stube Frau Clara feierlich im Bette sitzend, ihr Kindchen im Arm – neben ihr zu Häupten stand Rainer Maria Rilke wie der alte Josef, auf einen langen Stab gestützt, und beide schauten selig auf ihr Kind. Jetzt wussten wir, warum man uns nicht gleich hereinließ. In solch feierlicher Darstellung zeigte uns Rilke sein Glück.

KAPITEL VI

Ich war meiner Kunst noch nie so nahe wie jetzt

WORPSWEDE 1902

*Der schlimmste Fehler von Frauen
ist ihr Mangel an Größenwahn.*
Irmtraud Morgner

Die ersten Tage des neuen Jahres sind verhangen, Reste von Schnee überziehen Felder und Wiesen in Westerwede.

Am 6. Januar 1902 erfährt Rilke per Post, dass der finanzielle Zuschuss seines Prager Erbonkels Jaroslav Rilke, von dem die kleine Familie bisher nahezu ausschließlich gelebt hat, nur noch bis Mitte des Jahres gezahlt wird. Seine Veröffentlichungen haben bislang kaum etwas eingebracht, und ebenso wenig ist es Clara gelungen, mit ihrer Bildhauerei so viel Geld zu verdienen, dass es zum Leben reichen würde. Die wirtschaftliche Lage der Rilkes ist eng und bedroht nicht nur ihr kontinuierliches produktives Arbeiten, sondern auch ihre Ehe.

Denken Sie sich einen einsamen Menschen, der, heimatlos, endlich ein Haus im großen Moor hat, eine liebe und ernste Frau und (seit Mitte Dezember) eine kleine Tochter, Ruth, schreibt Rilke an Carl Mönckeberg am 6. Januar 1902: *der also alles hat, was vor der Welt schützt, Stücke, aus denen eine eigene, unab-*

hängige Welt von selbst entsteht, – wenn man nur zwischen und mit ihnen wachsen und wohnen darf. Aber gerade in dem Augenblick, wo die größere Wirklichkeit um mich her mich beruhigt und mein Leben geräumiger macht, zu Sammlung und zu vertiefter Arbeit tüchtiger, gerade da stellt es sich förmlich höhnisch heraus, dass ich alles Gewonnene und Liebe nur gewann, um es zu verlassen, dass ich, weil ich von meinen Arbeiten doch nicht leben kann (selbst nicht bei den billigen Bedingungen des entlegenen Dorfes und bei aller äußeren Anspruchslosigkeit unseres Lebens), irgendwo hingehen muss, verdienen.

Verzweiflung herrscht als Grundstimmung im Rilke'schen Zuhause. Clara und ihr Mann arbeiteten *tagaus, tagein ganz ohne Gespräch und Gesellschaft, jeder auf seine Art… ich muss sehen, irgend etwas zu erwerben, um vor dem Hunger sicher zu sein und meine Lieben, die mir wie ihrem Schicksal vertrauen davor zu bewahren*, wendet der Lyriker sich in seiner Not als Familienoberhaupt und Vater an Freunde und Bekannte und bittet sie unter seinem Druck von *allerhand sehr kleinlichen und hässlichen Sorgen praktischen Inhalts,* sie mögen ihm bei der Suche nach einer festen Stelle in einer Redaktion oder einem Verlag behilflich sein. *Können Sie mich brauchen?*, fragt er an verschiedenen Stellen mehrfach an.

Vergeblich. Die Hoffnung auf einen vertrauensvollen Verleger, der ihm *ein Jahr ruhiger Arbeit* garantieren könnte, erfüllt sich nicht. Rilke wartet umsonst und muss schließlich verbittert feststellen: *Und so hab ich ein verlorenes Jahr hinter mir (da es damit beschäftigt war, an dem stillen Hause zu bauen), und die Zukunft steigt wie Hochwasser um mich her und droht uns zu ertränken.*

Stets weist er darauf hin, dass er mit Leichtigkeit Russisch und Französisch lese, und betont nicht ohne Groll, für keines seiner Bücher trotz guter Verkäufe und Kritiken je ein Honorar bekommen zu haben, für keines je eine Tantieme. In seiner Misere wendet er sich sogar an seine Bekanntschaften in Russland: *Wenn ich doch in Moskau ein ganz bescheidenes Plätzchen mit einem ganz geringfügigen Einkommen fände,* fleht er Leonid Pasternak an und gesteht einem weiteren russischen Freund: *Mir wird immer klarer, dass Rußland meine Heimat ist und alles andere Fremde.*

In dieser sich zuspitzenden und als nahezu ausweglos empfundenen Situation kann das junge Ehepaar von Glück reden, dass sich der angesehene Gründer und erste Leiter der Bremer Kunsthalle, Gustav Pauli, im Januar 1902 an Rilke wendet und ihm den Auftrag vermittelt, für den Verlag Velhagen & Klasing über die Worpsweder Maler zu schreiben.

Auch an eine Arbeitsmöglichkeit für Clara Rilke hatte Gustav Pauli gedacht und ihr in Aussicht gestellt, ab September erhalte sie ein Atelier in der Kunsthalle, in dem sie dann regelmäßig Bildhauerkurse geben könne. Doch ihre Hoffnung auf die Verwirklichung dieses Projekts zerschlug sich schnell wieder. Gustav Pauli zog seine ursprüngliche Zusage zurück. Selbst noch 30 Jahre später fand Clara Rilke, die für ihre Duldsamkeit und ihren Gleichmut bekannt war, dass der Bremer Museumsmann mit seiner Entscheidung recht gehabt habe: *Denn man war ja zu unbedarft allen Lebens- und Kunstfragen gegenüber.*

•

Rainer Maria Rilke hat die *Arbeit* zum Höchsten für die Eheleute erhoben, sie soll im Mittelpunkt ihres Zusammenlebens stehen – sein literarisches Schaffen ebenso wie die Bildhauerei seiner Frau.

Clara Rilke-Westhoff und Rainer Maria Rilke in Westerwede, 1902

Wie er sich eine Künstlerehe vorstellte, hatte er bereits in einem Brief vom 17. August 1901 an den befreundeten Dichter Emanuel von Bodmann formuliert. So gehe es nicht darum, schreibt er, die zwischen zwei Menschen bestehende Grenze niederzureißen, um *eine rasche Gemeinsamkeit zu schaffen*, sondern vertrauensvoll die naturgegebene *Weite zwischen sich* zu lieben und die gegenseitige Einsamkeit zu schützen. Davon war der junge Lyriker überzeugt:

Vielmehr ist die gute Ehe die, in welcher jeder den anderen zum Wächter seiner Einsamkeit bestellt und ihm dieses größte Vertrauen beweist, das er zu verleihen hat. Ein Miteinander zweier

Menschen ist eine Unmöglichkeit und, wo es doch vorhanden scheint, eine Beschränkung, eine gegenseitige Übereinkunft, welche einen Teil oder beide Teile ihrer vollsten Freiheit und Entwicklung beraubt.

Clara Rilke wird von ihrem Mann unablässig zum Arbeiten gedrängt. Er schätzt ihr Werk, glaubt an ihr Künstlertum, will, dass sie sich weiterentwickelt.

Doch wann soll sie lange, konzentrierte Stunden bildhauerischer Arbeit im Atelier in einen Tag bauen, der sie mit seinen zahlreichen Anforderungen als Mutter und Hausfrau beansprucht, durch Störungen aller Art oft unterbrochen wird und von permanenter Geldnot geprägt ist? In den Abendstunden? Zu dem späten Zeitpunkt sind in der Regel alle psychischen und physischen Kräfte versiegt.

Wie anders dagegen sehen die Bedingungen aus, unter denen Claras Freundin Paula den Beginn ihrer Ehe erlebt. Sie ist mit einem wesentlich älteren, bereits erfolgreichen Mann verheiratet, der die von Rilke propagierte schöpferische *Einsamkeit* nicht nur toleriert und respektiert, sondern auch ermöglicht, indem er seiner Frau materielle Sicherheit bietet, ein eigenes Atelier in ausreichender Entfernung zum Wohnhaus und längere Parisaufenthalte finanziert und eine Haushälterin engagiert, die für die Familie kocht, aufräumt, wäscht, putzt, im Garten Unkraut jätet und bei Bedarf die kleine Elsbeth hütet, Otto Modersohns Tochter aus erster Ehe.

Zwei Tage nach ihrem Geburtstag hält Paula Modersohn endlich einen Brief von der Freundin in der Hand, auf den sie schon so lange gehofft hat. Clara Rilke am 9. Februar 1902 an Paula Modersohn:

Heute morgen blätterte ich in meinem Tagebuch und las auf ein-
mal: 8. Febr. 1901 Paula Beckers Geburtstag – und mit einem
Mal sah ich zwei gelbe Tulpen auf einem Schreibtisch stehen und
die Fotografie Gerhart Hauptmanns, ein kleines Bild von Otto
Modersohn über einem Bett und ein Stück glitzernder Schleier –
dann fielen mir noch viele Böcklin-Bilder ein – und dann – lei-
der auch – eine Menge Tanten. Aber halt, daran will ich nicht
zu deutlich denken, sonst verwischt sich das kleine Bild des klei-
nen Geburtstags in der Kammer. Aber es fällt mir schon wieder
etwas ein: ein Veilchenstrauß, eine Apfelsine und eine Panflöte
und dann noch eine Flasche Sekt, welche nicht knallte.

10. Febr. Gestern wurde ich unterbrochen und so ist es denn
mittlerweile immer höhere Zeit geworden, meine Glückwün-
sche zu bringen – wenn sie überhaupt noch einigermaßen Be-
rechtigung haben sollen.

Ich bin (in diesem Falle: leider) – so sehr ans Haus gebunden,
dass ich nicht, wie früher, mich einfach aufsetzen kann und
fortradeln. Ich kann nicht mehr wie früher mein ganzes »Um
und Auf« auf den Rücken nehmen, um es in eine andere Häus-
lichkeit zu tragen und mein Leben dort für eine Weile weiterzu-
führen – sondern ich habe es jetzt Alles um mich, was ich sonst
draußen suchte, habe ein Haus, das gebaut werden muss – und
so baue und baue ich – und die ganze Welt steht immer um
mich her. Und sie lässt mich nicht fort. Alle Bausteine müssen
im Hause bleiben, wenn es fest werden soll, und dürfen nicht
fortgetragen werden da und dorthin. Darum kommt die Welt
zu mir, die ich nicht mehr draußen suche und lebt mit mir in
allen Dingen, die um mich sind. Und diese Dinge, die wohl wis-
sen, welche Wege mich zu ihnen führten, und die sie lieb haben,
da sie immer auf sie zugingen, – diese Dinge, die so weise sind,
wie die reifste Stunde meines Lebens – standen eine Weile und
gedachten Ihres Festtages und sandten Ihnen einen Gruß.

Dem Geburtstagsbrief seiner Frau an die Malerin fügt *Ihr ergebener Rainer Maria Rilke* noch ein paar persönliche Zeilen und das kleine Buch »Die Letzten« hinzu, das Ende des vergangenen Jahres erschienen war. Zugleich entschuldigt er sein und Claras Versäumnis, nicht rechtzeitig an ihren Geburtstag gedacht zu haben, und begründet es damit, dass *nun Arbeit um Arbeit* war.

Dieser Brief kreuzt sich mit einem Brief von Paula Modersohn, den sie am 10. Februar 1902 an Clara Rilke schreibt:

Sie haben seit dem Nachmittage, als ich Ihnen das Geld in Ihr kleines Zimmer im Hôtel hinterm Schlosse brachte, sehr gekargt. Und ich, die ich dem Leben anders gegenüber stehe, ich hatte Hunger. Ist Liebe denn nicht tausendfältig? Ist sie nicht wie die Sonne, die alles bescheint. Muss Liebe knausern. Muss sie Einem alles geben und andern nehmen. Darf Liebe nehmen. Ist sie nicht viel zu hold, zu groß, zu allumfassend (…) Aus Ihren Worten spricht Rilke zu stark und zu flammend. Fordert das denn die Liebe, dass man werde wie der andere?

Nein und tausendfach nein. Ist nicht dadurch der Bund zweier starker Menschen so reich und so allbeglückend, dass beide herrschen und beide dienen in Schlichtheit und Friede und Freude und stiller Genügsamkeit. Ich weiß wenig von Ihnen Beiden, doch wie mir scheint, haben Sie viel von ihrem alten Selbst abgelegt und als Mantel gebreitet, auf dass ihr König darüber schreite. Ich möchte für Sie, für die Welt, für die Kunst und auch für mich, dass Sie den güldenen Mantel wieder trügen. Lieber Rainer Maria Rilke, ich hetze gegen Sie. Und ich glaube, es ist nötig, dass ich gegen Sie hetze. Und ich möchte mit tausend Zungen der Liebe gegen Sie hetzen, gegen Sie und gegen Ihre schönen bunten Siegel, die Sie nicht n u r auf Ihre feingeschriebenen Briefe drücken. (…) Geht denn das Leben nicht,

*wie wir sechs es uns einst dachten? (...) Können wir denn nicht
zeigen, dass sechs Menschen sich lieb haben können. Das wäre
doch eine erbärmliche Welt, auf der das nicht ginge! Und ist
unsere denn nicht wunderschön und zukünftig.*

Ich bin Ihre alte Paula Becker
*und bin stolz, dass meine Liebe so viel dulden kann und von
gleicher Größe bleibt.*

*Ich danke Ihnen, lieber Freund, sehr für Ihr schönes Buch.
Und bitte, bitte, bitte geben Sie uns keine Rätsel auf. Mein
Mann und ich, wir sind zwei einfache Menschen, wir können
so schwer raten, und hinterher tut uns der Kopf weh und das
Herz.*

Paula Modersohn fehlt die *Schwesterseele,* mit der sie sich
nicht nur über künstlerische Fragen austauschen, sondern
auch über persönliche Dinge reden kann, die ihr am Herzen liegen und über die sie mit niemandem sonst sprechen
möchte. Sie leidet unter dem Verlust ihrer engsten Vertrauten und will nicht hinnehmen, dass neben privatem nicht
auch gemeinschaftliches Glück möglich sein soll. Vor allem
fürchtet sie, Clara könnte ihre eigene Identität und Individualität verlieren, indem sie sich Rilke zu sehr unterwirft. Für
sie trägt allein er die Schuld an der plötzlichen Veränderung
der Freundin und damit verbundenen Entfremdung zwischen den beiden Künstlerinnen. *Da ist denn mein Erlebnis,
dass mein Herz sich nach einer Seele sehnt und die heißt Clara
Westhoff.*

Zu ihrer Enttäuschung über diesen – vermeintlichen –
Verlust kommt die Einsicht, dass es die erhoffte Zweisamkeit
nicht gibt: *Ich glaube, wir werden uns ganz nicht mehr finden.
Wir gehen einen anderen Weg. Und vielleicht ist diese Einsamkeit gut für meine Kunst, vielleicht wachsen ihr in dieser erns-*

ten Stille die Flügel. Selig, selig, selig, notiert die Malerin im März 1902 in ihr Tagebuch.

Lebensfroh, frei, offen, natürlich. So kenne er Clara West-hoff, entrüstet sich Heinrich Vogeler. Und jetzt? Mache der dominante Rilke ihr Leben zur *ewigen Weihestunde,* un-terdrücke ihre natürlichen Gefühle und zwinge sie in ein einsames Dasein, das ihr nicht entspreche: *Dem frohen und freien Grundsatz ihres Charakters hatten sich nun, als Frau des Dichters Rilke, der ihre Freiheit einmauerte, we-sensfremde Formen aufgeprägt.* Voller Bedenken über die Veränderung der einst *heiter stürmenden Clara Westhoff* schreibt Carl Hauptmann am 31. März 1902 aus Schreiber-hau an Otto Modersohn: *Und die wundervolle, hohe, flie-gende Clara Westhoff ist still geworden und saust nicht mehr einher wie ein Sturmwind – (...) Nein, das kann ja nicht sein. Oder wenigstens nicht so bleiben.*

Wollen Sie mir glauben, dass es mir schwer fällt zu verstehen, wovon Sie eigentlich reden? Rilke ist irritiert. So kennt er die *blonde Malerin* gar nicht, so vorwurfsvoll, so rebellisch, so ungerecht in ihrem Urteil. Doch statt es seiner Frau zu über-lassen, auf Paula Modersohns Brief vom 10. Februar 1902 zu antworten, der schließlich an sie gerichtet ist, sieht er sich zu dieser Aufgabe herausgefordert: *Es ist doch nichts geschehen – oder vielmehr: es ist viel Gutes geschehen, und das Missver-ständnis beruht darin, dass Sie, was geschehen ist, nicht gelten lassen wollen. Alles soll sein, wie es war und doch ist alles an-ders als es gewesen ist.*

Rilke wirft der Maler-Freundin mangelndes Verständnis für Claras veränderte Situation und Seelenverfassung vor, be-zichtigt sie der besitzergreifenden Liebe, die *mit Hartnäckigkeit eine bestimmte Schönheit festhalten* wolle, statt *im Vertrauen*

auf künftige neue gemeinsame Schönheiten, auszuharren und
Claras *Einsamkeit* zu schützen.

Rainer Maria Rilke an Paula Modersohn am 12. Februar 1902:

Wenn Ihre Liebe zu Clara Westhoff jetzt etwas tun will, dann ist
ihre Arbeit und Aufgabe diese: nachzuholen, was sie versäumt
hat. Denn sie hat versäumt zu sehen, wohin dieser Mensch ge-
gangen ist, sie hat versäumt, ihn zu begleiten auf seiner weitesten
Entwicklung (…) Das Vertrauen, welches Sie mir, liebe Freun-
din, erwiesen haben, als Sie mir einen kleinen Einblick in Ihre
Tagebuchblätter gewährten, berechtigt mich, (wie ich glaube) Sie
zu erinnern, wie fremd und fern und unvergleichlich Ihnen an-
fangs Clara Westhoffs Wesen erschien (…) Und diesen ersten
wichtigen Eindruck haben Sie so sehr vergessen können, dass Sie
es nur mit Tadel und Warnung begleiten, wenn dieser Mensch,
den Sie um seiner Andersheit und Einsamkeit willen zu lieben
begannen, in eine neue Einsamkeit eintritt, deren Gründe Sie
sogar besser überschauen können, als die Gründe jener ersten
Abgeschlossenheit, die Sie doch nicht mit Vorwürfen, sondern
mit einer gewissen bewundernden Gewährung betrachtet haben
(…) Wenn Ihre Liebe wachsam geblieben ist, dann hat sie sehen
müssen, dass die Erlebnisse, welche zu Clara Westhoff kamen,
eben dadurch ihren Wert erhielten, dass sie mit dem Innern des
Hauses, in welchem die Zukunft uns finden soll, sich eng und
unlösbar verbanden: wir mussten alles Holz auf unserem eige-
nen Herd verbrennen, um unser Haus erst einmal aufzuwär-
men und wohnlich zu machen. Muss ich es Ihnen erst sagen,
dass wir Sorgen hatten, schwere und bange Sorgen, die ebenso
nicht herausgetragen werden durften wie die wenigen Stunden
tiefen Glückes? – Wundert es Sie, dass die Schwerpunkte sich
verschoben haben, und ist Ihre Liebe und Freundschaft so miss-

trauisch, dass sie immerfort sehen und greifen will, was sie be-
sitzt? Sie müssen fortwährend Enttäuschungen erfahren, wenn
Sie erwarten, das alte Verhältnis zu finden, aber warum freuen
Sie sich nicht auf das Neue, das beginnen wird, wenn Clara
Westhoffs neue Einsamkeit einmal die Tore auftut, um Sie zu
empfangen? Auch ich stehe still und voll tiefen Vertrauens vor
den Toren dieser Einsamkeit, weil ich für die höchste Aufgabe
einer Verbindung zweier Menschen diese halte: dass einer dem
anderen seine Einsamkeit bewache. (…)

Denken Sie daran, wie Sie Clara Westhoff kennen lernten:
da wartete Ihre Liebe geduldig auf ein aufgehendes Tor, dieselbe
Liebe, die jetzt ungeduldig an die Wände pocht, hinter denen
Dinge sich vollziehen, die wir nicht kennen, die ich ebenso
wenig kenne wie Sie.

Clara Rilke an Paula Modersohn, Westerwede, 17. Februar 1902:

Ich zögere lange, Ihnen auf Ihren Brief zu antworten, weil ich
das Gefühl habe, dass, – welche Antwort ich Ihnen auch geben
werde – sie von Ihnen missverstanden werden wird. Und das
Gefühl ist wohl nicht unberechtigt, da Sie mich – wie Ihr Brief
zeigt – überhaupt augenblicklich sehr missverstehen.

Und welche Antwort soll ich Ihnen geben auf alle Vorwürfe,
wenn Sie nicht eine finden in meinem Leben selbst?

Haben nicht unsere Gemeinsamkeiten immer gerade darin ge-
wurzelt, dass wir uns gegenseitig gewähren ließen und allein lie-
ßen? Werden Sie dadurch kleinmütig, dass es sich einmal nicht
um 8 Tage sondern um ein Jahr oder noch mehr handelt? –
Schien es Ihnen wünschenswert, dass ich so bliebe wie früher? –

Das will ich Ihnen sagen, ich war meiner Kunst noch nie so
nahe wie jetzt – ich habe noch nie so ungeteilt – wie ich jetzt
beginne es zu tun – ihr gehört, ich war noch nie so nahe und

ungestört bei mir selbst. – Und haben Sie nie gefühlt, dass das die heiße und große Sehnsucht war all' der Jahre, die Sie mich kannten: die Sehnsucht so zu leben, dass ein Einklang kommen müsste mit mir und meiner Kunst?

Ich mag nicht von ihr reden, um mich gegen Vorwürfe zu verteidigen, ich mag auch nicht von ihr reden, damit Sie mich wieder missverstehen. Und fast bin ich gezwungen zu glauben, dass Sie mich auch früher missverstanden haben. Sie haben bei mir nicht gesehen, dass ich mit großer Sehnsucht und großer Sicherheit auf meine Kunst zugehe und nur auf sie.

Man konnte es auch wohl nicht sehen, denn ich selbst wusste es nicht immer klar – Und nun glauben Sie deshalb auch jetzt nicht daran. Und glauben nicht – wenn Sie durchaus von meiner Gemeinsamkeit mit Rainer Maria Rilke reden wollen – dass sie dazu da ist auf unsere Kunst zuzugehen, geradenwegs nur auf unsere Kunst und dass sie das allein will und da herausgeboren ist? Dass sie mich frei gemacht hat, allein sein zu können, einsam sein zu können, darum zürnen Sie ihr? O, wie können Sie denn glauben, dass Sie es gut mit mir meinen.

Ich weiß wohl, was ich jetzt lebe und wie ernst es ist, was ich lebe – und darum lebe ich es so. Ich bin nicht in Traum oder in Trunkenheit.

Warten Sie mit mir, bis wir wieder einmal einen Millynachmittag haben oder einen gemeinsamen Mußetag zwischen vielen Arbeitstagen. Aber lassen Sie das von etwas anderem bestimmen, wann das sein soll, als von unserer Überlegung, lassen Sie es geschehen, lassen Sie es sich geschehen von einem Etwas, das weiser ist als wir und irgendwo tief in uns wohnt, das besser unsere Zeit kennt, als wir und auf das wir horchen müssen, wenn wir leben wollen.

•

Der Mai hat mit kühlen Tagen begonnen. Inzwischen ist es plötzlich ganz heiß geworden, so heiß, dass Clara ihre Arbeit in der Werkstatt unterbrechen muss. Draußen ist es wunderschön. Der Flieder und die Obstbäume blühen, die kerzengeraden Dolden der großen Kastanie vor dem Haus leuchten genauso weiß in der Frühlingssonne wie die Stämme der zart grünenden Birken entlang der Alleen.

Doch die Temperaturen! Rilke beginnt es unter dem Dach des niedrigen Bauernhauses zu stickig zu werden. *Diese Hitze!*, klagt er in seinen Briefen an die Mutter. Wie sehr er ein kühles Zimmer herbeisehnt, und von Tag zu Tag wächst seine innere Unruhe, wird das Bedürfnis nach einem Tapetenwechsel dringlicher.

Seine Monografie über die Worpsweder Künstlerkolonie mit den Essays über Fritz Mackensen, Otto Modersohn, Fritz Overbeck, Hans am Ende und Heinrich Vogeler ist in diesen Tagen fertig geworden. Eigentlich ein guter Zeitpunkt für einen vorübergehenden Ortswechsel.

Wie mag es wohl Prinz Emil von Schönaich-Carolath gehen? Hatte er Rilke nach seinem Besuch mit Clara im vergangenen Jahr nicht auf sein Schloss Haseldorf eingeladen und beim Abschied gesagt, er, Rilke, könne gerne eine Zeitlang bei ihm wohnen und ungestört arbeiten? Das wäre es doch! Ein stilles Arbeitszimmer in einem Schloss! Im Schatten mächtiger Bäume in einem großen Park gelegen, mit antiken Möbeln und Ahnenporträts gefüllt, von freundlichen Menschen geführt und Hunden bewacht.

Am 30. Mai 1902 lässt Rilke vorübergehend Frau und Kind im Westerweder Bauernhaus zurück und übersiedelt auf den aristokratischen Familiensitz derer von Schönaich-Carolath. Dort ist er ganz sich selbst überlassen und kann noch einmal in Ruhe seine neue Gedichtsammlung »Das Buch der Bilder«

überarbeiten. Die Publikation erscheint im Juli 1902 im Verlag von Axel Juncker mit einer Vignette von Heinrich Vogeler. Die Einnahmen dafür helfen, die finanzielle Situation der kleinen Familie ein wenig zu stabilisieren.

Clara Rilke hatte bereits im Frühjahr 1902 Fotografien ihrer neuesten Arbeiten an Auguste Rodin nach Paris geschickt, darunter die im Sommer 1901 entstandene Gipsfassung ihres Porträts von Rainer Maria Rilke. »Clara Westhoff / portrait de mon mari R.M. Rilke« hatte sie es signiert und Rodin um seinen Kommentar gebeten. Doch bisher war eine Reaktion ausgeblieben.

Es wird Ende Juni, Rilke ist noch in Haseldorf, und da er Rodin wegen des geplanten Essays sowieso schreiben und ihm dringend seinen Besuch in Paris ankündigen muss, hat er keine Scheu, bei dieser Gelegenheit kurz zu erwähnen, dass Clara immer noch auf eine Antwort von ihm wartet: *Sie sandte Ihnen (vor zwei Monaten) Proben ihrer neuen Arbeiten sowie einen Brief, der ihr sehr am Herzen lag, und wartet jetzt (…) angstvoll und ungeduldig (…) auf ein einziges Wort von Ihnen, auf Ihre Ratschläge, die für sie so wichtig sind und über Ihre Zukunft entscheiden werden.*

Rodin erwidert Rilkes Brief postwendend und sehr freundlich am 2. Juli 1902 und dankt seiner ehemaligen Schülerin, *Madame Rilke*, für ihre Grüße:

Ihre Frau und Sie, lieber Herr, haben mir je einen Brief geschickt.

Ihre Frau hat eine Photographie Ihres Porträts geschickt, gut! und zahlreiche Skizzen, gut!

Ein Maskenporträt, sehr gut!

Ihre Frau ist eine Bildhauerin, ich kann es mit Freuden bestätigen.

Beharrlichkeit und Arbeit, immer vor der Natur, und manch-
mal das Gedächtnis, wenn man sich die Natur vergegenwärtigt,
nie bloße Vorstellung.

Ich bin erkenntlich für das Gedenken von Frau Clara West-
hoff und schicke meine herzliche Verehrung.

Ich freue mich, dass Sie eine Studie über mich machen. Sie
wird größere Vollständigkeit haben, wenn Sie in den Herbst-
monaten nach Paris kommen. Im Monat Oktober werde ich
wahrscheinlich nicht hier sein, aber im September und Novem-
ber.

Rilke dankt dem *erlauchten Meister* auf der Stelle, sein
Schreiben verfasst er in fließendem Französisch. *Ich fahre in*
diesen Tagen nach Worpswede und werde meiner Frau Ihren
Brief bringen, der ihr eine große Freude bereiten wird. Ausdrücklich betont er, wie sehr sie sich wünsche, in Paris, *in*
Ihrer Nähe, mein lieber Meister, zu arbeiten. V*ielleicht wird es*
Frau Clara Westhoff möglich sein, mich nach Paris zu beglei-
ten, kündigt er Rodin am 8. Juli 1902 an, dessen bildhauerisches Werk von einer *eminenten Größe und Großartigkeit* ihn
jetzt ausschließlich zu beschäftigen beginnt.

Und Clara? Hat sich *während des ganzen Winters keine ein-*
zige Stunde Erholung gegönnt und hat immer, wenn sie nicht
beim Kinde war, gearbeitet und sich geplagt. Es wird dringend
Zeit, dass sie Ferien macht. Innerhalb von zwei Tagen ist die
Entscheidung gefallen. Sie reist mit Ruth nach Egmont nahe
Amsterdam. Clara mag Holland. Doch an der Küste ist das
Klima rau, ein starker Wind fegt der kleinen Ruth den feinen
Sand in die Augen. Schon nach vier Tagen bricht sie den Auf-
enthalt ab und nimmt in einer etwas milderen Gegend Quar-
tier, auf der stillen, menschenleeren nordfriesischen Insel
Pellworm.

Als Rilke vom Aufenthalt seiner Familie auf der Insel hört, setzt er sich unverzüglich in den Zug, um sie für ein paar Tage zu besuchen, schließlich braucht man von Haseldorf nach Husum nur drei Stunden, und auch für Clara und Ruth ist es nicht weit. *Ruth fühlt sich ganz ausgezeichnet hier und wird sehr reif und klug*, berichtet er seiner Mutter aus den gemeinsamen Ferien, ehe er noch einmal in sein holsteinisches Schloss zurückkehrt. Ab Mitte Juli ist Rilke wieder in Westerwede.

Dort findet er *Clara und die liebe kleine Ruth im Besitz eines kleinen schneeweißen Zahnes mitten im Unterkiefer gesund und froh wieder* und kann der Mutter stolz berichten, dass Clara *sehr eingespannt in Arbeit* ist, seitdem sie eine Schülerin in Worpswede hat, der sie häufig Korrektur gibt, und Ruth *sehr reizend und verständig ist: Sie sieht sich alles sehr aufmerksam und genau mit ihren wunderschönen dunkelblauen, glänzenden Augen an, sitzt und spricht auf ihre Art, was sich allerliebst anhört. Sie ist ein überaus lieber Hausgenosse.*

Trotz der schwierigen Lebensumstände sind es gute Wochen in Westerwede im Hochsommer 1902.

Ruth wächst heran und entwickelt sich prächtig, Clara zeichnet viel und modelliert mehrere Büsten, darunter die von Martha Vogeler, Helmuth Westhoff und ihrer kleinen Tochter. Das Hausmädchen ist eine gute Köchin und *auch sonst brauchbar und sympathisch*, wie Rilke vermerkt.

Soeben hat er gehört, dass sein Versdrama »Die Weiße Fürstin« im September in Berlin am Modernen Theater aufgeführt werden soll. Doch vor allem beglückt ihn die Aussicht, Ende August für vier Wochen nach Paris zu reisen. Mit Feuereifer bereitet er seine Studien über Rodin vor und nimmt Konversationskurse in Bremen, um sein Französisch zu verbessern. Und er entwickelt auch schon einen Plan für die Zeit nach Paris: Bei Richard Muther in Breslau promovieren, wie er an Alfred Lichtwark schreibt, um *so rasch es geht auf den Titel zustreben, auf die Etiquette, die mich den Brotgebern begehrenswerter machen soll. Ob's hilft?*

Wenn nur der ewige Druck mit dem Geld nicht wäre. Da nützen auch die zwei Kronen nicht, die Clara in einer Reiselotterie gewinnt. Damit komme man ja nicht weiter als von Niederösterreich nach Niederösterreich, lamentiert Rilke seiner Mutter gegenüber, der die Teilnahme an dem Spiel zu verdanken ist. *Schade, dass wir nicht wirklich etwas gewonnen haben, es hätte uns allen wohlgetan.* Ebenso wohl hätte es allen getan, wenn der Bremer Senat auf das »Gesuch von Clara Westhoff (Frau Rainer Maria Rilke) um Verleihung zweier Stipendien« Ende Juli 1902 positiv reagiert hätte. Doch es wurde mit der Begründung abgelehnt, dass wegen zu geringer Mittel »bis auf weiteres zu den Senatsstipendien nur männliche Bewerber« zugelassen würden.

Als Bremer Bürgerin könne sie sich nur an ihre Heimatstadt wenden, hatte Alfred Lichtwark, Kunsthallendirektor in Hamburg, kurz zuvor Rilke gegenüber argumentiert, als dieser bei ihm anfragte, ob er sich eventuell für ein Reisestipendium starkmachen könne, das Clara einen Studienaufenthalt in der Stadt ermöglichte. Dieser sei für ihre weitere künstlerische Entwicklung unerlässlich: *Ich fühle, es steckt ein großer Künstler in ihr.*

•

Wie soll er nur die Reise nach Paris bezahlen? Diese Frage quält Rilke. Im äußersten Notfall müsste er seine Mutter um eine *kleine Anleihe* bitten. Doch so weit will er es gar nicht kommen lassen, schließlich steht noch ein Honorar aus, das er aus Wien erwartet. Die Verzögerung kann er sich nur so erklären, *dass der Chef des betreffenden Verlages in der Sommerfrische ist, und die Auszahlung bis zu seiner Rückkehr verschoben wird.* Es wird noch dauern mit dem Geld. Egal.

Nun können Sie ermessen, wie glücklich ich bin, am 1. September nach Paris zu kommen, schreibt Rilke am 1. August 1902 an Auguste Rodin. Seine Frau habe ebenfalls vor, *sich im Herbst für mehrere Jahre in Paris niederzulassen,* fährt er fort, wage diesen Schritt jedoch nicht zu tun, ohne sich seiner, Rodins, vorheriger Zustimmung zu versichern. Schließlich müsse sie vieles dafür aufgeben:

Die Worte, die Sie mir über ihre Arbeiten geschrieben haben, diese Worte ernster und wahrer Ermutigung, lassen sie hoffen, dass sie in Paris, wenn sie hingebungsvoll arbeitet, eines Tages vielleicht würdig sein wird, Ihre Schülerin zu werden, was sie sich mit allen Kräften wünscht.

Mein Meister, glauben Sie, dass sie dieses, so hoch gesteckte Ziel wird erreichen können?

Bereits zehn Tage später hat Rilke Rodins Antwort in der Hand. Mit seinem Dank für die *herzliche Zuwendung, welche diejenige von Frau Clara Westhoff noch verdoppelt,* sagt der Meister seine beratende Hilfe zu: *Ja, ich könnte jeweils am Samstag Ihre Frau für die Skulptur-Entwürfe beraten, die sie mir zeigt. Sie müssen alle klein sein, kleine Hände, kleine Füße, kleine Skizzen. Denn auf diese Weise kommt man noch zu zahlreicheren Studien.*

Er schreibe demnächst ein kleines Buch über das Werk von Rodin und freue sich sehr auf diese Arbeit, berichtet Rilke am 19. August 1902 Gerhart Hauptmann und erzählt ihm, dass Clara ebenfalls einen längeren Aufenthalt in Paris plane. *Und nun kommt die Sorge um meine liebe junge Frau hinzu*, fährt er fort, *Sie wissen, dass sie Bildhauer ist und dass ich an ein großes Können glaube und an die Notwendigkeit ihrer Kunst. Sie hat schon einmal bei Rodin gearbeitet und geht nun mit ihrem kleinen Kinde wieder nach Paris.* Anders als den Malern biete ihr das Moor, in dem sie lebten, keinerlei Anregung für ihre bildhauerische Arbeit, sie brauche Modelle und Akte und, vor allem, die *Nähe eines Großen, der nicht lehrt und voll Rede ist; eines Beispiels, einer Hand, einer Größe, die sich rührt und lebendig ist: Rodins.*

Natürlich ist Clara Rilke hocherfreut über die positive Nachricht aus Paris. Rodin ihre Arbeiten zeigen zu können, die seit ihrer Pariser Studienzeit entstanden sind – ein Traum, der sich erfüllt. Keine Frage. Ruth, die jetzt acht Monate alt ist, wird sie mitnehmen. Einmal in Paris, würde sie es schon irgendwie schaffen.

•

Es gießt in Strömen, als Rilke an der Pariser Gare du Nord ankommt. Eben noch die wärmende Nähe von Frau und Kind unter dem efeuüberwucherten Dach der eigenen Kate in Westerwede und jetzt ein recht scheußlicher Raum im vierten Stock eines Großstadthauses im Quartier Latin am linken Seine-Ufer.

Den Tipp, in die Rue Toullier zu ziehen, ganz nahe beim Luxemburg-Garten, hatte ihm Arthur Holitscher gegeben, sein Prager Schriftstellerfreund.

Dass Deine Briefe so rasch zu mir kommen: ich kann Dir nicht sagen, wie mich das freut, schreibt Rilke in seinem ersten Gruß an Clara am 31. August 1902. *Ich danke Dir und denke und lebe nahe bei Dir Tag um Tag. – Es ist ein Sonntag. Es reg-*

net, *langsam, leise und herbstlich. Auf den Boulevards werden schon große Haufen nasser welker Blätter zusammen gekehrt: wir sind diesmal um allen Sommer betrogen worden.*

Er beginne, seine *stille Stube, einsam und also nahe bei Dir* allmählich zu mögen, habe für den silbernen Leuchter auf dem Kamin Kerzen gekauft und bei den Wirtsleuten eine Lampe bestellt. Denn *abends werden meine Stunden sein.* Lesen, Notizen schreiben, nachdenken. *Ruhe, Einsamkeit: alles, wonach ich mich sehnte.*

Weißt Du, wo ich eben war? Clara hatte ihrem Mann genau beschrieben, wo sich das Grand-Hôtel de la Haute Loire befand, in dem sie zu Beginn ihrer Pariser Zeit vor zwei Jahren zusammen mit Paula gewohnt hatte, und er folgte ihren Spuren auf langen Spaziergängen durch die große fremde Stadt:

Mich ängstigen die vielen Hospitäler, die hier überall sind. Ich verstehe, warum sie bei Verlaine, bei Baudelaire und Mallarmé immerfort vorkommen. Man sieht Kranke, die hingehen oder hinfahren, in allen Straßen. (...) Man fühlt auf einmal, dass es in dieser weiten Stadt Heere von Kranken gibt, Armeen von Sterbenden, Völker von Toten.

Rilkes Eindruck von Paris als einer Stadt des Todes, wie er sie in seinem Buch »Die Aufzeichnungen des Malte Laurids Brigge« schildert, mit dem er 1904 in Rom beginnt.

Schon am 2. September 1902 kann er Clara Rilke in Westerwede melden:

Gestern, Montag nachmittag 3 Uhr, war ich zuerst bei Rodin. Atelier Rue de l'Université 182. Bin auf der Seine hingefahren. Er hatte Modell. Ein Mädchen, hatte ein kleines Gipsding in der Hand, an dem er herumkratzte. Er ließ die Arbeit im Stich, bot mir einen Sessel an, und wir sprachen. Er war gut und mild. Und mir war, als kennte ich ihn immer schon.

Vom Bahnhof Montparnasse bis nach Meudon im Südwesten von Paris braucht der Zug kaum mehr als zwanzig Minuten. Ungeduldig, Rodin wiederzusehen, macht sich Rilke schon einen Tag nach seiner ersten persönlichen Begegnung auf den Weg zu ihm in sein Atelierhaus.

Die »Villa des Brillants« ist ein schlichtes Gebäude aus rotem und gelbem Backstein, auf das eine lange, gekieste Kastanienallee führt. Durch eine kleine hölzerne Pforte kommt man in den großflächigen Garten, in dem sich angeschlagene Abgüsse, Arme und Beine aus Gips oder Stein und Scherben verteilen. Und mittendrin steht der große Pavillon von der Place de l'Alma, den Rodin für die Weltausstellung bauen und dann hierherbringen ließ, gefüllt mit *weißen, blendenden Figuren, die aus den vielen hohen Glastüren hinaussehen wie die Bevölkerung eines Aquariums.*

Ab jetzt ist Rilke fast täglich bei Rodin. Mal trifft er ihn in Meudon, dann wieder in der Rue de l'Université, und vertieft sich in das Œuvre *dieses einsamen Mannes, der so gut und mild und ernst ist und nur die Arbeit kennt, die große, strenge, rastlose Arbeit.*

Rodin ging von der Vorstellung aus, dass jede Kunst neben handwerklichem Können diszipliniertes und konzentriertes Arbeiten voraussetze, und lehnte das stimmungsabhängige Warten auf Inspiration und Eingebung ab: »Il faut travailler, rien que travailler, et il faut avoir patience.« Arbeiten. Immer weiterarbeiten und Geduld haben. Das war es, was Rodin dem jungen deutschen Dichter empfahl, der sich dem Älteren als Mentor überraschend schnell anvertraute: Dass man sich entscheiden müsse. Entweder das eine oder das andere. Weder rechts noch links schauen, alles dem einen opfern, der Arbeit.

Meine Liebe, Gute, wie gerne möchte ich Ruth sehen in ihren kleinen hellbraunen Lederschuhen. Es ist der 5. September 1902. *Ich habe manchmal so große Sehnsucht nach ihr! Und dass Du nun ganz lange Nächte hast, das wird Dir gut tun und wird Dir Ruhe und Kraft bringen zu allem.*

Manchmal packt Rilke starkes Heimweh. Sich seiner Verantwortung Clara und Ruth gegenüber durchaus bewusst, doch selbst ratlos angesichts der komplizierten familiären Situation, sucht er fachliche Hilfe bei einer Frau, die er zwar noch nicht persönlich, aber schon durch ihre Arbeit kennt.

Ob er sie um Rat bitten dürfe?, fragt Rilke brieflich bei Ellen Key an. Die berühmte schwedische Frauenrechtlerin und Pädagogin war die Autorin des Buches »Das Jahrhundert des Kindes«, das 1901 erschienen war. Rilke hatte es kurz vor seiner Abreise nach Paris rezensiert. Ellen Key müsse doch wissen, wie der Konflikt zu lösen sei, mit dem sich die 23-jährige Clara konfrontiert sah.

Sie muß nach Paris, wo sie das Glück haben wird, unter Rodins Rat zu arbeiten, schreibt Rilke an Ellen Key. Seit der Geburt ihrer Tochter seien inzwischen Monate vergangen, Clara stille nicht mehr und müsse sich nun wieder um ihre Bildhauerei kümmern. In der Mooreinsamkeit gebe es für sie keine Weiterentwicklung. *Natürlich wollte sie unsere liebe Ruth mitnehmen; ein Gedanke an Trennung von ihrem Kinde kam ihr nie.* Doch bei genauerer Überlegung müssten sie sich fragen, wie ein Parisaufenthalt mit Kind überhaupt zu finanzieren sei: *Ich kann ihr nicht helfen; meine Bücher und meine Dramen tragen nichts… Sie wird nur ein kleines Atelier mieten können, und wie soll es da mit dem Kinde sein?*

KAPITEL VII

Arbeiten, wie wir noch nie gearbeitet haben

WORPSWEDE – PARIS – ROM 1902–1904

> *Es war die große Traurigkeit,*
> *dass eine Seele immer allein ist.*
> *Jeder Glaube an Verschmelzung*
> *zwischen Seele und Seele war eine Lüge.*
> Jens Peter Jacobsen

Wer die Bildhauerin in diesen Wochen des Spätsommers 1902 sieht, ist erschrocken.

Heute Morgen traf ich Frau Rilke, notiert Otto Modersohn, auf den die sorgenvollen Erzählungen der 24-jährigen *düster* wirken. *Wie ein schlimmes Buch,* notiert er. *Er in Paris bei Rodin – sie geht in vierzehn Tagen; wenn sie Geld hat. Kind zu den Eltern nach Oberneuland. Zukunft ganz ungewiss. Haus bis zum Frühjahr vermieten, dann kündigen sie. Möbel wollen sie verkaufen. (...) Wie schrecklich. Erst zu heiraten, Kind zu haben und dann an den Brot bringenden Beruf zu denken! Immer in Not zu sitzen.*

Alle Bemühungen, alle Bettelbriefe, nichts hat den Rilkes geholfen, eine bürgerliche Existenz aufzubauen.

Gott, Sie wissen ja, was mit uns geworden ist, Sie sehen, wie alles, was wir versucht haben, misslungen ist. Sie haben es nahe an uns, fast mit uns erlebt, und so muss ich Ihnen gar nichts sagen, lieber Freund, bekennt Rilke am 17. September Heinrich und Martha Vogeler gegenüber und bittet sie, seiner Frau in dieser schmerzlichen Situation den Rücken zu stärken: *Raten Sie Clara Westhoff und helfen Sie ihr mit Ihrem Dasein und Beistehn in den Tagen, wenn sie anfangen wird, ohne unsere liebe Ruth, im zerstörten Haus zu wohnen … Die Ferne nimmt diesen Tagen nichts an Schwere ab, – ich fühle alles, leide alles und hoffe fast nichts.*

Wie ein roter Faden durchzieht ein existenzielles Unsicherheits- und Angstgefühl Clara Rilkes Dasein, und trotz der freundschaftlichen Unterstützung von Martha und Heinrich Vogeler ist sie sehr allein. Sorgen um das Wohl und die Zukunft ihrer kleinen Tochter quälen sie, und der Gedanke, das Kind zurücklassen zu müssen, ist unvorstellbar. In jedem Fall möchte sie nicht, dass Ruth dabei ist, wenn sie das lieb gewonnene Westerweder Zuhause auflöst. Darum bittet Clara ihre Mutter, sie in ihre Obhut zu nehmen. Johanna Westhoff ist eine temperamentvolle Frau, lebenslustig, begeisterungsfähig und warmherzig. Sie und ihr Mann haben kürzlich das Haus in der Stadt verkauft und leben inzwischen ganz in Oberneuland, auch während des Winters.

Clara Rilke packt Bücher, Bilder, Geschirr, ihre Gipsköpfe und Bronzefiguren in große Kisten. Alle Möbel, die nicht unter dem elterlichen Dach oder bei Heinrich und Martha Vogeler auf dem Barkenhoff Platz finden können, lässt sie zu einer Auktion nach Worpswede bringen. *Wir werden nicht so bald ein Heim haben wieder,* notierte Rilke in der Ferne.

Doch war es nicht so, dass Westerwede beiden Künstlern schon seit langem keinen wirklichen Hintergrund mehr bot und weder er noch sie sich in der Abgeschiedenheit künstlerisch entfalten konnten? Stand nicht die Frage im Raum, ob es nicht auch für Clara sinnvoller sei, *fort zu gehen, irgendwohin, wo sie nur ihrer Arbeit gehören darf, ohne rechts oder links zu sehen,* wie Rilke formulierte.

Noch hatte Rodin seine Schülerin in guter Erinnerung. Er interessierte sich für ihr künstlerisches Fortkommen. Was konnte ihr also Besseres passieren, als sich in seiner Nähe weiterzuentwickeln? Paris war doch wirklich der einzige Weg. *Komm!,* schrieb Rilke an seine Frau. *Du musst ein Atelier haben, sonst nichts.*

Doch ohne finanzielle Hilfe war an eine Reise nach Paris gar nicht zu denken. Ihren Vater wiederholt darum zu bitten, widerstrebte ihr, und so erwies sich das Angebot eines kunstsinnigen Bremer Anwalts und Westhoff'schen Freundes als segensreich, im Bekanntenkreis zu einer Spende für sie aufzurufen. Eine *kleine private Unterstützung* habe es seiner Frau erlaubt, nach Paris zu kommen, schrieb Rilke Anfang November an Alfred Lichtwark nach Hamburg und wies ihn darauf hin, dass sie in der Galerie Commeter gerade einige ihrer Plastiken ausstelle. Neben seiner Büste von 1901 die »Frau mit Kind« und das Porträt Heinrich Vogelers.

Trotz der schmerzhaften Trennung von Ruth, doch sich gewiss, dass es ihrer Tochter bei den Großeltern in Oberneuland gut gehen würde, hatte Clara Rilke um den 3. Oktober 1902 den Nachtexpress Bremen–Paris bestiegen.

Kurz vor ihrer Ankunft war Rilke von der Rue Toullier in die wesentlich freundlichere Rue de l'Abbé de l'Epée übersiedelt, wo er ein Zimmer im fünften und Clara eine Mansarde unter dem Dach im sechsten Stock bezog. Mehr als einen Schlafplatz boten die winzigen Räume nicht, darum musste

Clara in der nicht weit entfernten Rue Leclerc zusätzlich noch ein Atelier mieten, das Rilke ihr einrichten half. *Meine Frau ist nun auch hier, hat ein Atelier, arbeitet, ohne aufzuschauen,* schreibt er an seinen Verleger Axel Juncker am 10. November 1902.

Der Tagesablauf, den sie sich auferlegt, ist straff organisiert. Frühes Aufstehen, gemeinsames Frühstück mit ihrem Mann, um acht Uhr bricht sie in ihr Atelier auf. Berufliche Korrespondenzen mit Galerien und Ausstellungsmachern in Hamburg, Hannover, Bremen und Dresden. Häufig bleibt sie bis neun, zehn Uhr abends in der Rue Leclerc. Man könne sehen, schreibt Rilke, wie sehr sie ihre Arbeit gebraucht habe, *und jetzt braucht sie sie doppelt, um den großen Schmerz der Trennung von Ruth zu betäuben.*

Nur am Sonntag nimmt sich das Künstlerpaar Zeit für gemeinsame Unternehmungen, ansonsten gilt: *Unser Plan ist, zu arbeiten, wie wir noch nie gearbeitet haben.*

Paris wirkt bedrückend auf beide. Das Gefühl, ohne Ruth und in der Fremde heimatlos zu sein, scheint nahezu unerträglich. *Clara ist den ganzen Tag im Atelier und ich komme nicht vom Schreibtisch fort.* Dennoch nimmt Rilke sich Zeit für lange Aufenthalte in der Nationalbibliothek, wo er sich mit den französischen Symbolisten beschäftigt. Außerdem begleitet er seine Frau mehrfach zu den Anatomiekursen, die sie an der staatlichen Kunstschule École des Beaux-Arts belegt hat. Seine Beobachtungen dort, von der unerträglichen Fülle im überhitzten Vorlesungssaal bis zur männlichen Leiche, die auf einem Schemel *sitzen muss mit dem nackten, kalten Körper und dem schwarzen Gesicht,* verstärken abermals seinen Eindruck von der französischen Hauptstadt als einer Stadt des Todes.

Doch im Zentrum seines Denkens steht in diesen Monaten in Paris das *Sonnensystem* Rodin. So lässt Rilke Heinrich Vogeler wissen: *Rodin ist sehr groß, und sehr seinem Werke ähnlich, das alle, alle Erwartungen übertrifft. Es ist eine Welt, um welche Sonne, Erde und alle Sterne kreisen: ein neues Sonnensystem.*

•

Bei einem seiner jüngsten Besuche Rodins in seinem Atelier in Meudon war Rilke aufgefallen, dass dort viele Bilder von Eugène Carrière hingen, wohl insgesamt neun. Interessant!, hatte er Rodin gegenüber bemerkt, den seit den achtziger Jahren eine Freundschaft mit Carrière verband. Für ihn war der französische Symbolist einer der bedeutendsten Maler und Lithografen seiner Zeit, er hatte ihm sogar die Gestaltung seines Plakates für die Weltausstellung anvertraut. Carrière wiederum gefiel die emotionale Intensität der Rodin'schen Plastik.

Es würde ihn reizen, sich näher mit Carrière zu beschäftigen und ein Buch über ihn zu schreiben, wenn er das nächste Mal in Paris sei, vertraut Rilke seiner Frau an und erwähnt in diesem Zusammenhang den italienischen Bildhauer Medardo Rosso, der ein enger Freund von Carrière war. In Paris bezeichnete man Rosso als »Carrière der Plastik«, weil er mit seinen Köpfen und Figuren aus Wachs, Bronze, Ton und Gips, ähnlich wie Carrière mit seinen elegischen Bildern, die Mauer der Materialität überwinden und dahinter die psychisch-physische Substanz und Energie des Lebens sichtbar machen wollte.

Wir lesen die schlechte Brochure, die Rodin mit Medardo Rosso zusammenbringen will, notiert Rilke kritisch am 15. November 1902 nach der Lektüre des Aufsatzes »De l'impressionisme en sculpture. Auguste Rodin et Medardo Rosso« von Edmond Claris. Der Beitrag war kürzlich in der Pariser »Nouvelle Revue« erschienen, es ging darin um die Rivalität zwischen den beiden Bildhauern.

Waren Clara Rilke die Skulpturen des zwanzig Jahre älteren Medardo Rosso während ihrer mehrfachen Besuche der Weltausstellung 1900 ins Auge gesprungen? Hat sie Rodin jemals auf den italienischen Bildhauer-Kollegen angesprochen, der in Rodins »Balsac«-Skulptur Anleihen an sein Werk sah und daraufhin mit dem Franzosen brach?

Ihre Aufzeichnungen, soweit sie einzusehen sind, geben keine Hinweise auf eine Auseinandersetzung mit dem umfangreichen Werk des impressionistischen Wachs-Plastikers, das erstmals im Frühjahr 1902 im Berliner Kunstsalon Keller & Reiner und anschließend im Kunstgewerbemuseum in Leipzig gezeigt wurde und ihn in Deutschland bekannt machte.

Ende Dezember 1902 hat Rilke nach viermonatiger Arbeit sein Buch über Rodin abgeschlossen und schickt es an den Verlag. Prompt verschlimmert sich sein gesundheitlicher Zustand erneut, innere Unruhe wechselt mit latenten Ängsten. Weihnachten naht, und der Gedanke an das Fest vor einem Jahr, das sie gemeinsam mit der nur wenige Wochen alten Ruth in Westerwede verbrachten, stimmt Rainer Maria und Clara Rilke wehmütig.

Am 21. Dezember 1902 schreibt Rilke an seine Mutter.

Diese Weihnachten werden wir für uns nicht ohne Traurigkeit sein. Wir feiern sie gar nicht, wir leben so weiter wie bisher, erholen uns nur vielleicht zwei, drei Tage ein wenig und denken noch mehr als sonst nach Oberneuland. Dorthin haben wir eine kleine Kiste mit meist praktischen Kleinigkeiten ge-

sandt und Mama Westhoff muss das Übrige tun, Ruth ein gutes
Weihnachten zu schaffen, und alle Wünsche zu erfüllen, die sie
in ihrem kleinen Gesicht irgendwie ablesen kann

•

Clara Rilke hat den Ehrgeiz, Auguste Rodin jedes Mal eine
neue Arbeit von sich mitzubringen, wenn sie in die Rue de
l'Université geht, und das ist in der Regel am Samstagnachmittag während der offiziellen Besuchsstunde.

Seine Korrekturen regen sie zu weiteren bildhauerischen
Studien an, und ihre Aufenthalte in Meudon ermöglichen ihr
vorübergehend gedankliches Abschalten und physische Erholung. *Wenn ich daran denke, wie es einem zumute war, wenn*
man aus Paris hinausfuhr und in Meudon ankam, schilderte
die Künstlerin rückblickend ihr *befreites Gefühl*, sobald sie in
dem Rodin'schen Ateliergarten spazieren gehen konnte. *Der*
grüne Rasen lud wie zu Kinderspielen ein und inmitten eines
sanften kleinen Tales stand ein antiker Torso in der Sonne.

Die Nähe Rodins bringe sie nicht in Verlegenheit, sondern
gebe ihrem *Versuchen und Werden und Wachsen eine gewisse*
Sicherheit und Stille, schreibt Rilke am 29. Januar 1903 an
Ellen Key und betont, dass es Clara gut tue, in Paris zu sein;
das Leben hat seine Form gefunden, es hat viele gleichmäßige
Alltage und seine Feiertage sind bezeichnet durch die Briefe, die
uns von unserem lieben Kind erzählen.

Seit Monaten habe Clara nun schon ein Atelier, wo sie alle
ihre Tage verbringe bis *zur Dämmerung, immer am Werke,*
das langsam aufwächst und von dem ihr als Ruhe wiederkehrt
alles was sie als Bangheit und Beschwerde daran setzt. Noch
am selben Tag adressiert er einen Brief an Paula Modersohn
nach Worpswede. Darin bittet er um Entschuldigung für das

lange Schweigen seiner Frau, die sich täglich vornehme, ihr, der Freundin, zu schreiben, doch sei sie *am Anbeginn wichtiger Arbeiten, in einer Zeit, wo ihre Hände nicht auf die Bewegung des Schreibens eingestellt sind,* und es dauere vermutlich noch eine Weile, bis Clara die Muße für einen Gruß an sie finde.

Doch sie, Paula, plane, nach Paris zu kommen? Wohlmöglich schon ganz bald? Er müsse ihr sagen, wie sehr diese Nachricht ihn und seine Frau beglücke. *Kommen Sie! Clara Westhoff freut sich auf Sie!,* schreibt Rilke und betont, wie häufig sie beide an alles gemeinsam Erlebte dächten:

Ich bitte Sie, Ihnen schreiben zu dürfen, nicht viel, nur einige Worte, die immer und immer schon gesagt, geschrieben, anvertraut sein wollen.

Diese Worte: Bitte, versuchen Sie allen Unwillen, alles Misstrauen und alle Fremdheit gegen uns abzutun; wir leiden darunter, wir litten darunter vom ersten Augenblick an, seit dieses Missverstehen sich zwischen uns ausbreitete, dass nur immer mehr und mehr ungewachsen ist, wir sind die Schuld daran; denn wir haben es wachsen lassen, – oder vielmehr: i c h bin schuldig, ich klage mich an, wie Sie es längst getan haben.

In mir liegt die Ursache, dass Ihr Verhältnis zu Clara Westhoff an Klarheit und Einfachheit verlor, dass es kompliziert wurde: denn ich war es, der diesen Ihnen nahen und lieben Menschen mit einem neuen Leben, mit Sorgen und mit vielem Druck belud, der ihm fremd gewesen war. Sie hatten gleich am Anfang das Gefühl, dass wir uns zurückzögen, aber wir wurden nur durch Hindernisse und Bangigkeiten, die aufstanden, zurückgedrängt von allen bisherigen Verhältnissen. Vergessen Sie nicht, dass, zugleich mit unserer Gemeinsamkeit, für uns große Sorgen begannen die wir mit niemandem teilen k o n n t e n;

wenn Sie den Verlauf unserer Westerweder Zeit übersehen
und die Tatsache betrachten, auf deren Schwere wir immer
zugingen, können Sie sich nicht denken, dass unser Bedürf-
nis nach Alleinsein bis ins Unsagbare gewachsen war, dass
wir unsere Zeit, die über kleinen Sorgen sich zerstreute, für
uns ganz ersparen mussten, um sie nicht überhaupt verloren
zu geben?

Clara Rilke aus Paris an Paula Modersohn nach Worpswede,
undatiert, wohl am 4. Februar 1903:

wie Rainer Maria es Ihnen ankündigte wollte ich Ihnen
schreiben in all' diesen Tagen, weil ich gehört habe, dass Sie
kommen und mich darauf freue. Aber ich kann schlecht
schreiben jetzt. Ich bin in der Arbeit – nicht in einer großen,
die große und kühne Dinge tut, sondern in einer kleinen, müh-
samen, täglichen, die langsam aber Schritt für Schritt geht, die
allen täglichen Mut, Gedanken und Kräfte braucht. Und da-
rum muss ich sie alle sammeln und um mich haben und jeden
Augenblick am Werke. – Il faut toujours travailler – dieses tou-
jours, das ist es, was ich lerne, aber es braucht alle Gedanken,
fast noch mehr als die Hände. Darum kann ich jetzt nicht viel
schreiben, alle menschlichen Dinge müssen zurückstehen vor
dieser einen Wichtigkeit. – Vielleicht sind Sie ja auch schon un-
terwegs oder schon hier – dann möchte ich Ihnen nur sagen,
dass ich mich sehr auf unser baldiges Wiedersehen freue und
auf künftige Gemeinsamkeiten. Falls wir Ihnen betreffs Woh-
nung irgendeinen Gefallen tun können, so schreiben Sie uns
doch rechtzeitig.

Clara Rilke aus Paris an Paula und Otto Modersohn nach
Worpswede, 10. Februar 1903:

Nun sende ich Ihnen schon wieder Grüße aus Paris – und das
ist ganz wirklich und wahr und keine Fantasie. Mir scheint
das selbst manchmal nicht ganz sicher, obgleich es doch so
unwiderleglich wirklich ist und so sehr deutlich fühlbar. Von
Worpswede habe ich nicht Abschied genommen – ich habe
nur leise unser liebes stilles Haus zerstört und bin an die Ar-
beit gegangen. Das war es was ich tun musste und so tat ich es
so schnell und so leise als möglich. – Und nun, da ich es wie-
der still werden fühle um mich, nach allen Umstürzen, nun
bin ich schon an der Arbeit – nun hat sie mich schon ganz.
So wollte ich es. – Und nun wird es eine gute Zeit für mich
werden, vielleicht die erste so gute Zeit, – das fühle ich täg-
lich. Paris mit all seinen täglichen, wechselnden Eindrücken
ist für mich ganz dasselbe geblieben, das es mir damals war.
Ebenso fremd und ebenso unheimlich lebt es um mich, wenn
sich nicht diese Eindrücke noch verstärkt haben gegen früher,
weil ich sie noch intensiver lebe, ebenso allein läßt es mich,
als mich die Vorstellung eines Worpsweder Himmels mit vie-
len großen Sehnsüchten erfüllte. Und doch ist alles anders
weil ich dem allen heute mehr entgegenzusetzen habe   heute
habe ich meine Arbeit, damals hatte ich sie noch nicht. Ich
brauche mich nicht so sehr nach fernen Himmeln zu sehnen,
weil ich sie gleichsam alle nahe haben kann in meiner stillen
grauen Klause, die nur vier Wände hat und ein hohes Fenster.
Paris ist ganz das alte, das werden Sie auch fühlen, Paula Mo-
dersohn, wenn Sie wieder eine Zeitlang hier verbringen wer-
den – wie man einfach alte Gewohnheiten wieder aufnehmen
kann, als hätte man sie gar nicht unterbrochen. (...) Auch alle
Gesichter scheinen einem dieselben in den Restaurants und
auf der Straße – nur bei Colarossi ist statt Angelo ein jun-
ger und ganz reiner Türhüter, überhaupt ist es dort ganz rein
und ordentlich und statt der tropfenden Lampen elektrisches

Licht. Das kommt, weil Colarossi nicht mehr da ist, weil er vieler Schulden wegen seinen Namen verkauft hat und jetzt nebenan mit gelben Handschuhen und schaurigem Lächeln Zeichner und Maler empfängt unter dem Namen: Académie de la Grande Chaumière. Und da gibt es auch elektrisches Licht und noch viel mehr wahrscheinlich. Aber ich lasse mich nicht verlocken und gehe nach wie vor in das dunkle altbekannte Loch und bin dort sehr zufrieden. – Etwas gibt es, das übertrifft an Schönheit alle Erwartungen, das sind die seltsamen Herbstabende im Jardin du Luxembourg an dem grauen Wasser, auf dem die Kinder große bunte Segelschiffe langsam von einem Rand zum anderen ziehen lassen. Und die großen goldenen Alleen in den Parks von Versailles und St. Cloud. Die standen an manchem Abend so still in ihrer großen Festlichkeit, nur manchmal kam es wie ein leises Atemholen, dann trieben einige Blätter leicht gehoben zur Erde – so wie in einem verschneiten Wald manchmal ein leichter Wind in die Schneelast greift, so dass von seiner Berührung ein wenig Schnee von den Zweigen sich hebt und herabsinkt, dass sich die Zweige leise rühren und dann ist alles wieder still. Da geht man auf allen Wegen durch braunes raschelndes Laub und manche Bäume, die nur noch wenig Blätter haben, halten diese wie ein köstliches Gewebe, zart zusammenhängend vor das Gold des Abendhimmels. Diese Parks sind mir erst jetzt in ihrer ganzen Schönheit aufgegangen, ich hatte bisher noch wenig davon gesehen. Diese Treppen wie Berge, die gerade in den Himmel führen in Versailles, die hatte ich früher gar nicht gesehen und in St. Cloud kannte ich das Meiste noch nicht. – Aber es kommt ja auch noch hinzu, dass diese Herbsttage über ihnen sind, die mir an Köstlichkeit, die des Frühlings noch weit zu übertreffen scheinen.

So habe ich Ihnen nun von Paris erzählt, wie mag es wohl bei

*Ihnen aussehen? Wie schön muss dieser Herbst geworden sein,
nach all' diesen vergeblichen Sommertagen. Gewiß sind Sie sehr
bei der Arbeit und im Atelier wächst die Welt.*

Trotz der Verstimmungen – die langen Briefe aus Paris bestärken Paula Modersohn in ihrem tiefen Freundschaftsge-
fühl für Clara und Rainer Maria Rilke, und sie kann es kaum
erwarten, die beiden wiederzusehen.

Ich will nun doch heute Abend zu Rilkes gehen, schreibt sie
gleich am zweiten Abend nach ihrer Ankunft in Paris an Otto
Modersohn. Es ist der 11. Februar 1903.

Doch die Begegnung verläuft nicht so, wie sie es sich erhofft hat. Das Ehepaar sei *sehr freundlich* zu ihr gewesen, wird
sie ihrem Mann mitteilen, doch die trübe Stimmung bemän-
geln und dass beide bedrückt und verängstigt wirkten. Nach
einem Gegenbesuch der Rilkes am folgenden Tag notiert sie:
*Es herrscht über diesen beiden Menschenkindern immer das-
selbe freudlose Verhängnis. Und diese Freudlosigkeit kann ansteckend wirken.* Dabei mag sie sich kaum vorstellen können,
wie stark sich das junge Ehepaar von seiner existenziellen Not
belastet fühlt, und sie weiß auch wenig über Rilkes instabile
körperliche Verfassung.

Wenn sie doch ein bisschen fröhlicher wären, klagt sie in
einem Brief vom 17. Februar an Otto Modersohn und berichtet ihm über die künstlerischen Fortschritte der Bildhauerin:
*Clara steht aber tief drin in ihrer Arbeit und müht sich sehr
ihrer Kunst von allen Seiten näher zu kommen. Ich besuchte sie
neulich in ihrem Atelier, wo sie mit großer Feinfühligkeit einen
kleinen Mädchendaumen arbeitete.* Mit welcher Hingabe sie
sich allerdings der Maxime Rodins des immerzu Arbeitens
unterwerfe und dabei offenbar ihre ganze Lebensfreude ver-
liere, wirke *überzogen,* findet sie und spöttelt: *Wie sie bei alle-*

dem vermeiden will, ein kleiner Rodin zu werden, wird sich zeigen.

Mitte Februar 1903 erscheint Rainer Maria Rilkes »Monographie einer Landschaft« mit Texten über die fünf Worpsweder Maler. Ein druckfrisches Exemplar unter dem Arm, macht er sich auf den Weg zu Paula Modersohn, die in der Rue Cassette wohnt, und übergibt es ihr.

Er vermutet eine positive Resonanz, doch ihr Urteil fällt negativ aus. Seinem Buch mangele es an *nüchterner Klarheit,* es enthalte *viele Frasen und schöne Sätze; aber die eigentliche Nuß ist hohl.* So formuliert sie es. Nicht im persönlichen Gespräch Rilke gegenüber, sondern in ihren Briefen an Otto Modersohn. Über Rilkes Neigung, sich im Licht bedeutender Zeitgenossen zu sonnen, hat sie ebenfalls nur eine abfällige Äußerung übrig:

Ich sehe allmählich hinter diesem Schwung der Rede eine große Hohlheit. Ich werde Dir das alles mündlich noch besser auseinandersetzen können. In meiner Wertschätzung sinkt Rilke doch allmählich zu einem ziemlich kleinen Lichtlein herab, das seinen Glanz erhellen will durch Verbindung mit den Strahlen der großen Geister Europas: Tolstoi, Muther, Worpsweder, Rodin, Zuloaga, sein neuester Freund, den er vielleicht besuchen wird, Ellen Key, seine innige Freundin usw.

Schwingen hier, abgesehen von ihrer Erfahrung, missverstanden und abgewiesen worden zu sein, wohlmöglich Enttäuschung, Empörung gar darüber mit, dass Rilke in seiner Worpsweder Monografie nur auf die fünf Maler und mit keinem Wort auf sie einging?

Doch als er und Paula Becker sich im Sommer 1900 auf dem Barkenhoff kennenlernten, war sie noch eine junge

Malschülerin, die in der Stille ihres Ateliers gerade an einem eigenen Werk zu arbeiten begann. Zu den – wesentlich älteren – Gründern der Kolonie gehörte sie nicht, ebenso wenig wie Clara Rilke, die in der Monografie auch keine Rolle spielt.

Schal, fährt sie in ihrem Brief an Otto Modersohn fort, *schal* finde sie das Leben der beiden Rilkes, und am 7. März 1903 schreibt sie in einem Anflug von Hochmut nach Worpswede:

Ich mag ihn auf einmal nicht mehr leiden. Ich schätze ihn nicht mehr hoch ein. Er hält es mit jedem. Über sie kann man gar nicht urteilen. Sie ist in einem Zustande, der nicht anhalten kann, da muss man einfach warten, was daraus wird. Nur setzt sich, glaube ich, ein Posten Selbstanbetung in ihrem Gemüte fest, der wohl drinbleiben wird. Mich lässt das völlig kalt, so dass ich mich selbst wundere.

Die emotionale Balance zwischen den drei Künstlern ist empfindlich gestört.

Paula Modersohn, die selbst ein grundsätzlich anderes Leben führt als ihre »Schwesterseele«, fällt es schwer, Verständnis für Claras Situation zu haben. Im Gegenteil. Sie betrachtet die Exklusivität ihrer Freundschaft als gefährdet und fürchtet deren mögliches Ende. Doch sie weiß, dass ihr Pariser Leben ohne die Unternehmungen mit den Rilkes, selbst wenn sie nur *halb* zuhörten und *zu sehr mit sich selbst beschäftigt* seien, wie sie Otto Modersohn schreibt, gewiss einsamer, in jedem Fall weniger interessant wäre, und darum sucht sie trotz allem häufig ihre Nähe: *Ich steh sehr nett mit ihnen; aber ich fühle mich nicht sehr wohl bei ihnen.*

Am 9. März 1903 schreibt sie an Martha Hauptmann nach

Schreiberhau: *Clara Rilke fasst im Augenblick Paris von seiner unheimlichen Seite traurig und schwer auf. Das kommt wohl, weil sie sich von ihrem Heim und von ihrem Kinde trennen musste.*

•

Ende Februar 1903 hatte Paula Modersohn sich auf den Weg zu Auguste Rodin nach Meudon gemacht, ein Empfehlungsschreiben von Rilke in der Hand. Er stellte sie dem Bildhauer darin als *Frau eines sehr angesehenen Malers* und langjährige Bewunderin seiner Kunst vor. Ihr Atelierbesuch und die persönliche Begegnung mit Rodin waren ein nachhaltiges Erlebnis. Seine Aquarelle gefielen ihr ganz besonders gut. *In diesen Blättern herrscht eine Leidenschaft und ein Genie und ein Sich-nicht-Kümmern um die Konvention,* schrieb sie hoch angeregt an Otto Modersohn. Paul Klee hatte Aquarelle aus dieser Phase 1902 ebenfalls gesehen und beeindruckt in seinem Tagebuch notiert: »Darin der größte, den ich sah, verblüffend genial. Mit ein paar Bleizügen sind Umrisse gezogen, mit einem vollen Pinsel ist in Aquarell ein Fleischton gesetzt.«

Auf Rodins Aquarellen tauchen wiederholt nackte, sich liebkosende Frauen auf. Noch ehe der Meister morgens in seinem Atelier erschien, warteten die Modelle bereits an der Tür, um sich schließlich in lasziver Unbekümmertheit zu zweit, zu dritt ihren erotischen Spielen hinzugeben, während Rodin schweigend an der Staffelei stand und sie malte.

Für die Mehrzahl der Zeitgenossen waren diese Aquarelle ein Schock. So musste eine Rodin-Ausstellung in Weimar 1906 aus diesem Grund vorzeitig schließen und hatte die Demission ihres Organisators Harry Graf Kessler zur Folge.

Künstlerinnen, vor allem deutsche, nahmen hingegen kaum Anstoß an Rodins wenig prüder Art, den weiblichen nackten Körper zu zeigen. Abgesehen von Paula Modersohn und Clara Rilke, bewunderte Käthe Kollwitz, die 1904 Schülerin bei Julian wurde und auch bei Rodin arbeitete, seine Kunst.

In diesen Februarwochen 1903 bekommt Clara Rilke einen Auftrag, der sie *sehr in Atem hält und sie Tag und Nacht innerlich beschäftigt*, wie ihr Mann notiert. Sie soll Dagny Langen porträtieren, Tochter des norwegischen Dramatikers und Erzählers Bjørnstjerne Bjørnsons und Frau von Albert Langen, dem Münchner Verleger und »Simplicissimus«-Gründer.

Verehrte gnädige Frau, heute will ich Sie zu früher Morgenstunde begrüßen und meinen zu schweigsamen Mund endlich auftun, schreibt Clara Rilke am 11. März 1903 an Dagny Langen:

Vor reichlich vierzehn Tagen begann ich mit der Arbeit Ihres Porträts. Dass diese Arbeit für mich eine sehr, sehr schöne Aufgabe ist, an die ich mit Begeisterung und Frohheit herantrat, haben Sie sicher auch gefühlt – nur habe ich bei Beginn derselben einen großen Fehler gemacht. Ich habe nicht deutlich und klar genug ausgesprochen, in welcher Art ich diese Aufgabe auffasse. Ich fühlte nur dunkel allerlei von Ihnen und Ihrem Mann gut gemeinte und sehr begreifliche Bedenken und Bedingungen mir gegenüber gestellt. Ohne eigentlich zu wollen, fast ohne mir dessen bewusst zu werden, nahm ich Rücksicht darauf. Ich hatte das Gefühl – besonders das war es: es darf nicht allzu lange dauern. Ich verstand das so gut und dachte: gut, so werde ich beginnen möglichst schnell und möglichst glänzend. Ich vertraute auf mein gutes Glück (...) Die Kunst ist aber keine Sache, die sich durch solcherlei Erwägungen überrumpeln läßt und überreden, sie hängt auch nicht vom Glück ab. (...) Als ich die Arbeit still-

schweigend (...) begann, hatte ich vielleicht eine leise Furcht, dass
Sie, falls ich die Arbeit nicht nach diesen Voraussetzungen aus-
führte, nein sagen könnten. Das heißt: ich fürchtete mich viel-
leicht vor dem entweder-oder. – Heute fürchte ich dieses »Ent-
weder-Oder« nicht mehr, ich bitte Sie sogar darum.

Zeit. Sie brauche einfach mehr Zeit, macht Clara Rilke ihrer
Auftraggeberin klar, als es um ein zweites Porträt von ihr
geht, dass dieses Mal ganzfigurig sein soll. Sie weigert sich,
unter Zeitdruck zu arbeiten. *Ich will nicht irgendeine Stellung*
wählen, die sich nun zufällig gerade ergibt, erklärt sie Dagny
Langen und gibt ihr zu verstehen, dass eine Porträtsitzung
langes und genaues Hinschauen voraussetze. Darum dauere
es oft lange, bis sie die richtige Position gefunden habe, denn
schließlich sei es ihr wichtig, das Wesen ihres Gegenübers
auszudrücken: *Wollen Sie ein ernsthaftes Porträt haben, so ist*
das die eine große und wichtige Bedingung.

Das war ihr bisher fremd gewesen: Bedingungen zu stellen.
Clara Rilke war ein Mensch, der zu Kompromissen neigte
und, selbst wenn es um ihre Kunst ging, Entgegenkommen
zeigte. Diesbezüglich unterschied sie sich ganz grundsätzlich von ihrer Freundin Paula Modersohn, die im Sinne ihrer
Kunst »rücksichtslos« war und von ihrer Familie forderte,
dass man sie mit zeitraubenden häuslichen Aufgaben oder
Gedanken ans Geldverdienen gar in Ruhe ließ, damit sie sich
in Freiheit weiterentwickeln konnte.

•

In Paris kündigt sich der Frühling an. Clara Rilke arbeitet an
ihren Plastiken, und ihr Mann hat Fieberträume. Es scheint
wieder einmal an der Zeit, den Härten des Großstadtlebens

zu entfliehen und seine immer neuen grippalen Infekte zu kurieren. Wie gut würden ihm beispielsweise tägliche Bäder im Ligurischen Meer tun! Eine Geldsendung seines Vaters macht es Rilke möglich, am 19. März 1903 nach Viareggio zu reisen, wo er im Hotel de Florence, *eine der kleinen Hütten mit Strohdächern und Strohwänden*, ein Zimmer mietet. Es liegt am Strand, hat einen Tisch und zwei Stühle: *So läßt es sich da gut lesen und schreiben,* berichtet er Clara am 24. März 1903 nach Paris, *ins Meer hineinlaufen* und baden. Rilke liest Charles Baudelaire, die Bibel, Jens Peter Jacobsen und *viel in Deinen lieben, lieben Briefen, die mir das Allerliebste von allem sind* und dichtet am 3. Teil der »Gebete« weiter, den er »Das Buch von der Armut und vom Tode« nennt.

Wenn zu viele Fragen ihn drängen und ängstigen, ist die mütterliche Freundin Ellen Key eine Instanz, von der er sich Hilfe verspricht.

In der Hoffnung auf Erholung und Sammlung sei er vor zwei Wochen nach Viareggio gereist, schreibt Rilke ihr am 3. April 1903 und bekennt, wie verzweifelt er darüber sei, unter der Last der *fortwährenden Gedanken an den Alltag und seine unwichtigsten Dinge* immer mehr *alle meine Stimmen in mir* zu verlieren, *alles Wichtige in mir.* Dabei gehe seine Nervenkraft dahin, seine Zeit, sein Mut. Er wisse, dass er an die Zukunft denken und Geld verdienen müsse, wenn alle Stricke reißen, auch als Journalist, doch gerade davor graue ihm unendlich. Nicht nur, weil er nicht entsprechend ausgebildet, sondern sich allzu deutlich der *Schein-Verwandtschaft zwischen Literatur und Journalismus* bewusst sei *von denen das eine eine Kunst ist und also die Ewigkeit meint und das andere ein Gewerbe mitten in der Zeit: mehr in der Zeit als irgendeines sonst. Und der Zeit bin ich so fern, allen ihren Wünschen und allen ihren Erfolgen; ich k a n n nicht an ihr teilnehmen.*

Wie soll das besser werden?, fragt er die *liebe, liebe Frau Ellen Key*, beklagt, dass er für die meisten seiner bisher publizierten elf, zwölf Bücher gar kein Honorar bekommen habe, nicht einmal vom Insel-Verlag. Allein der Auftrag für die Worpswede-Monografie sei gut bezahlt worden. Was soll ich tun, bittet er Ellen Key um Rat, betont, dass er das Leben liebe und daran glaube und dennoch nicht denke, dass er Unrecht tue, sich *nach dem Wichtigen in mir Tag und Nacht wundzusehnen, da das Unwichtige, mit der Stimme des Lebens, mich ruft.*

Rainer Maria Rilke an Clara Rilke aus Viareggio am 8. April 1903:

Hier ist wieder ein Tag voller Unruhe und Gewaltsamkeit. Sturm gegen Sturm über dem Meer. Fliehendes Licht. Nacht im Wald. Und das große Geräusch über allem. Ich war den ganzen Vormittag im Wald, und nach vier oder fünf grellen Tagen tat das Dunkel, das dort wohnte, allen Sinnen wohl und die Kühle und der fast scharfe Wind. Du musst Dir diesen Wald sehr, sehr hochstämmig denken, dunkle, gerade Pinienstämme und hoch oben ihre aufgetanen Zweige. Der Boden ganz dunkel von Nadeln und bedeckt mit sehr hohen stacheligen Ginsterbüschen, die ganz voll gelber Blüten sind, Blüte an Blüte. Und heute leuchtete dieses Gelb in der kühlen, fast nächtlichen Dämmerung und wiegte sich und winkte, und der Wald war von unten erhellt und sehr einsam. Ich ging (nachdem ich mein Luftbad genommen hatte und ein wenig barfuß gegangen war) stundenlang dort auf und ab und dachte viel, dachte beinahe alles das, was dann in Deinem lieben, lieben Briefe stand, der mich zu Hause erwartete. Dem Briefe von Sonntag und Montag früh. Ich will nicht viel von mir sagen, aber Du hast in allem so

recht, Du weißt so gut, was wir brauchen, dass ich nur zustim-
men muss jedem Deiner Worte, um Dir alles zu erzählen, was
ich will... (…)

Jeder muß in seiner Arbeit den Mittelpunkt seines Lebens
finden und von dort aus strahlenförmig wachsen können, so-
weit es geht. Und dabei darf ihm kein Zweiter zusehen, und
gerade der Nächste und Liebste nicht: denn nicht einmal er sel-
ber darf es. (…) Und mir ist ganz groß und feierlich im Herzen,
wenn ich denke, dass wir uns darin jetzt verstehen und in die-
sen dunklen Rätseln eines Sinnes sind. Mir ist… als wären wir
zusammen durch unendliche Entwicklungen gegangen, durch
Welten, und Welten durch uns.

Natürlich hatte Clara Rilke geglaubt, sie würde nach seiner
Rückkehr am 1. Mai 1903 einen Mann begrüßen können, der
sich in Italien erholt und seine Arbeitslähmung wenigstens
vorübergehend verloren hätte.

Doch kaum war Rilke wieder in Paris, erkrankte er an
einer lang anhaltenden Grippe mit hohem Fieber. Die alten
Bedrängnisse durch die große Stadt quälten ihn erneut, er
fühlte sich durch die ungewöhnlich warme, drückende Früh
lingsluft geschwächt, war deprimiert, und Claras Versuche,
ihn aufzumuntern, erwiesen sich als vergeblich.

Machte es unter diesen Umständen überhaupt Sinn, weiterhin in Paris zu bleiben? Die Monografie über Rodin war
schließlich abgeschlossen. Das Ehepaar überlegte gemeinsam
und war sich bald sicher, Paris verlassen zu wollen, ohne jedoch zu wissen, wohin *heimzukehren.* Nach Oberneuland zu
ihrer 2-jährigen Tochter? Diese Option hätte nahegelegen,
war aber für Rilke undenkbar. Um wenigstens in Ruths Nähe
sein und einen Sommer in schöner Umgebung verbringen
zu können, der sie nicht viel kosten würde, fragte Rilke bei

Heinrich und Martha Vogeler an, ob er und Clara für rund zwei Monate bei ihnen in Worpswede wohnen dürften, im Herbst würden sie dann nach Italien gehen, *um das nächste Jahr dort zu arbeiten und zu studieren.*

Am 23. Juni 1903 kündigt Rilke Rodin an, dass er und seine Frau ihre Rückkehr nach Deutschland Anfang Juli vorbereiteten, *ein wenig früher als wir gedacht hatten, weil meine Gesundheit noch immer sehr schlecht ist.* Doch bevor sie Paris verließen, hätten sie das innige Bedürfnis, ihn, Rodin, noch einmal im *Atelier meiner Frau zu empfangen; es wäre dies der größte Festtag, den wir uns vorstellen können. – Meine Frau wäre so glücklich, Ihnen die Frauenbüste zu zeigen, die sie gerade abgeschlossen hat, dazu einige andere, etwas ältere Sachen, die sie Ihnen nicht bringen kann.*

Die *Frauenbüste.* Gemeint ist das lange verschollen geglaubte Porträt der jungen polnischen Genre-, Porträt- und Landschaftsmalerin Marie Czaikowska, die Clara Rilke aus München kannte, in Paris wiedertraf und dort in Marmor modellierte: Ein zartes Lächeln umspielt den Mund der introvertiert und zerbrechlich wirkenden jungen Frau, deren Antlitz, von Clara geformt, Rilke zu folgenden Versen inspirierte:

Ihr Mund ist wie der Mund an einer Büste
der nie erklang und atmete und küsste
und doch aus einem Leben das verging
das alles, weise eingeformt, empfing
und sich nun wölbt, als ob es alles wüsste
und doch nur Gleichnis ist und Stein und Ding

Auguste Rodin reagierte mit großer Anerkennung, als Clara Rilke ihm das Porträt der Marie Czaikowska zeigte. Dass er umgehend den bekannten Pariser Fotografen Eugène Druet beauftragte, zahlreiche Aufnahmen davon zu machen, mag die Bildhauerin zu Recht als besondere Auszeichnung ihrer Arbeit empfunden haben. Die Fotografien der Büste der Marie Czaikowska, die in der Skulpturensammlung im Obergeschoss des Pariser Musée d'Orsay ausgestellt ist, gleich gegenüber der »Galerie Francois Cachin«, wo Rodin, Maillol und Bourdelle zu sehen sind, befinden sich heute im Pariser Rodin-Museum und im Rilke-Archiv in Marbach.

Als Clara und Rainer Maria Rilke ihren Aufenthalt in Paris am 1. Juli 1903 beenden und nach Worpswede aufbrechen, hat die Bildhauerin folgendes Gutachten im Gepäck, das sie sich nach dem gescheiterten Versuch im Vorjahr im Hinblick auf einen erneuten Stipendiumsantrag beim Bremer Senat von Rodin erbat.

27. Juni 1903:

Ich, der Unterzeichnete, Auguste Rodin, Bildhauer, wohnhaft zu Paris, 182 rue de l'Université, bezeuge, dass Frau Clara Rilke eine Künstlerin ist, die durch ihre Arbeit als Bildhauer ernste Hoffnungen gegeben und diese Hoffnungen erfüllt hat und dass sie der Unterstützung, welche der Senat von Bremen ihr zuzuerkennen bereit wäre, in jedem Sinne durchaus würdig ist.

Gibt dieses positive Schreiben von Rodin nicht genügend Anlass zu der Hoffnung, dass sich der Senat ihrer Geburtsstadt Bremen für ein Stipendium aussprechen wird, damit sie weiterarbeiten, womöglich eine monumentale Plastik in Angriff nehmen oder sich gar um einen städtischen Großauftrag für ein Denkmal bemühen kann?

An Selbstbewusstsein, Mut und körperlicher Kraft fehlte es Clara Rilke nicht. Und wie gerne wollte sie endlich einmal die Gelegenheit haben, der Öffentlichkeit ihre Werke in einer

Ausstellung zu präsentieren. Für ihre gleichaltrigen männlichen Kollegen war das schließlich selbstverständlich. Doch entgegen ihrer Erwartung lehnte der Bremer Senat ihren Antrag auf ein Stipendium ab, was bedeutete, dass sie sich weiterhin um kleine Privataufträge kümmern und den Vater immer wieder um materielle Unterstützung für sich und ihre Tochter bitten musste.

•

Du darfst nicht glauben, dass Paris schlecht für uns war. Rilke sieht sich immer wieder mit Vorwürfen seiner Mutter konfrontiert, die sich Sorgen um die Familie ihres Sohnes macht, wünschte, Clara kümmere sich mehr um ihre Tochter und würde ihrer Schwiegermutter häufiger schreiben. Sie solle bitte an Claras echter Zuneigung nicht zweifeln, bittet Rilke sie und erklärt, dass Claras briefliches Schweigen an ihrer vielen Arbeit liege, die sie tagsüber ganz in Anspruch nehme und ihr alle Kräfte raube, so dass sie auch am Abend keinen vernünftigen Brief mehr zustande bekomme. Am 3. Juli 1903 schreibt Rainer Maria Rilke aus Worpswede an Phia Rilke:

Für Clara und auch für mich war die herrliche und mächtige Nähe eines Meisters wie Rodin eine große Hülfe und ein gar nicht hoch genug einzuschätzendes Glück! Clara hat ja auch sehr, sehr viel hier gearbeitet, und zum Schluß eine ganz wunderschöne Arbeit vollendet. (…) Du musst Dir auch keine Sorgen machen, dass unsere Ehe mich in größere Sorgen gestürzt hätte als ich vorher hatte; das war freilich der Fall solange wir die Last eines Haushaltes auf uns hatten; jetzt aber ist das vorbei und jeder von uns lebt für sich, von dem was er hat, ganz ohne gemeinsame Verpflichtungen. So kommt also auf jeden nur sein Teil, was er auch haben müsste, wenn er allein als Junggeselle lebte. –

Ruth! Die Entfernung zwischen Worpswede und Oberneuland beträgt nur wenige Kilometer. Doch *durch missliche Umstände* sei es ihm und Clara *sehr, sehr schwer gemacht Herrn Westhoffs Haus zu betreten,* hält Rilke fest, und so vergehen Tage, bis die beiden Paris-Heimkehrer den Mut haben, sich in Oberneuland zu melden und ihren Besuch anzukündigen.

Wie nicht anders zu erwarten, kann im Hause Westhoff von Vorfreude keine Rede sein. Friedrich Westhoff, dem es gesundheitlich nicht gut geht, der unter Stimmungsschwankungen leidet, mal mit Jähzorn auf seine Umgebung reagiert und dann wieder in tiefe Schwermut verfällt, lässt seinen Schwiegersohn deutlich spüren, dass er ihn als Mann an der Seite seiner Tochter nicht akzeptieren kann, mittellos wie er ist und weder in der Lage, seine Familie zu ernähren noch ihr einen Lebensmittelpunkt zu bieten.

Und Ruth? Die inzwischen Anderthalbjährige hatte ihre Mutter zuletzt im Oktober des vergangenen Jahres gesehen, acht Monate waren also seither vergangen, und natürlich sind ihr die beiden Menschen, die eines Morgens plötzlich in der Tür ihres großelterlichen Zuhauses in Oberneuland stehen, im ersten Augenblick fremd.

Zuerst, als wir kamen, versuchten wir, ganz still und wie Dinge zu sein, berichtet Rilke, *und Ruth saß und sah uns lange an.*

Ihre ernsten, dunkelblauen Augen ließen nicht ab von uns, und wir warteten eine Stunde lang, fast ohne uns zu rühren, wie man wartet, dass ein kleiner Vogel näher kommt, den jede Bewegung verscheuchen kann. Und schließlich kam sie ganz

von selbst näher und versuchte einzelne Worte, ob wir sie ver-
stünden; später erkannte sie von ganz nah in unseren Augen
ihr kleines, glänzendes Bild. Und rief sich und lächelte; das war
ihre erste Vertraulichkeit.

Und dann ertrug sie mit etwas überlegener Nachsicht unser
schüchternes Bemühen, ihr nahe zu sein und alles mit ihr zu
teilen. Und auf einmal war es ihr natürlich, Mutter zu sagen,
und dann wieder breitete sie, wie aus Erinnerung, die Arme aus
und kam wie auf Liebes auf uns zu. Jetzt ist sie gut gegen uns;
und mich ruft sie »Mann« und »guter Mann«, und ist zufrie-
den, dass ich noch da bin.

Mit ihrem lebhaften Töchterchen spielen Clara und Rainer
Maria Rilke in der Sandkiste, freuen sich über das Holzspiel-
zeug von Großmutter Phia und sind dankbar zu sehen, wie sie
sich, so hält Rilke fest, *fast immer draußen und ohne Kleider*
und wie ein kleines Kind aus einem wilden Stamm sicher in ihrer
gewohnten Nacktheit in dem weitläufigen Garten bewegt.

Dank gegenseitiger Rücksichtnahme und der Freude, endlich
wieder mit Ruth zusammen zu sein, verlaufen die acht gemeinsamen Tage unter dem strohgedeckten Dach des Westhoff'schen
Bauernhauses besser als erwartet, und so kann Rilke seiner
Mutter am 25. Juli 1903 aus Oberneuland mitteilen: *Wir sind sehr*
glücklich über dieses Wiedersehen, das uns mit Mut und Zuver-
sicht und Freude erfüllt für lange hinaus. Und Clara geht ganz in
Ruth auf und sie verstehen sich wundervoll zusammen.

Noch am selben Tag bekennt er in einem langen Brief an
Lou Andreas-Salomé, wie sehr es ihn beschäme, dass seine
Tochter bei *fremden Leuten* aufwachsen müsse, seine junge
Frau finanziell *von anderen* abhängig sei, er selbst *nirgends*
nützlich sein und nichts erwerben und den beiden Menschen,
die mit mir zusammenhängen, (dem kleinen und dem gro-

ßen –) *nichts geben und sie vor nichts beschützen* könne, da er weder sorgen noch helfen gelernt habe. Selbst wenn die ihm Nächsten daraus keinen Vorwurf machten, so spüre er ihn doch überall, und *das Haus, in dem ich jetzt gerade bin, ist seiner ganz voll.* Das mache ihm Angst, nehme ihm Kraft, provoziere seine innere Abwehr: *Und mit mir selber hab' ich so viel Arbeit Tag und Nacht, dass ich oft fast feindselig bin gegen die Nahen, die mich stören und ein Recht haben auf mich.*

Die Frage, wie es nach den gemeinsamen Tagen in Oberneuland den Sommer über bis zu ihrer Abreise nach Italien weitergehen soll, erweist sich als schwierig, denn anders als erwartet können sich die Rilkes wegen der bevorstehenden Geburt der Vogeler-Tochter Bettina nicht für *einige stille Wochen* auf dem Barkenhoff einrichten, *nicht in dem roten Zimmer, das ich mir vorher mit einigen von meinen Dingen und Büchern zu ruhiger Zeit vorbereitet hatte,* wie Rilke nicht ohne Bitterkeit schreibt, sondern dürfen nur vorübergehend Gäste bei Heinrich und Martha Vogeler sein. Trotz heftiger innerer Widerstände bleibt ihnen keine andere Wahl, als noch einmal nach Oberneuland zurückzukehren.

O dass ich Werktage hätte, Lou, schreibt er am 10. August 1903 an Lou Andreas-Salomé, von dem tief sitzenden Wunsch beherrscht, endlich den Zufluchtsort zu finden, der ihn die *ganze niedrige Geschwätzigkeit des Alltags* vergessen und zu ruhigem, kontinuierlichen Arbeiten kommen lässt: *Denn ich bin zerstreut wie ein Toter in einem alten Grabe.*

•

Rom. Sie müsse sich für ihre weitere künstlerische Ausbildung unbedingt einmal länger in Rom aufhalten, hatte Rodin in Paris Clara Rilke ans Herz gelegt – allein, um Michelangelo

zu sehen. Michelangelo Buonarroti! Angesichts der ausdrucks-
starken, in der Regel frei konzipierten Köpfe des Renaissance-
Künstlers würde sie viel über das Porträt lernen können.

Auch ihr Mann hatte häufig mit ihr über Italien gesprochen
und sich einen gemeinsamen Aufenthalt in Rom gewünscht,
obgleich er wusste, dass sie der Süden viel weniger anzog als
ihn, *weil ihr nordisches Empfinden*, wie er glaubte, *gegen das
zu Offene seiner strahlenden Herrlichkeit misstrauisch war.*

Jetzt, im August 1903, wenige Tage vor ihrer Abreise nach
Italien, beginnt Clara der Gedanke an den Abschied von Ruth
zu quälen. Wäre es nicht viel wichtiger, bei ihrer Tochter in
Oberneuland zu bleiben, statt sich um ihre Kunst zu kümmern und auf unabsehbare Zeit nach Rom zu reisen?

Nach zahlreichen bohrenden Fragen, wie es um ihre finanziellen Verhältnisse stehe, und Claras knapper Erklärung,
dass ihr Mann *in den letzten Jahren für alle außergewöhnlichen Ausgaben, die über mein Monatsgeld hinausgingen (besonders auf Reisen),* immer für sie eingetreten sei, einigt sich
Friedrich Westhoff mit seiner Tochter, *schweren Herzens,* wie
diese notiert, auf eine Summe, die er ihr monatlich überweisen wird. Zusammen mit einer privaten, auf zwei Jahre befris-
teten Zuwendung eines Bremer Kunstfreundes kann sie sich
damit für einige Zeit über Wasser halten. Und zur Not sogar
mit Rilke in Rom überwintern.

Der Anblick ihres winkenden kleinen Kindes beim Abschied tut weh, auch wenn sie es bei ihrer Mutter in besten
Händen weiß.

•

Die Reise solle sie zunächst nach Marienbad führen, wo sie
Rilkes Vater Josef treffen würden, dann gehe es über Mün-

chen, Venedig und Florenz nach Rom weiter. So hatten Clara und Rainer Maria Rilke es verabredet.

»Gut angezogen« zu erscheinen, damit er sich vor seinen Kurbekanntschaften nicht zu schämen brauche, hatte Josef Rilke seinen Sohn gebeten und ihm angeboten, er könne sich bei seinem Prager Schneider noch einen Anzug anfertigen lassen, falls er für seine Reise nichts Rechtes anzuziehen habe. Für Clara hingegen könne er leider nichts machen, hatte er ihm geschrieben, hoffe aber, »dass sie auch gut angezogen geht«. Das Wiedersehen der »Kinder« mit dem 64-jährigen Vater muss herzlich gewesen sein, seine wohlmeinenden Ratschläge und Reden von den Vorteilen eines abgesicherten Beamtendaseins ließ Rilke geduldig über sich ergehen. Das Paar blieb vom 21. bis zum 25. August 1903 in Marienbad.

Nach anschließenden Aufenthalten in München und Venedig reisen Rilkes *auf Florenz zu, auf das liebliche und lichte Land, das Anlaß war zu so viel Anbetung, Ruhm und Freude. Auch dort wird nur weniger Tage Frist uns gegeben sein, denn: es steht Rom bevor, das große rufende Rom.*

Der Ankunftstag ist der 10. September 1903. Man findet eine Unterkunft nahe dem Kapitol, die aber nur vorübergehend sein soll, *nicht weit von dem schönsten Reiterbilde, das uns aus römischer Kunst erhalten geblieben ist, – dem des Marc Aurel.*

Der anfänglichen Zuversicht folgen bald die ersten Klagen; mal stört Rilke der Regen, dann wieder ist es zu heiß, vor allem ist er enttäuscht, so wenig Antikes, wie erhofft, dafür viel Barockes zu sehen. Die Stadt sei unlebendig, stöhnt er, es herrsche Museumsstimmung, weit und breit sei kein Römer zu sehen; kein Wunder, es sind Sommerferien, und die römischen Familien haben ihre Stadt verlassen.

Einige Zeit vergeht, bis zumindest Clara einen annehmbaren Raum für sich gefunden hat: Nahe der Piazza del Popolo, im prächtigen Park der Villa des elsässischen Malers, Bildhauers und Kunstmäzens Alfred Strohl-Fern, die ursprünglich im Besitz der Fürstenfamilie Borghese war, kann sie in eins der Atelierhäuser ziehen, die Strohl-Fern begabten Künstlern aus aller Welt zum Arbeiten zur Verfügung stellt. Und Rilke? Er lässt sich erst einmal in der Via del Campidoglio 5 nieder, *im letzten steilen Haus über dem Forum.* Von hier aus schreibt er an Clara:

Sorge Dich nicht, wenn auch jetzt Abende voll Mondlicht verge-hen, während ich hinter verhängtem Fenster bei meiner Lampe bin ... im kleinen Lichtkreis scheint es leichter, sich zu sam-meln, als draußen in der im Mondlicht wachsenden Nacht: für die muss man erst wieder etwas geworden sein, um sie als den Raum zu fühlen, in dem man allein ist und in den man gehört.

Ende November kann auch er *in ein kleines Haus, das ent-legenste und letzte in dem großen verwilderten Garten der Villa Strohl-Fern* ziehen, das nicht mehr als 200 Meter von dem Claras entfernt liegt; es ist ein kleines Gartenhaus, im hinteren Teil des Parks gelegen, auf einer Brücke gebaut, die den Hauptweg überspannt. *Es ist sehr einsam, aber das ist ja gerade der Hauptgrund, warum mir dieses Häuschen so begeh-renswert schien. (...) Ich kann von dem flachen Dach meines Häuschens Claras Atelier sehen und ihr einen Zuruf oder ein Zeichen machen.*

Jetzt müsste doch alles seinen Vorstellungen entsprechen: getrennt voneinander zu wohnen und zu arbeiten und sich dennoch in der Nähe und nicht allein zu wissen. *Wer also liebt, der muß versuchen, sich zu benehmen, als ob er eine große Arbeit hätte: er muß viel allein sein und in sich gehen und sich zusammenfassen und sich festhalten; er muß arbeiten; er muß etwas werden,* schreibt Rilke in diesen römischen Wochen an seinen Schwager Friedrich Westhoff, Kaufmann in Hamburg, der sich in einer besonders schwierigen Lebenssituation befindet, entwickelt ihm sein Verhältnis zu Clara und zur Ehe insgesamt und macht ihm deutlich, dass junge Menschen zu unausgereift und schnell glaubten, Liebe sei Hingabe, Spiel und Vergnügen, dass es aber kaum etwas Schwereres gebe, *als sich lieb haben. Dass das Arbeit ist, Tagelohn, Friedrich, Tagelohn.*

Im Garten der Villa Strohl-Fern blühen zahlreiche unterschiedliche Blumen und Pflanzen, die Clara Rilke zu zarten Bleistiftzeichnungen anregen. Daneben zeichnet sie Akt. Sie merkt, dass sie Fortschritte macht, das bestärkt und ermutigt sie.

Begegneten Rainer Maria und Clara Rilke, wenn sie durch Rom spazierten oder in einem der vielen kleinen Restaurants zu Abend aßen, Künstlern, die sie kannten?

Der Maler Karl Hofer, der zunächst in der Villa Strohl-Fern und später in der Via Flaminia ein Atelier bewohnte, berichtet in seinen Lebenserinnerungen, dass er in der Via Flaminia häufig Rilke und »seiner Gattin, die mit schwerem Bildhauerschritt die Luft teilte«, begegnet sei. *Karl Hofer sah ich vor drei Jahren oft in Rom,* wird Rilke 1907 an Paula Modersohn schreiben, *war aber zu dumm, ihn kennenzulernen, was zwanzigmal beinahe nicht zu vermeiden war.* Clara Rilkes Aufzeichnungen ist nicht zu entnehmen, ob sie vielleicht Hofer persönlich begegnete und sich die beiden Künstler gegenseitig in ihren Ateliers besuchten.

Am 22. März 1904 schreibt sie endlich jenen Brief an Ellen Key nach Schweden, der ihr schon so lange auf den Nägeln brennt. Darin erzählt sie der Pädagogin, die sich freundlicherweise bei Rilke immer wieder nach ihr erkundigt hat, wie sehr sie sich dem Norden verbunden fühle, und erklärt ihr die Gründe für ihre Eheschließung mit Rilke:

So ist nun schon wieder mehr als eine Woche vergangen, seit dieser Brief geschrieben sein wollte.

Und doch wusste ich schon vor Jahren, damals als »Das Jahrhundert des Kindes« zum ersten Mal in meine Hände kam, d a s s ich ihn einmal schreiben würde.

Damals schrieb ihn mein Mann, und seitdem haben Sie ihn schon oft nach mir gefragt. Wenn das doch so einfach zu beantworten wäre. So einfach, wie es doch im Grunde ist und wie Sie es gesehen hätten, wenn Sie in diesem Frühjahr wirklich die lange Reise aus Ihrem schönen Land herüber nach Rom gemacht hätten.

Sie hätten mein Atelier gesehen, vier hohe graue Wände, welche ein ganzes Leben einschließen, viele Geräte aus Holz, darauf einige in graue Lappen gewickelte Dinge stehen, Ständer mit Zeichnungen, einen Tisch mit Schreib- und Zeichengerät, ein Bord mit Büchern, ein Bett, eine Kleidergarderobe und noch ein Tisch mit Kochgeräten in der Ecke. Ja, und ein Fahrrad und ein Reisekoffer.

Dies sind die Dinge, die dieses Leben braucht, ganz notwendig braucht. Mehr sind nicht da, wenn man nicht noch von einer kleinen Uhr sprechen will, welche fleißig in der Stille tickt, und von einigen wenigen Fotografien, die an der Wand befestigt sind. Nach Werken von Rodin, nach einer Tanagra, nach Lionardo da Vinci, nach Hokusai. –

Ich bin 25 Jahre alt (geboren in Bremen). Kam mit fast 17 Jahren nach München. Zeichnete und malte dort, kam mit 19 nach Worpswede bei Bremen. Zeichnete dort noch mehr und wurde Bildhauerin. War ganz kurz bei Klinger in Leipzig, dann

in Paris. Nach Worpswede im Sommer 1900 zurückkehrend,
fühlte ich mich schon sicher auf meinem einsamen Weg. In die-
sem Jahr traf ich dort mit Rainer Maria Rilke zusammen, der
im Anfang des Jahres 1901 mein Mann wurde. Jeder fühlte im
Anderen ein Leben, das eine Einsamkeit brauchte und Unge-
störtheit, um zu einer langen und wichtigen Lebensarbeit fest
zu werden. Die Gemeinsamkeit sollte diese Stille schaffen. So
wie es für einen Hof einsamer ist, wenn er mit Feld und Wald
und See wieder an Feld und Wald und See grenzt, als wenn
seine Marksteine gleich hinter den vielen Häusern einer Stadt
aufgestellt sind.

Da lernten wir beide die Sorge kennen, die in einer Zeit, da
die Arbeit hinter dem Leben zurücktreten musste, eine unge-
ahnte Macht über uns bekommen musste.

Und jetzt? Jetzt ist wieder die Arbeit da und beginnt lang-
sam, das Einzige zu werden, das Große, Wichtige – und so
sind wir zwei Anbeginne, die arbeiten lernen. Was kann man
von solchen leisen Anfängen sagen. Man kann ihnen nur Stille
wünschen und Ruhe und Einsamkeit, um aus Anfängen weiter
zu werden, zu wachsen, zu arbeiten.

War es das, was sie wissen wollten, verehrte und liebe Ellen
Key? Sie waren so lieb, nach mir zu fragen, ich danke Ihnen
herzlich. Aber vielleicht war ich noch nicht fähig zu antworten.
Was ist ein junger Mensch, dass er von sich erzählen könnte. Er
ist nichts, nur jung. Ein junger Baum spricht nicht, er wächst.
So wollen auch wir tun. Ein alter Baum, – ja, der redet viel-
leicht. Aber nun dürfen Sie nicht denken, dass es nicht die Er-
füllung eines herzlichen Wunsches war, an Sie schreiben zu
dürfen. Sie sind uns schon lange ein guter Freund, und nur zu
wissen, dass Sie da sind allein, tut wohl. Wir fühlen, dass wir
in Ihnen eine Beschützerin haben, eine Mutter, an die wir uns
immer wenden können – und auch, wenn wir uns nicht an

Sie wenden, so sind Sie da und tun mit Ihren Gedanken allein
Gutes für uns. –

Ja, ich bin Clara Westhoff, und das ist seine, Rainer Maria
Rilkes Frau. (…)

Und nun nehmen Sie alle meine herzlichen Grüße, auch
für Ihr nordisches Land. Ich habe oft mit Sehnsucht an seine
beschneiten Tannen gedacht, seine tiefen Winter, wenn Sie in
Ihren Briefen davon sprachen!

Während Clara an ihrem kleinen Atelierschreibtisch in der
römischen Villa Strohl-Fern sitzt und Ellen Key gegenüber
bekennt, die Schönheit der nördlichen Landschaft scheine
ihr *noch tiefer und noch geheimnisvoller als die südliche*, muss
ihr Mann feststellen, dass er auf das römische Klima doch
empfindlicher reagiert als erwartet, unter dem heiß wehen-
den Wüstenwind Scirocco leidet, nachts nicht schlafen kann
und sich schon bald wieder nach *nördlicheren und ernsteren*
Ländern sehnt.

Häufig wandern seine Gedanken zu Ellen Key nach Schweden, von der er weiß, dass sie in Lund, Göteborg und Kopenhagen Vorträge über ihn und sein Werk hält. Ihr widmet er
die zweite Auflage seiner »Geschichten vom lieben Gott« und
deutet in einem Brief vom 29. April 1904 an, dass er gemeinsam mit Clara gern einmal nach Skandinavien, in die Län-
der seiner Lieblingsautoren Jacobsen und Kierkegaard reisen
würde:

Meine Frau möchte, um ruhig bei ihrer Arbeit sein zu können,
und weil sie sehr die Eignung dazu in sich fühlt, einmal eine
Schule für Zeichnen und Modellieren (vielleicht auch Malen)
auftun, eine Schule für junge Menschen, die ernsthaft zur
Kunst wollen, und das Zeug dazu haben; sie wollte das eines

Tages in Bremen tun, – aber (mich sucht der Gedanke immer wieder heim) sollte es nicht möglich sein, Ähnliches eines Tages z.B. in Kopenhagen zu versuchen.

Im Frühjahr 1904 ist Rilke mit seiner Arbeit wieder nicht so gut vorangekommen wie erhofft. Seitdem er für seinen Verleger Axel Juncker in Leipzig als Lektor tätig ist, muss er viel Zeit mit der Lektüre und Begutachtung von Manuskripten verbringen. Dazu kommen zahlreiche Korrespondenzen und Besuche. Von störungsfreien Tagen kann kaum die Rede sein. *Ich muss für ein paar Monate Scheuklappen aufsetzen, nicht rechts und nicht links schauen und sehen, was ich zuwege bringe,* hatte er seiner Mutter Anfang des Jahres erklärt, als sie ihm ihre Reise nach Rom ankündigte, obgleich er sie gebeten hatte, nicht vor Ostern zu kommen, er brauche ein konzentriertes Alleinsein. Phia Rilke hatte daraufhin die »furchtbaren Verhältnisse« beklagt, in denen er lebe, das ärgerte ihn, *von meinem Standpunkte aus liegt nichts Unnatürliches in den momentanen Verhältnissen,* widersprach er, doch sollte sie es anders sehen, *so will ich nicht, dass Du mit solcher Last herumgehst, die auch mich indirekt drückt und stört, wenn ich weiß, dass Du sie trägst. Meine Ruhe und Sammlung kann nur dann wahrhaft ungestört sein, wenn Du mir sie gerne gönnst und ohne Bitterkeit.*

Er hatte dann schließlich doch einen Vorschlag für ein römisches Wiedersehen gemacht. *Meine liebe, gute Mama,* schrieb er, am einfachsten, *ich ordne alles von meiner Arbeit aus, wie ich es muss.* Doch, gab er zu bedenken, er könne sich weder für sie umziehen, noch ihr einen Tee anbieten, weil er gar nichts im Hause habe. Ebenso habe er nur wenig Zeit, mit ihr zu reden. Außerdem müsse er sehr vorsichtig sein, damit er sich nicht bei ihr anstecke, er neige nämlich zu Ansteckungen und dürfe jetzt keinen Schnupfen bekommen.

Rainer Maria Rilke an Lou Andreas-Salomé am 15. April 1904: *Meine Mutter kam nach Rom und ist noch hier. Ich sehe sie nur selten, aber – Du weißt es – jede Begegnung mit ihr ist eine Art Rückfall.*

Clara Rilke macht sich große Sorgen um ihren Mann. Sie weiß, dass ihr Vater den monatlichen Wechsel demnächst einstellen, sie dann nach Bremen zurückkehren und für längere Zeit bei ihren Eltern wohnen wird, zusammen mit Ruth. Doch Rainer Maria? Was ist mit ihm, wenn der Mietvertrag seines römischen Quartiers Anfang Oktober ausläuft? Wohin soll er dann? Dass Oberneuland keine Lösung ist, steht außer Frage. Wäre nur sein Gesundheitszustand nicht so labil!

Clara sucht Rat, glaubt, sie könnte ihn möglicherweise bei der mütterlichen Freundin Ellen Key finden, nimmt schließlich allen Mut zusammen und fragt sie ohne Umschweife, ob es nicht in ihrem *schönen Norden einen ruhigen Winkel* für Rilke gebe, eine *stille Arbeitsstätte,* wo er den Herbst und Winter verbringen könne.

Clara Rilke an Ellen Key am 10. Mai 1904:

Sehen Sie, es ist immer die Gesundheit, die Rainer Maria zu schaffen macht und die durch das arme Leben im Ausland ganz besonders leidet. In der Zeit, da wir ein Heim hatten und eine eigene Küche führten, war seine Gesundheit die beste, seit ich ihn kenne, und er und ich fühlen beide, dass ein solches Leben gerade das richtige für ihn wäre.

So müssen wir hoffen, dass sich das einmal wieder schaffen lässt – wo es auch sei –, augenblicklich es für ihn in Oberneuland zu erhoffen, ist unmöglich. Meine Einrichtung wird sehr primitiv sein und gerade eben eine Arbeitsstätte für mich bieten.

Nun denke ich mir in meinem stillen Sinn, ob nicht Sie in Ihrem schönen Norden einen ruhigen Winkel für ihn wüssten.

Ja, hier hatte er ihn schon, fast ganz wie er ihn braucht, und wenn er daran denkt, sich von dem kleinen Häuschen hinten im Strohl-Fern-Park zu trennen, so ist ihm das nicht leicht, und es sind triftige Gründe, die ihn zwingen. Kennen Sie das römische Klima näher?

Wissen Sie, wie die Scirocco-Tage dem Neuangekommenen erträglich scheinen und dann immer gefährlicher für den werden, dessen Nerven unter diesem Einfluß leiden, anfangs kaum merklich, doch dann mehr und mehr, so dass der anfangs ganz Unbekümmerte mehr und mehr entkräftet und widerstandslos wird? So wirkte das römische Klima auf Rainer Maria, und jetzt, da die große Hitze vor der Tür ist, bangt ihm sehr davor, denn eine kleine Probe dieser Hitze, die wir schon im April hatten, warf ihn ganz um und machte ihn arbeitsunfähig.

Nun muss er den Gedanken, dieses kleine Haus, das sich in allem anderen so gut zu seiner Arbeitsweise geeignet hat, dieses kleine Haus für die nächsten Jahre als Arbeitsstätte zu haben, aufgeben. – Außerdem kommt noch hinzu, dass eine große liebe Arbeit, an der er schreibt, durch alles dies jäh unterbrochen wurde.

Es handelt sich nun darum, einen anderen stillen Fleck Erde zu finden.

Nach Norden zieht es ihn des Klimas wegen, der nördlichen Sympathien wegen und auch um der Hoffnung willen, vielleicht im Winter oder auch später in Kopenhagen Studien nördlicher Literatur zu machen und Jacobsens Sprache zu lernen.

Kann es sein, liebe Ellen Key, dass ich keine ganz unsinnige Frage tue, wenn ich Sie frage, Sie selbst, können Sie sich irgendeine Möglichkeit denken, Rainer Maria zu sich einzuladen?

Könnte es dort – wo Sie inmitten der beschneiten Tannen Ihren Winter verbrachten – könnte es dort eine stille Arbeitsstätte für Rainer Maria geben? Vielleicht für die letzten Sommermonate oder den Herbst, oder den Winter?

Ist es unmöglich oder kindisch von mir zu denken, Sie könn-
ten für Rainer Maria den Raum wissen, zu welchem er sich ein
wenig sorglos für kurze Zeit zurückziehen könnte, um zu der
jetzt unterbrochenen Arbeit zurückzukehren. Wenn dieser Ge-
danke von mir ein großer kindischer Unsinn ist, so wird es sich
ja jetzt zeigen, da ich ihn Ihnen schreibe, damit Sie ihn erwä-
gen und in Ihrem hilfsbereiten Herzen bedenken.

(...)

Schreiben Sie mir, was Sie davon denken, bitte. Schreiben Sie
mir doch, was Sie v i e l l e i c h t   w o l l e n oder k ö n n e n
könnten. Ich wäre Ihnen so dankbar. Ich schreibe dies aus mir
und von mir zu Ihnen, vielleicht würde Rainer Maria selbst
manches anders sagen, aber im ganzen weiß ich doch gut, was
er meint, und dass ich mich in den wesentlichen Punkten nicht
irre.

So habe ich Ihnen denn meinen Wunsch und meine Bitte ge-
sagt und bin froh, dass ich es tat, denn ich weiß es einem lieben
und wohlmeinenden Herzen anvertraut.

Vielleicht werden Sie sich wundern, dass der, um den es sich
handelt, nicht einfach seinen Koffer packt und dorthin fährt,
wohin es ihn dringend treibt, und sich sein Plätzchen dort oben
selbst sucht – das kommt, weil er nicht reisen kann, wie er mag.

Die Miete des kleinen Häuschens läuft bis zum 1. Oktober,
und die Mittel sind zu gering, um aufs Ungewisse fortzureisen
und in ein neues Land.

Eine kleine Sicherheit müsste auf ihn warten und ihn dort
empfangen – ein wenig so müsste es sein, als käme er nach
Hause in ein eigenes kleines stilles zurückgezogenes Heim. –
Das wünsche ich ihm so, dass ich es fast sehe vor meinen
Augen – irgendein nordisches, helles, liebes Zimmer, so ver-
traut, als hätten unsere Mütter schon darin gewohnt und unse-
rer Mütter Mütter.

Und dort in der heimatlichen Stille würde seine Arbeit wieder aufblühen und sein Mut, und er würde mit neuen Kräften wieder daraus hervorgehen, wie man die stille Stube seiner Mutter wieder verlässt, ausgerüstet mit heilen ausgebesserten Kleidungsstücken, mit ausgeschlafenen Kräften und ausgeruhten und beruhigten Gedanken. –

Aber was sind das für Luftschlösser, werden Sie vielleicht sagen – und wenn Sie das sagen, haben Sie gewiß recht. –

Und nun fällt mir noch eins ein: schrieben Sie nicht, dass Sie im Herbst nach Rom kommen würden? Für wie lange Zeit?

Wollen Sie Rainer Marias Häuschen übernehmen mit Möbeln und allem? Bis zum Herbst gehört es noch ihm – dann würden wir es aufgeben und die Möbel verkaufen.

Vielleicht können Sie das dann gerade brauchen. Aber man muss es wahrscheinlich wieder für 1 Jahr mieten. Preis monatlich 40 Lire. –

Dies ist vielleicht ein dummer Gedanke, aber immerhin gut, wenn Sie wissen. Und nun Schluß, endlich. Seien Sie nicht böse.

Wie erleichtert Rainer Maria Rilke ist, wie dankbar, als bereits zwei Wochen nach dem Brief seiner Frau an Ellen Key, diese aus dem schwedischen Borgeby antwortet und ihn einlädt in ihr Land, in ihre Nähe und Nachbarschaft. *Was haben Sie alles für mich getan!,* schreibt er ihr aus Rom am 30. Mai 1904, froh, dass sich so schnell ein Ausweg gefunden hat: *Ich bin still und getrost und sehe voll Zuversicht in die nächste Zeit, vor der ich mich nicht mehr fürchten muss.*

KAPITEL VIII

Kann aber mit dem Mutter-Sein nicht so schnell

BREMEN – KOPENHAGEN – FRIEDELHAUSEN – WORPSWEDE
1904–1906

*Wie schwer hatte ich es, weil andere mich
stets nur in Verbindung mit Corinth sahen
und beurteilten.*
Charlotte Berend-Corinth

Bücher in große Pappkartons verstauen und Koffer packen,
den Zug von Rom nach Neapel nehmen, mehrere Tage dort
im Hotel bleiben und dann nach Mailand weiterfahren, um
sich Leonardo da Vincis »Abendmahl« anzuschauen – die
beiden Italienreisenden lassen sich viel Zeit mit ihrem Abschied vom Süden, bevor sie die deutsche Grenze passieren.

Dass mit der Internationalen Kunstausstellung in Düsseldorf noch ein großes Kunstereignis auf sie wartet, erfüllt Clara
und Rainer Maria Rilke mit besonderer Freude. In den Tagen
zwischen dem 19. und 22. Juni 1905 schauen sie sich die Bilder
ihres spanischen Malerfreundes Ignacio Zuloaga an, vor allem
aber das Werk von Auguste Rodin in großem Rahmen: Mit
59 Plastiken und 50 Zeichnungen präsentiert der französische
Bildhauer seine erste umfassende Schau in Deutschland.

Was für großartige Eindrücke! Clara Rilke merkt, dass sie ihren Blick auf die Kunst in Italien noch einmal mehr geschult, das kontinuierliche Zeichnen sie wieder ein Stück weitergebracht hat.

Was sagte doch Rodin? Arbeiten. Immerzu arbeiten!

In Bremen trennen sich die Wege des Ehepaars. Während Rilke über Hamburg und Kiel nach Kopenhagen weiterreist, nimmt Clara die Postkutsche nach Worpswede und bezieht, wie im Sommer zuvor, auf dem Barkenhoff Quartier. Es müsste doch ein Leichtes sein, in Worpswede und Umgebung Schüler zu finden, die sie in Bildhauerei unterrichten könnte, oder Menschen, die an einer Büste interessiert sind! Es müsste ihr doch gelingen, als freischaffende Künstlerin für sich und ihre Tochter so viel Geld zu verdienen, dass sie die elementarsten Lebensbedürfnisse allein bestreiten, eine würdige Existenz führen und endlich von ihrem Vater finanziell unabhängig sein kann. Was würde sie nur ohne Heinrich und Martha Vogeler tun! Ohne die herzliche Gastfreundschaft dieser beiden Menschen.

In einem Brief an die Malerin Emmy Walther vom 3. August 1904 beschreibt Paula Modersohn, die sich im Gegensatz zu Clara Rilke künstlerisch frei und materiell unabhängig fühlte und dankbar über *das Glück in meiner Ehe und meiner Arbeit* war, den bedenkenswerten Zustand der Bildhauer-Freundin nach ihrer Rückkehr aus Rom.

Frau Rilke, die bis jetzt in Rom war, ist jetzt wieder hier, ihr Mann in Schweden, ihr Kind in Bremen. Sie arbeitet sehr, trägt aber unter der Last des Lebens, ist ganz mager und macht mich traurig. Ob dieses starke Geschöpf wiederkehrt, das sie einmal war. Ein großer feiner Mensch ist sie natürlich geblieben, in manchen Dingen vielleicht noch mehr geworden, aber sie sitzt voll von hunderttausend Sensibilitäten, die nicht zu ihr gehören. – Ich wünschte einmal, dass Sie sie sehen könnten, um Ihr Urteil zu hören. – Vielleicht liegt es auch etwas in meiner Natur, dass ich eine so starke, so schnelle Veränderung im ureigensten Wesen des Menschen nicht für gut halte. Das langsame Werden scheint mir gesünder.

Bei Vogelers ist immer alles hübsch und reizend anzusehen. Das Haus wird immer schöner, die Frau und die kleinen blonden Mädchen auch. – Meine Reise im vorigen Jahr nach Paris hat mir sehr genutzt und vieles gebracht. Ich habe nur gesehen und nachmittags im croquis gezeichnet. Ich möchte immer alle zwei oder drei Jahre in Paris weilen. Es ist für mich die Stadt. –

•

Unglaublich! Zehn Rodins in der Kopenhagener Glyptothek. Und die »Bürger von Calais« in Bronze gleich nebenan.

Noch bevor er mit dem Dampfer von Kopenhagen nach Malmö übersetzt, berichtet Rilke seiner Frau von seinem Rodin-Erlebnis, drei Tage später, am 27. Juni 1904, schildert er ihr in einem weiteren langen Brief seine Fahrt in der Droschke nach Borgeby Gård, *einem kleinen schwedischen Schlosse, in der Nachbarschaft von Lund,* mit Wäldern, Wiesen, Feldern und zweihundert Kühen.

Herren über Haus und Hof sind die mit Ellen Key befreundete Malerin Hanna Larsson, *eine kleine feste Person mit dunklem Haar,* und ihr späterer Ehemann, der Schriftsteller Ernst Norlind. Ein idealer Ort zum *Ausruhen, was not tut.* Rilke will sich erholen, das römische Klima hat ihn angestrengt. Frühzeitig hat er seinen schwedischen Gastgebern mitgeteilt, seine Natur brauche es, dass er bei offenem Fenster schlafe, viel barfuß gehe, sich, wenn auch nicht ausschließlich, vegetarisch ernähre, viel Obst esse und keinen Alkohol trinke.

Während seiner Spaziergänge barfuß über die üppigen Weiden von Borgeby Gård schweifen Rilkes Gedanken häufig zu seiner Frau nach Worpswede. *Sie war krank und hatte auch sonst schlechte Tage in Bremen,* notiert er, nachdem sie ihm geschrieben hatte, wie mutlos sie sich oft fühle, weil ihr Versuch, in Worpswede künstlerisch Fuß zu fassen, wieder einmal gescheitert sei.

Sie plane einen Aufenthalt in Kopenhagen, wo sie sich neue Impulse verspreche, schreibt er am 4. Juli 1904 an die Ersatzmutter Ellen Key und überlegt, wie Clara zu einem Auftrag kommen könne:

Ich denke immer, ob meine Frau als Zeichnerin und Modelleurin nicht eine Beziehung zu einer der dortigen Porzellan-Manufakturen finden könnte; solche Arbeiten und Porträtaufträge: das wird nach und nach ihr Ausweg werden müssen, nicht die »Schule« (wie wir einmal dachten).

Aber Teller, Tassen und Schalen aus Ton und Porzellan – soll Clara Rilke Keramikerin werden und die Produktion von Kunstgewerbe sie retten?

Ende August lässt sie die Tür ihres Worpsweder Ateliers hinter sich ins Schloss fallen und nimmt den Zug nach Kopenhagen. *Ich hoffe, meine liebe Frau kommt heute abends gut in Kopenhagen an.* Eine kurze Mitteilung von Rilke an Ellen Key: *Morgen sind wir (gegen Abend wohl erst) auf Borgeby und bei Ihnen.*

Rilke selbst hält sich schon seit ein paar Tagen in der Stadt auf und empfängt Clara am Bahnhof. Ihr Zustand erschrickt ihn. *Sie sah schlecht aus, als sie ankam und war sehr erschöpft.*

Umso größer die Freude über das gemeinsame Zusammensein *in dieser schönen Luft und Gegend hier.* Besonders beglückt sind beide Rilkes über ihre erste persönliche Begegnung mit Ellen Key, die am 26. August eintrifft und eine Woche mit ihnen in Borgeby Gård verbringt. Sie können der zwar resoluten, doch wohlwollenden und hilfsbereiten Freundin wirklich von Herzen dankbar sein, dass sie *alles so lieb und gut getan* habe, *als ob es das Einfachste und Selbstverständlichste wäre!*

Ellen Keys Hauptwerk, »Das Jahrhundert des Kindes«, war 1900 erschienen. Darin hatte die Reformpädagogin die Bedeutung einer frühen Selbstverwirklichung schon des ganz jungen Menschen betont und sich gegen jede Form von leistungsorientierter Erziehung gewandt: *Meine geträumte Schule kommt solange nicht zustande, wie die Staaten ihre größten Opfer für den Militarismus bringen. Erst wenn dieser überwunden ist, wird man es in der Entwicklung so weit gebracht haben, dass man einsieht, dass der teuerste Schulplan – der wohlfeilste ist. Denn dann beginnt man starke menschliche Hirne und Herzen als den höchsten Wert der Gesellschaft zu betrachten.*

Zweifellos auf seine eigenen Erfahrungen in der verhassten Militärakademie Bezug nehmend, hatte Rilke geschrieben, als er Ellen Keys Buch rezensierte: *Freie Kinder zu schaffen, wird die vornehmste Aufgabe dieses Jahrhunderts sein. Ihr Sklaventum ist schwer und schrecklich; es beginnt, noch ehe sie geboren sind, und endet damit, dass sie schließlich Erwachsene und Eltern, das heißt, wieder Unterdrücker von neuen Kindern werden.*

Der Besuch bei James und Lizzie Gibson in ihrem geräumigen Landhaus in Furuborg bei Göteborg, initiiert von Ellen Key, ist anregend für die beiden Rilkes. Im Mittelpunkt der Gespräche steht ein neuartiges Schulprojekt, das

in Schweden gerade für Aufmerksamkeit sorgt: Die 1901 gegründete »Högre Samskola« in Göteborg ist eine privat ge-
förderte Gesamtschule mit angeschlossenen Werkstätten, die
nach reformpädagogischen Prinzipien aufgebaut ist und der
gemeinsamen Erziehung von Kindern, Eltern und Lehrern
dienen soll.

Samskola. In seiner Begeisterung über dieses pädagogische
Modell liest Rilke vor Lehrern und Förderern in den Räumen der schwedischen Schule aus seinen Werken. Seine Frau
versucht er ebenfalls für die Idee eines solchen Schulprojekts
zu erwärmen, propagiert es in der folgenden Zeit mehrfach
in Vorträgen und Aufsätzen, und tatsächlich spielte das Ehepaar vorübergehend ernsthaft mit dem Gedanken, in Norddeutschland eine Samskola zu gründen.

Wäre das nicht endlich eine konkrete Aufgabe? Besonders
für Clara? Was die Möglichkeiten betraf, als Auftragskünst-
lerin für die Porzellanmanufaktur in Kopenhagen zu arbeiten, so gab es keinen wirklichen Anlass zur Hoffung; sie reiste
dennoch zusammen mit ihrem Mann dorthin, um sich um-
zuschauen und zu erkundigen. Doch *die Stadt drückte uns
und allerhand alte Ängste kamen unter dem Druck hervor und
alle Sorgen standen auf,* notierte Rilke ebenso betrübt über die
Vergeblichkeit ihrer Bemühungen in Kopenhagen wie seine
Frau: *Es war ohnehin traurig zu sehen, wie rasch Clara, nach
unserer ersten Abreise von Furuborg, die dort gewonnene Frische und Frohheit (die ich seit ihrer Mädchenzeit nicht so bei
ihr gesehen hatte -) wieder einbüßte.*

Diese Zeilen vom 9. Oktober 1904 an Ellen Key schrieb
Rilke nach dem gemeinsamen Aufenthalt in Kopenhagen aus
Furuborg, wo sich Clara, niedergeschlagen, wie sie war, im
Kreis der Freunde noch ein wenig erholen sollte, bevor sie
am 6. Oktober wieder zurück nach Deutschland reiste, wäh-

rend Rilke zwei weitere Monate in Schweden verbrachte, pendelnd zwischen Borgeby Gård, Furuborg und Kopenhagen: *Das aber war so wichtig, dass Clara nicht aus der gedrückten Stimmung in welche wir in der Kopenhagener Zeit geraten waren, in die ungewissen Verhältnisse von Oberneuland hinein abreiste, wo wieder erst alles getan werden musste, was zu einem neuen Anfang nötig ist.*

·

Wie viele Anläufe hat sie nun schon hinter sich, ihr Leben zu strukturieren!

Doch dieses Mal darf Clara Rilke zuversichtlicher sein als sonst. In der Nähe ihres elterlichen Landhauses in Oberneuland, etwa eine halbe Stunde entfernt, stellt ihr eine vermögende Freundin der Familie auf ihrem Besitz einen Arbeitsraum zur Verfügung. Er ist groß, hell und ruhig, und wenn sie aus dem Fenster schaut, sieht sie nur Grün. Dieses ist keine Dauerlösung, sie weiß, dass sie nur bis zum Frühjahr bleiben kann. Doch egal. Umgehend schaut sie nach Möglichkeiten, Geld zu verdienen, und schneller als erwartet findet sie in der Bremer Innenstadt drei Schülerinnen, denen sie Unterricht geben kann. Außerdem erhält sie den überraschenden Auftrag, die Büste des bekannten Bremer Schriftstellers Heinrich Bulthaupt für den Künstlerverein zu modellieren. Eine ehrenvolle Aufgabe, um die sich zahlreiche Künstler beworben haben.

Wenn sie sich jetzt nur auf ihre Arbeit konzentrieren könnte! Doch es ist schon Anfang Dezember, Rilke wird in diesen Tagen aus Schweden zurück und bei ihr und Ruth in Oberneuland sein. *Dann kommt Weihnachten und ich bin bei Euch,* hatte er am 21. Oktober geschrieben und Clara mitgeteilt, dass ihm ein dänischer Arzt allgemeine Erschöpfung, Blutarmut und Kreislaufstörungen attestiert habe. Aus Oberneuland berichtet er Ellen Key am 22. Dezember 1904: *Ich bin gleich nach meiner Ankunft einer hässlichen Influenza und einem Zahnarzt in die Hände gefallen, die mich beide quälen... Trotzdem ist es schön bei Clara zu sein und den kleinen Menschen Ruth jeden Tag zu sehen.*

Gibt es Fotografien von Clara Rilke als junge Frau, auf denen man sie lächeln sieht? In der Regel ist ihr Blick ernst, der unter dichten Brauen aus ihren auffällig großen, dunklen Augen fällt. Die leicht heruntergezogenen Mundwinkel verleihen ihren Gesichtszügen etwas Verhärmtes, Kummervolles.

Ähnlich ist die Wirkung auf den Gemälden, auf denen sie zu sehen ist. So zeigt Heinrich Vogelers großformatiges Bild »Sommerabend« Clara Rilke auf der Terrasse des Barkenhoff im Kreis der »Familie« sitzend. Eine dunkel gekleidete Frau, der man ansieht, dass sie sich grämt und Schweres durchmacht.

Auch ihr einziges Selbstbildnis, ein kleinformatiges, gerade 35 mal 27 Zentimeter messendes Gemälde, das sie im Frühjahr 1905 in Worpswede in Öl auf Holz malt, stellt sie blass und erschöpft dar.

Ob er *jemanden Reichen* kenne, der sich eventuell für seine Manuskripte interessieren und sie gar erwerben könne? Rilke fragt unverhohlen bei seinem schwedischen Freund Gibson an und bekennt ihm gegenüber, dass ein gewisser Grad von *aussichtsloser Armut*, der andere motiviere, ihn geradezu hypnotisiere und lähme. *Aber wie das Geld in die Welt gekommen ist und was es will, kann ich nicht verstehen und ich bin diesem Kampfe nicht gewachsen.*

Entgegen aller Erwartung und genau im rechten Augenblick kommt dem entmutigten Paar ein weiteres Mal Ellen Key zu Hilfe. Sie hat in Deutschland, Schweden und Prag Vorträge über Rilke gehalten und ihm die Einnahmen dafür großherzig übergeben. Was für eine glückliche Fügung, von der er Clara umgehend berichten muss. Wenn er sieht, wie sehr sie seelisch und körperlich am Ende und seine Gesundheit ebenso angegriffen ist – wäre es nicht vernünftig, sich von der unverhofften finanziellen Zuwendung eine Kur auf dem Weißen Hirsch zu leisten und dort Kraft zu schöpfen?

Und so gönnen Rainer Maria und Clara Rilke sich vom 3. März bis zum 19. April 1905, also gut sechs Wochen lang, in den ihnen bekannten Bädern und Massageräumen des begehrten Kurhauses ihre – da sind sich beide einig – wohlverdiente Ruhe.

Lange Spaziergänge unter den hohen Bäumen in der prächtigen Parkanlage unterbrechen die verschiedenen Anwendungen, und drei Mal am Tag kann man das Ehepaar im Speisesaal bei Körnerkost und Kräutertee sitzen sehen.

Rilke schaut sich um. Gewöhnlich braucht er nicht lange, um zu wissen, wen er unter den zahlreichen Gästen für so interessant hält, dass es gilt, auf sich aufmerksam zu machen. Schließlich ist er kurz davor, als Dichter anerkannt zu werden, und jeder gesellschaftlich relevante Kontakt kann diesbezüglich nur nützlich sein.

An einem der Tische sitzt eine Dame, der das ungleiche Paar längst aufgefallen ist, die es *mit Güte umgibt*, wie Rilke notiert, und Clara und ihn kennenlernen möchte. Louise von Schwerin ist 56 Jahre alt, Mutter einer erwachsenen Tochter und seit langem schwer krank. Binnen kurzem hat Rilke Fäden zu ihrer gesamten Familie geknüpft, und als die liebenswürdige Gräfin ihn und seine Frau auf ihr Anwesen ins hessische Friedelhausen einlädt, nimmt er diese Einladung unverzüglich und nur allzu gerne an.

•

Clara und ihr Ehemann in Friedelhausen, 1905

Hochsommer 1905. Eine Schwarz-Weiß-Fotografie doku-
mentiert den gemeinsamen Augenblick: Auf der von Wäldern umgebenen Schlossterrasse von Friedelhausen sitzt
Clara Rilke im weißen Kleid und modelliert ihren lesenden
Mann.

Eigentlich ist sie ihm auf den gräflichen Besitz nur gefolgt,
weil die Familie sie gebeten hat, ein Porträt Louise von
Schwerins zu machen. Doch kaum ist sie in Friedelhausen
angekommen, geht es der Schlossherrin so schlecht, dass sie
nicht Modell sitzen und Clara Rilke ihren Auftrag nicht erfüllen kann.

Stattdessen entsteht an einem Nachmittag bei einer Tasse
Tee auf der Terrasse, wie beiläufig, ein winziger, kompakt und
zerbrechlich zugleich wirkender Kopf, kaum 20 Zentimeter
hoch. Die gewölbte Stirn unter dem Haarschopf, die tief liegenden Augen mit den gesenkten Lidern, die vollen Lippen –
Rilkes konzentriertes Gesicht neigt sich so tief hinab, dass

190

Hals, Kinn und der auf einen quadratischen Sockel stoßende Kinnbart zu einer dichten Masse verschmelzen.

Nicht *irgendeine Stellung,* die sich nun *zufällig gerade ergibt,* wie die Bildhauerin es einmal formulierte, wählte sie für ihr »Porträt Rainer Maria Rilke«, sondern diese, für ihn charakteristische Lesehaltung sollte *es einzig und allein sein.*

Das Porträt gehört zu Clara Rilkes schönsten Arbeiten und erinnert in seiner Intimität an »La Pensée« (Der Gedanke), jenen Kopf aus Marmor, den Auguste Rodin von Camille Claudel formte.

Als Clara Rilke wenig später Otto Modersohn porträtierte, entschied sie sich für eine ganz ähnliche Form. *Otto sitzt Modell bei Clara Rilke,* liest man unter dem 6. Dezember 1905 in den Aufzeichnungen von Paula Modersohn. In einem Brief vom 16. Januar 1906 an den Bankier, Schriftsteller und künftigen Rilke-Förderer Karl von der Heydt, den der Dichter im Hause Gräfin Schwerins kennen lernte, beschreibt er Modersohns Porträt als *nachdenklich und in sich beschäftigt mit der Hand am Bart, eine feine überzeugende Arbeit, die, an der ich die meiste Freude hatte.* Bedauerlicherweise blieb die Büste unvollendet oder wurde zerstört.

Im Herbst 1905 schickte Clara Rilke Fotografien ihrer letzten Arbeiten an Rodin, darunter auch Aufnahmen des Rilke-Porträts. *Von der einen, besten,* habe er schließlich gesagt, wusste Rilke umgehend Ellen Key stolz zu berichten: »Es gibt nicht viele Bildhauer, die das können.« *Darauf hat er ihr seine Glückwünsche telegrafiert und sie zu sich gerufen.*

Und wie geht es jetzt, nach dem gemeinsamen Aufenthalt in Friedelhausen, weiter?

An eine Reise nach Paris ist für Clara Rilke gar nicht zu denken, sie muss zurück nach Oberneuland, will zu ihrer

Tochter, obgleich es schwer ist, das kann sie nicht leugnen, dem Ruf von Rodin zu widerstehen.

Und Rilke? Steigt in den Zug und trifft am 12. September im Pariser Hôtel du Quai Voltaire ein. Drei Tage später siedelt er nach Meudon über, wo er bei Rodin wohnen darf, *in einem reizenden kleinen Häuschen, das er mir eingerichtet hat; in herrlichster Gegend mit dem Blick über das entzückende Sèvres-Tal.*

Keine Frage, Auguste Rodin beglückt Rilkes Entschluss, seine für den Herbst geplanten Vorträge über ihn in Paris vorzubereiten.

Ich war stundenlang mit ihm im musée, berichtet er Clara und erzählt ihr von der überaus warmherzigen Aufnahme in Meudon:

Er hat viel Liebes gesagt und viel aus großem Vertrauen heraus. Wir gehen von Sache zu Sache, und er fragt mich, wie ich das und jenes sehe und fühle, und schreibt dann die Namen, die ich den Sachen gebe, auf den Sockel ... Er ist so allein. Das ist sein Werk, hundert und hundert Dinge, die ihn brauchen, und er findet nicht einmal einen passenden Sekretär, der ihm die Last der Schreibereien abnimmt, geschweige denn einen, der ihm wirklich hilft, das ganze Werk zu verwirklichen, der mit angreift dabei.

Nach dem Abendessen ziehe er sich bald zurück und sei *um halb 9 längstens in meinem Häuschen.* Rilke ist in Hochstimmung und schreibt. Neben seinen Texten über den Bildhauer verfasst er zahllose Briefe, darunter viele auf Französisch, und nahezu täglich hört auch seine Frau von ihm.

Noch im September konfrontiert Rodin seinen Gast aus Deutschland mit der Frage, ob er sich vorstellen könne, als

1 Porträt der Alten (Frau Mindermann), Gips, 1898,

2 Paula Becker, Gips, 1898/99

3 Sitzender Knabe, Atelierfoto 1900

4 Rainer Maria Rilke, Atelierfoto 1901

5 Heinrich Vogeler, Bronze, 1901

6 Marie Czaikowska, Paris, 1902/03

7 Rainer Maria Rilke, Bronze, 1905

8 Ruth Rilke, Gips, 1909

9 Karl Wolfskehl, Gips, 1912

10 Sidonie Nádhernyý von Boroutin, Terrakotta, Paris, 1913

11 Stehendes Mädchen, Westerwede, 1925
(Kopie der Figur von 1900)

12 Mathilde Modersohn, um 1915

13 Selbstporträt, 1905

14 Selbstporträt Helmuth Westhoff, undatiert

15 Eichenwiese, um 1900

16 Gehöft Cordes, o.J.

17 Cato Bontjes van Beek, 1939

eine Art Privatsekretär für ihn tätig zu sein. *Rodin will, dass ich viel Zeit für mich haben soll, denn um mir zu helfen, hat er mir diese Stelle gegeben.* Das bedeutet: Rilke darf weiterhin bei Rodin wohnen und bezieht darüber hinaus für seine Arbeit ein Monatsgehalt von 200 Francs. Das freut ihn vor allem für seinen Vater Josef Rilke, der nun entlastet ist: *Von ihm und den Verwandten kann ich also unabhängig sein, nur kann ich leider die erste Zeit Clara noch nicht helfen.*

Dabei hätte sie eine finanzielle Zuwendung jetzt dringend nötig. Denn mit dem plötzlichen Unfalltod von Friedrich Westhoff am 13. August 1905 hat sich ihre verhängnisvolle materielle Situation noch einmal zugespitzt. »Es gibt nicht viele Bildhauer, die das können.« Jeden Tag denkt sie an diesen Satz von Rodin, und selbst wenn alles dagegen spricht, dass sie schon wieder aufbricht und ihre kleine Tochter zurücklässt, steht die Parisreise bald für sie fest.

Kaum dort angekommen, schreibt Clara am 6. Oktober 1905 hoch motiviert an Paula Modersohn nach Worpswede: *Paris im Herbst! Es ist etwas, das Sie noch erleben müssen. Tun Sie es mir nach mit unerwarteten Entschlüssen. Mir scheint alles wie ein großer Tanz von Schönheit – so wie nie.*

Nach einem vierwöchigen Aufenthalt in Paris ist die 26-Jährige wieder zu Hause.

Überaus angeregt durch die Nähe zu Auguste Rodin, erzählt sie Paula Modersohn viel von ihrer Zeit in seinem Atelier. Alles sieht danach aus, dass sich die »Schwesterseelen« vom Sommer 1900 ihres gemeinsamen Anfangs erinnern und einander wieder genähert haben. Doch ihre Beziehung ist immer noch fragil, und wer weiß, ob sie je zu der alten Unbekümmertheit zurückfinden werden.

Des Morgens male ich jetzt Clara Rilke im weißen Kleid,

Kopf und ein Stück Hand und eine rote Rose. Paula Modersohn berichtet ihrer Mutter am 26. November 1905, dass sie
die Bildhauerin für ein Porträt in ihr Atelier gebeten habe:

*Sie sieht sehr schön so aus und ich hoffe, dass ich ein wenig von
ihr hineinbekomme. Neben uns spielt dann ihr kleines Mädchen, Ruth, ein kleines molliges Menschenkind. Ich freue mich,
auf diese Weise mit Clara Rilke öfter zusammenzukommen. Sie
ist mir trotz allem von allen noch die liebste.*

Das »Brustbild der Bildhauerin Clara Rilke-Westhoff« aus
dem Spätherbst 1905 ist überraschend klein, es misst rund
50 mal 36 Zentimeter. Das weiße Kleid der Porträtierten
mag an Vergangenes, an die gemeinsame Zeit des Aufbruchs
der beiden »Schwesterseelen« erinnern, an die »Mädchen
in Weiß«, die aufgeblühte, dunkelrote Rose ein Hinweis auf
Rilke sein, der am Morgen nach der Hauptmann-Premiere in
Hamburg Rosen kaufte und sie verteilte: *Jeder von uns hatte
eine von meinen Rosen, an denen wir uns wiedererkannten,
wenn einer von uns sich in seinem Nachsinnen verloren hatte.*
    Zu den wenigen Freunden, die das kleine Bildnis in Paula
Modersohns Atelier kurz nach seiner Entstehung zu Gesicht bekommen, gehört Heinrich Vogeler, der festhält: *Sie
malte Clara, eine schwarzhaarige Frau auf dunklem Grund
in weißem Kleid. In der Hand hält sie eine dunkelrote Rose.
Clara wendet sich schwermütig nach außen. Das Bild ist wie
ein schmerzlicher Abschied und wie ein Rückblick auf Verlorenes.* Schwermut, Melancholie. Vogeler ist erschüttert. Hat er
Rilke nicht immer schon vorgeworfen, dass an seiner Seite
aus einer einst frohen und freien Frau eine Fremde geworden
sei, in sich selbst gefangen?
    Der Dezember 1905 in Worpswede ist düster, es regnet

häufig, und aus östlicher Richtung pfeift ein schneidender Wind. Hin und wieder sieht man ein paar Schneeflocken vom Himmel fallen, die sich aber auflösen, ehe sie überhaupt die schwarze aufgeweichte Erde berühren.

Weihnachten mit Frau und Tochter in Westerwede zu verbringen, hatte sich Rilke gewünscht und war, für Clara wohl überraschend früh, bereits vier Tage vor dem Fest bei ihnen aufgetaucht. *In dem kleinen Haus habe ich meine Frau inmitten ihrer Arbeiten angetroffen und damit beschäftigt, zwei Hände und einen kleinen Kopf nach unserem Kind zu machen.*

Unmittelbar nach seiner Ankunft berichtet er Rodin, wie erfreut Clara über seine Grüße gewesen sei, und dass er ihm in Paris Genaueres über ihre bildhauerische Arbeit berichten werde, die ihm *eine mutige Fortsetzung der Studien zu sein* scheine, die sie in Meudon gemacht habe.

Mein sehr lieber großer Meister, schreibt Rilke am 20. Dezember 1905, *ich bin jetzt in diesem kleinen Dorf, wo, wenn der Abend kommt, alles zu einem Fenster wird, das dort unten im Nebel leuchtet, ein kleines Fenster, unsicher und allein in der unendlichen und nächtlichen Ebene.*

Am selben Tag schreibt er an seine Mutter:

Das kleine liebe blonde Mädchen mit den langen goldenen Haaren, das hier herumläuft und wie das Christkind selber ist, kommt jeden Augenblick mir etwas zu zeigen, so dass ich gar nicht recht Ruhe zum Schreiben habe; aber diese kleine Störung kann nur dazu beitragen, diese wenigen Worte weihnachtlicher zu machen, da sie von diesem kleinen lieben Mädchen ausgehen, das so voll Erwartung und Freude und Zuversicht dem Tag entgegensieht, der immer näher kommt. Ich mag nicht viel schreiben, denn ich werde nur kurz hier sein und möchte diese wenigen Tage ganz meinen Lieben geben; möchte jedes Mal,

wenn mein kleines Töchterchen mir etwas zeigen kommt auf-
merksam sein und tun was sie von mir will.

Stolz und in allen Einzelheiten erzählt der Vater vom Wachsen und Gedeihen der inzwischen vierjährigen Ruth. Eigen-
sinnig, temperamentvoll, so beschreibt er sie. *Dabei doch*
nicht ungestüm, sondern sehr liebevoll und leicht und graziös,
wenn sie mit einem Fächer auf und nieder geht oder sich ver-
beugt oder gar tanzt was sie bis zur Atemlosigkeit fortsetzt mit
Freude und Leidenschaft. Alles zeuge von einem ganz eigenen Leben, das sie führe, vollkommen in sich versenkt. Gerne
spiele sie mit anderen Kindern, habe keine Scheu, alle anzusprechen, die ihr gefallen, kenne keine Spur von Verlegenheit und könne sich dennoch tagelang allein beschäftigen,
mit Großmutters Puppe Caroline spielen oder gar Briefe
schreiben *mit unregelmäßigen und doch schon schriftähn-*
lichen Strichen.

Während der Weihnachtstage in Westerwede besucht
Rilke auch Paula Modersohn in ihrem *Lilienatelier.* Vermutlich zum ersten Mal sieht er Bilder von ihr, ist überrascht,
beeindruckt, erkennt ihre Größe und kauft, obgleich es ihm
finanziell nicht leicht fallen dürfte, als Zeichen seiner Anerkennung und um sie moralisch zu unterstützen, das Bild
»Säugling mit der Hand der Mutter« von 1903.

Zurück in Meudon schreibt er am 16. Januar 1906 an seinen Mäzen Baron von der Heydt: *Das merkwürdigste war,*
Modersohns Frau an einer ganz eigenen Entwicklung ihrer
Malerei zu finden, rücksichtslos und geradeaus malend, Dinge,
die sehr worpswedisch sind und die doch nie einer sehen und
malen konnte. Und auf diesem ganz eigenen Wege sich mit van
Gogh und seiner Richtung seltsam berührend.

Am 17. Februar sendet Paula Modersohn aus Worpswede

einen Brief an Rainer Maria Rilke nach Meudon. Es stimme sie froh, von ihm zu hören, dass er sich über ihr Bild freue, schreibt sie:

Dafür, daß Sie »mein kleines Kind« ein wenig gerne mögen, dafür danke ich Ihnen. –Man freut sich, wenn jemand einen gern leiden mag, hauptsächlich, wenn es nicht viele Konkurrenten gibt, wie in diesem Falle. Mit diesem »Gerne-leiden-Mögen« haben Sie mir das erste Stück Paris gebracht, und das ist sehr viel. Beinahe hätte ich nicht gedacht, dass es mir noch einmal wieder so gut gehen würde, wie es mir geht. Ich habe das Gefühl, ich bekäme ein neues Leben geschenkt. Das soll schön und reich werden, und wenn etwas in mir sitzt, dann soll es erlöst werden.(…)

Ob ich Sie hier wohl noch sehe? Ich hoffe eigentlich nicht. Mir brennt der Boden ein wenig unter den Füßen. Ich bleibe bis Ende dieses Monats hier, um meine Familie nicht zu beunruhigen (…) Und nun weiß ich gar nicht, wie ich mich unterschreiben soll. Ich bin nicht Modersohn und ich bin auch nicht mehr Paula Becker.

Ich bin

Ich

und hoffe, es immer mehr zu werden. Das ist wohl das Endziel von all unserem Ringen.

Inzwischen stemmt sich alles in ihr gegen die Worpsweder Eintönigkeit, den immergleichen Tagesablauf, gegen viel *Winterschlaf* und wenig *Welt*.

Ihr Freiheitsdrang und das Vertrauen in sich als Frau und Künstlerin sind jetzt so groß, dass sie den Willen und Mut hat, sich trotz ihrer materiell ungesicherten Verhältnisse von Otto Modersohn zu lösen und selbst für ihre *äußere Existenz* zu sorgen. Sollen die anderen von ihr denken, was sie wollen, ihr Egoismus vorwerfen. Niemand würde sie von ihrem *Endziel* abbringen können.

Schon vor Weihnachten, wenige Wochen vor ihrem dreißigsten Geburtstag, hatte Paula Modersohn den Rilkes von ihrem Plan erzählt, Worpswede verlassen und für längere Zeit in Paris leben zu wollen. Dort würde sie sich frei und ohne Rücksichten der großen, herausfordernden Aufgabe, ihrer Kunst, widmen können.

Ich habe eine Bitte, von der ich allerdings gar nicht weiß, ob Sie sie erfüllen können, schreibt Clara Rilke am 12. Februar 1906 aus Oberneuland an Paula Modersohn nach Worpswede:

Die kleine Ruth will mich nicht so ohne weiteres weglassen – nun will sie wenigstens erst noch einmal zu einem kurzen Besuch mit. Darum wollen wir morgen – Dienstagvormittag nach Worpswede gehen (Frau Töppe macht uns Mittagessen – schrieb ich ihr schon). Weil ich aber einen schlimmen Fuß habe – so muss ich mein Rad zu Hilfe nehmen und muß langsam neben Ruth herfahren. – Wir haben das schon auf kleineren Strecken so gemacht und denken, es ginge ganz gut. Vielleicht wäre es uns aber doch eine Beruhigung, wenn uns jemand möglichst weit entgegenginge. Wir haben alle kleinen Freundinnen von Ruth durchdacht – aber alle sind zu klein – oder in der Schule – und Tina Heidtmann ist bei Wenkes. – So denken wir an Sie. Haben Sie Lust es zu tun? (Wenn Sie aber eine wichtige Arbeit haben, so werden wir alleine fertig). Wir kommen mit dem Zug, der um 11 Uhr 21 Min. in Worphausen ist. – Nur für den Fall, dass Sie gerade Lust zu einem Spaziergang haben. (…)

Sehne mich nach den stillen Arbeitsabenden – kann aber mit dem Mutter-sein nicht so schnell.

Am Abend des 23. Februar 1906, sie hat noch den Geburtstag ihres Mannes mit ihm und Elsbeth gefeiert, besteigt Paula Modersohn den Nachtzug und fährt nach Paris.

Ihre Abreise hatte sie in aller Heimlichkeit vorbereitet. Mit allen Mitteln wollte sie vermeiden, dass irgendjemand aus der Familie auf die Idee kommen könnte, sie von ihren Plänen abzuhalten, schon gar nicht Otto Modersohn.

In dem kleinen Hotel in der Rue Cassette in Saint-Germain, das sie von ihrem letzten Aufenthalt schon kennt, trifft unmittelbar nach ihrer Ankunft Post für sie ein. Das Kuvert ist an *Paula Becker* adressiert, die großzügige Handschrift als die Clara Rilkes zu erkennen. Mit großer Sehnsucht denke sie *nach der Welt zu Ihnen hin – nach der wirklichen Welt,* schreibt die Bildhauerin am 23. Februar 1906 aus Worpswede nach Paris: *Alles Gute zum neuen Anfang! – Ich schreibe es auf Knien in meinen neuen Räumen, die mich froh machen. Möge alles neue Sie so hell und herrlich begrüßen und auch Schweres Ihnen gut und wichtig und nichts als fruchtbar sein.*

Nun habe ich Otto Modersohn verlassen, notiert Paula Modersohn am 24. Februar 1906 in ihr Tagebuch, *und stehe zwischen meinem alten Leben und meinem neuen Leben. Wie das neue wohl wird. Und wie ich wohl werde in dem neuen Leben? Nun muß ja alles kommen.*

●

Berlin, 2. Februar 1906. Im »Verein für Kunst Paul Cassirer« sind die Stühle bis auf den letzten Platz besetzt.

In der ersten Reihe: Clara Rilke und Lou Andreas-Salomé. Ohne sich bisher persönlich begegnet zu sein, wissen die beiden Frauen schon viel voneinander. Offenbar gefallen sie einander auf Anhieb, denn man kann in ein herzliches Gespräch vertieft sehen, bevor um Stille gebeten wird und Rilke an das Lesepult tritt. Im Saal knistert es vor Spannung – es ist das erste Mal, dass der 30-jährige Dichter, schon seit Februar auf Vortrags- und Lesereise durch Deutschland, vor großem Publikum aus seinen Werken liest.

Wie hatte er doch ein Jahr zuvor an seine Frau geschrieben: *Ich will Dir nicht viel sagen von allem, wie ich es hier lebe, wie es mich hier stärkt und sammelt und ermutigt.*

Zu diesem Zeitpunkt hielt er sich in Göttingen auf, saß nach dem warnenden »Letzten Zuruf« von 1901 und anschließenden Jahren des gegenseitigen Schweigens mit Lou Andreas-Salomé im Garten ihres Hauses in der Herzberger Landstraße 101 und wünschte in Gedanken an Clara

Du wärest hier bei uns, wenn wir im Garten sitzen und lesen oder über alle die Dinge sprechen, mit denen ich Dich oft gequält habe und die nun um so vieles leichter werden oder wenigstens tragbarer in ihrer Schwere… Und wenn mich nun alles hier freut und mir hilft, so ist unter den wirklichsten Freuden eine kaum mehr unterdrückbare Zuversicht: dass auch dieser Mensch Dir eines Tages wird lieb werden können… dieser Mensch, der in meiner inneren Geschichte so viel Handlung trägt.

Wie wird sich die Beziehung zwischen Clara Rilke und der siebzehn Jahre älteren Lou-Andreas-Salomé nach dieser ersten, überraschend freundschaftlichen Begegnung wohl entwickeln?

Nach weiteren Lesungen in Hamburg und Bremen in Begleitung Claras zurück in Westerwede, sorgt die Nachricht von Josef Rilkes plötzlichem Tod für Erschütterung. Rilke nimmt umgehend den Zug und reist zu seinem verstorbenen Vater nach Prag. Clara folgt ihm einen Tag später, um bei den Vorbereitungen für die Trauerfeier zu helfen. *So treu und wahrhaft aufopfernd* habe sie ihm zur Seite gestanden, schreibt Rilke an seine Mutter Phia, die zur Beerdigung ihres geschiedenen Mannes nicht gekommen ist. Wie hätte er die schweren Tage nur ohne Clara überstehen können! Die Arbeit leisten, die sich an das unerwartete Unglück schloss. Das Begräbnis organisieren – *Veilchen hab' ich neben sein Haupt gelegt; auf dem Sarge liegt ein Heidekranz von Ruth –,* behördliche Fragen klären, den Nachlass durchsehen, die Wohnung auflösen, Erbstücke des Vaters nach Worpswede transportieren lassen. *Im Augenblick sind fast alle Spuren verwischt dieses Lebens, das mir so nahe und so lieb war.* Ein Grund mehr, die Mutter zu bitten, ihm das große Porträt von seinem Vater als Kind zu überlassen, damit es in Ruths Zimmer hängen könne: *Zumal da ich so wenig bei dem kleinen Mädchen sein kann, ist es lieb, dieses Bild in ihrer Nähe zu lassen.*

Halte mich nicht für rücksichtslos! Bedenke meine Lage! Seiner Mutter gegenüber muss Rilke das finanzielle Erbe ansprechen, auch wenn es ihm innerlich widerstrebt. Sie könne doch verstehen, dass es eine große Hilfe und einen großen Trost für ihn bedeute, wenn er weiterhin jedenfalls einen Teil jener Geldsumme beziehen dürfe, die er bisher immer vom Vater bekam: *Es war Papa's Wunsch, dass Du diese Pension erhältst, allerdings verband er damit die Hoffnung, dass Du sie mir soweit als möglich zuwenden mögest,* schreibt er an Phia Rilke am 20. März 1906. *Ich bin durch meine trostlos unbestimmte Lage gezwungen, Dich liebe Mama zu bitten, Papa's Wunsch bei Dir zu erwägen und mir, wenn Du die Pension erhalten solltest, zu sagen, ob und wieweit Du uns zu helfen gedenkst.*

Solange er seine kleine Stelle als Privatsekretär bei Rodin

habe, wolle er die 40 Gulden *ganz Ruth und Clara zuwenden, die ja arg in Sorgen sind.* Doch, schränkt Rilke vorbeugend ein, wer weiß, vielleicht könne schon bald der Tag kommen, an dem er selbst das Geld benötige?

·

Frühling in Meudon, Ostern naht. *Erinnerst Du Dich noch, meine liebe kleine Ruth, was für eine Menge Eier wir voriges Jahr zu Ostern in Worpswede gefunden haben?* Rilke, das *Väterchen,* schreibt am 12. April 1906 an seine Tochter Ruth:

Auf dem Weg zur Kuhle haben die ungeschickten Hasen sie verloren. Rechts war eines, links waren zwei, blaue und gelbe und rote und violette, und in der Kuhle da staken sie im Sand und lagen in ganzen Nestern beisammen. Und wir liefen alle herum und suchten, und es waren immer noch welche da, und schließlich war Großmutter so müde geworden, dass sie sich hinlegte und einschlief, und wir hätten sie beinahe vergessen, als wir wieder nach Hause gingen, um in Fräulein Meyers Haus Kakao zu trinken. (...)

Heuer aber bin ich nicht in Worpswede, sondern hier ganz nahe bei Paris, in meinem kleinen Häuschen (das so aussieht, wie Du es hier siehst), und ich gucke schon immer ein bisschen zu, ob nicht hier was zu finden ist, aber ich sehe keinen Hasen, und ich glaube, er kommt gar nicht in unseren Garten, weil wir diese drei Hunde haben, die immer aufpassen; vor denen fürchtet er sich gewiss. Und wenn ich anfange, hier im Grase zu suchen, dann kommen sie auch gleich, die drei neugierigen Hunde. Und wenn ich meine Hand unter die kleinen grünen Blätter stecke und in das Gras, das ganz neu ist, um zu sehen, ob nicht was darunter ist, dann stecken sie ganz schnell ihre

Familie Rilke, 1906

*Nase dazu, ihre kalte nasse Nase, und sie sind immer um mich
und nicken sich gegenseitig zu und sagen sich auf hundisch: »Er
sucht etwas für uns.« Das ist aber, wie Du weißt, gar nicht
wahr. Ich denke an Dich, meine liebe liebe kleine Ruth. Helmuth, den ich herzlich grüße, soll mal mit dem Hasen sprechen
und soll ihm sagen, dass Ihr umgezogen seid und wo Ihr jetzt
wohnt. Ich küsse Dich, liebe kleine Ruth. Dein Väterchen.*

Es ist schon Abend in der Villa des Brillants. Rilke sitzt immer noch am Schreibtisch. *Ich schreibe, gern möchte ich sagen,
hundert Briefe jeden Tag, Vormittag für den Meister und Nachmittag für mich, und wenn da etwas übrig bleibt, was noch*

nicht Nacht ist, so horch ich über meinen Gedichten, die noch ins Buch der Bilder wollen. Worüber er seiner Frau gegenüber schon im Februar geklagt hat, nimmt immer mehr zu: Der Berg an Büroarbeit für Rodin wächst und droht ihn manchmal zu erdrücken. Zwischen den Zeilen gibt er dies auch seinem Förderer Karl von der Heydt zu verstehen.

Was kann ich für Sie tun als Freund? Karl von der Heydt bietet umgehend seine Hilfe an, und Rilke hat keine Scheu, auszusprechen, wie er es sich wünschen würde:

Was ich, meinem Gefühl und meinem Gewissen nach, nötig hätte, das ist: ein, zwei Jahre nur für mich arbeiten zu können unter Umständen, wie ich sie damals eine Weile in Rom hatte; allein nur mit meiner Frau in der Nachbarschaft, die auch arbeitete, so dass wir uns gar nicht täglich sahen, aber doch einander halfen. Ohne Amt, fast ohne Verkehr.

Am liebsten würde Rilke seinen Posten auf der Stelle aufgeben. Doch wie er Karl von der Heydt am 18. April 1906 schreibt, sagt ihm seine innere Stimme: *Ich kann Rodin jetzt unmöglich verlassen.*

Wer ahnt schon, dass sich das Blatt über Nacht wenden wird! Rodin hat sich über seinen Privatsekretär geärgert und ist dermaßen empört, dass er ihn Anfang Mai ohne Vorankündigung aus dem Arbeitsverhältnis entlässt. Rilke habe zwei Briefe eigenmächtig beantwortet, lautet sein Vorwurf, das sei eine verantwortungslose Einmischung in persönliche Angelegenheiten.

Fristlos entlassen – doch auch wieder in *das alte Freisein hinaus mit all seinen Sorgen, mit allen seinen Möglichkeiten, mit dem großen Eigentum aller seiner Stunden*, wie er Clara am 11. Mai 1906 schreibt. *Ich bin voller Erwartung und froh.*

Rilke räumt sein Zimmer in Meudon und bezieht am selben Tag das kleine Hotel in der Rue Cassette, *in dem wir einst Paula Becker besuchten.* Einen Tag darauf schildert er seiner Frau: *Meine Stube ist klein, nicht zu klein, – nicht sehr luftig, aber nicht dumpf, voll abgenutzter Dinge, die aber nicht aufdringlich sind in ihren Erinnerungen. Drüben sind die Klosterbäume… Paris im Mai.*

Natürlich fühlt er sich zu Unrecht so schroff von Rodin behandelt nach all dem, was er in den vergangenen Monaten ohne Rücksicht auf seine eigenen Interessen und Kräfte für ihn getan hat. Das teilt er dem Bildhauer unmissverständlich am 12. Mai 1906 in seinem ausführlichen Abschieds- und Rechtfertigungsbrief mit.

Doch warum solle denn Clara *diese Ungnade teilen, in die ich gefallen bin?* Rilke plagt die Sorge, der Bruch mit Rodin könne sich auch belastend auf das Verhältnis zwischen Clara und Rodin auswirken.

Meine Frau bringt Ihnen, etwas ferner und auf eine andere Weise, ein solches Gefühl entgegen. Ich bin bekümmert, dass Sie nicht an sie gedacht haben, als sie mich verabschiedeten: nicht mit einem einzigen Worte, obwohl meine Frau – die so sehr Ihres Beistandes bedarf – Sie in keiner Weise gekränkt hat.

Unvorstellbar, wie er in den nächsten Monaten überleben sollte, wenn Karl von der Heydt ihm nicht helfen würde.

•

Während schwere Stürme über die Wiesenlandschaft von Worpswede fegen, Möwen und Wildenten sich in Schwärmen dort sammeln, wo im Sommer Schafe, Kühe und Pferde friedlich grasen, beginnt es in Paris überall zu grünen, und die Magnolien setzen Knospen an.

Otto Modersohn ist überwältigt vom Schmerz über das plötzliche Verschwinden seiner Frau. In schlaflosen Nächten quält er sich mit Selbstzweifeln und grübelt nach Gründen für ihren Entschluss, ihn zu verlassen. *Sei mutig und stark und arbeite!*, ruft Paula Modersohn aus Paris ihrem Mann in seiner Mooreinsamkeit zu.

Sie selbst belegt Zeichenkurse bei Julian, besucht regelmäßig die Anatomiekurse an der École des Beaux-Arts und hört Vorlesungen über Kunstgeschichte. Manchmal trifft sie sich mit Rilke, der ihr Ellen Key vorstellt, und nimmt an der Enthüllungsfeier von Rodins »Denker« vor dem Panthéon teil, wo sie den Bildhauer Aristide Maillol persönlich kennenlernt. Es ist der 21. April 1906. Wie bedauerlich, dass Clara Rilke ausgerechnet diesen Augenblick nicht miterleben kann.

Sonnabend war ich 3 Stunden etwa mit P. B. beisammen, schreibt Rilke seiner Frau nach Worpswede und erzählt ihr von gemeinsamen Ausflügen mit der Malerin: *Sie ist mutig und jung und, wie mir scheint, auf gutem, aufsteigendem Wege, allein wie sie ist und ohne alle Hilfe.*

Und Otto Modersohn? Solle er trotz ihrer Trennung weiterhin für sie sorgen wollen, hört er von Paula aus Paris, möge er ihr den monatlichen Wechsel für Miete und Lebensunterhalt möglichst pünktlich schicken. Sie bitte ihn nicht gerne jedes Mal erneut darum. *Zähle auf mich, rechne auf mich*, antwortet Modersohn mit bewegendem Großmut, sendet das nötige Geld und schreibt herzzerreißende Liebesbriefe an seine Frau: *Du suchst Freiheit. Nimm alle Freiheiten, reife, reise, lebe von mir getrennt mal, tue alles, was Deiner Natur nötig ist. (…) Das Leben ist flüchtig und die Jahre rinnen schnell dahin.*

Der Reihe von großformatigen, aussagekräftigen Mutter-Kind-Bildern folgen in diesem krisenreichen Jahr 1906 zahlreiche Selbstbildnisse. Die Ich-Darstellungen der Malerin durchziehen ihr gesamtes Werk, doch in ihrem vorletzten Schaffensjahr erreicht sie in ihren Gemälden eine unvergleichliche malerische Reife. Die mit wenigen künstlerischen Mitteln auf das Wesentliche reduzierte, große, geschlossene, häufig sogar maskenhaft wirkende Form lehnt an die antiken Mumienporträts an, die Paula Modersohn bei ihren Streifzügen durch den Louvre entdeckt und als ungeheuer beeindruckend empfunden hatte.

Verglichen mit dem, was sie von der Freundin aus Paris hört und ihr Mann von dort berichtet, ist Clara Rilkes Leben in Worpswede wirklich eintönig:

Seltsam, mir ist gar nicht als wäre hier Frühling, so ähnlich scheint mir diese – all'den andern Zeiten. Der Brief an Paula Modersohn datiert vom 26. April 1906:

Das ist wohl nicht ganz gerecht – aber doch sehe ich so. Und darum will ich bald sein – wo es mir anders scheint. Nun muß für eine Weile in diese Stube – die schön ist – noch so viel weite Welt herein, als mir zu schaffen möglich ist. Und dann muß die Arbeit aus meinen Plänen den einen auswählen, welcher der rechte Weg ist. Ich denke gern an Ihr mutiges Leben – haben Sie es gut – ich grüße Sie von Herzen mit allen guten Wünschen.

Zwei Wochen später, am 9. Mai 1906, schreibt sie an die bewunderte Malerfreundin nach Paris:

Ich denke oft an Sie, besonders weil ich jetzt so nah verbunden mit Ihren beiden Bildern lebe. Sie machen mir täglich Freude und erinnern mich und bestärken mich täglich in meinem gro-

ßen Vertrauen zu Ihrer Zukunft. Ob Sie nicht gern einige Ihrer Bilder um sich hätten. Es ist ja so wichtig, sich manchmal an sich selber zu stärken. Und Ihre Dinge sind so, dass Sie es können. Ihr Porträt-Anfang von mir scheint mir immer wieder etwas ganz Grandioses. Und wirklich Großes muss aus diesem Beginn wachsen – es ist schon ein wirklicher Weg – ein Weg, der steigt.

Dies soll nur ein Gruß zum Sonntag sein – von einer kleinen Kraft, die auch zu steigen strebt. Die gehen möchte, wie die Gebirgler gehen. So Schritt vor Schritt – ohne zu eilen und ohne aufzuhalten. So lächelnd – Sie werden nicht atemlos und auch nicht erschöpft – sie gehen. – Rodin arbeitet so – lebt so – Und er muss uns ein Beispiel sein, denn wen sahen wir sonst so gehen.

•

Das Gemälde auf der Staffelei im Atelier von Paula Modersohn in der Avenue du Maine ist auffallend klein und muss noch vollendet werden. Bisher ist ein flächig gemaltes Gesicht mit einer hohen, eckigen Stirn und rot umrandeten Augen zu sehen, die leer und starr, fast abweisend blicken. Der ebenfalls rötliche Mund, den ein dunkler Bart umschließt, ist wie zum Sprechen halb geöffnet. »Bildnis Rainer Maria Rilke« heißt das Porträt, gemalt zwischen dem 13. Mai und 2. Juni 1906.

Am 2. Juni, zu Pfingsten, war Otto Modersohn unerwartet nach Paris gekommen, um sich mit seiner Frau auszusprechen. Die Porträtsitzung musste abgebrochen werden, Rilke verschwand, ließ sich seinen Kinnbart abnehmen mit der Begründung, *dass nun bald (in Ellen Keys Buch) eine Reihe von Bildnissen von mir veröffentlicht* würden, wie er an seine Frau schrieb, und kam auch nicht wieder, als Modersohn die Stadt schon längst verlassen hatte. Es heißt, er habe sein Porträt nicht gemocht.

Meine Freundin, schreibt er an die Malerin, *über Worpswede höre ich, dass Sie wieder allein sind und wünsche Ihnen Liebes dazu. Dass die Arbeit Sie nun wieder recht warm aufnehmen und Ihnen alles entgelten möge.* Am 17. Juni 1906 erklärt er ihr schriftlich, warum er zu weiteren Porträt-Sitzungen nicht länger bereit sei:

Zugleich, um Ihrer Frage zuvorzukommen, ein Eingeständnis von Untreue. Ich bin während dieser vierzehn Tage in allerhand Arbeit hineingeraten, die mich sehr braucht, so dass ich jetzt nicht sitzen kann. Ich gehe früh oft nach der National-Bibliothek gerade für die Zeit, die ich Ihnen zu geben versuchte. Ist das sehr schlimm?

Ein Wiedersehen irgendwo an der See? Oder im Herbst in Paris? Sie müsse nur noch auf ein Wunder warten, *so ein banales Geldwunder,* vertröstet Clara Rilke ihre Freundin Paula und schreibt am 11. Juni 1906 aus Worpswede nach Paris:

Das war eine sehr liebe Idee von Ihnen mit dem schönen Puppenbett – Johanne brachte es noch nicht, wenn sie es aber bringt – will ich es nicht als Geschenk nehmen, sondern als eine geliehene Gabe, die mir zum Aufheben anvertraut ist bis zu dem Tag, da Sie sie brauchen können. Ruth wird dann bei ihren Besuchen bei mir große Freude daran haben und ich werde ihr sagen, dass sie von Ihnen kommt. Sie geht sehr lieb und voll Verständnis mit allem um und ist augenblicklich sehr mädchenhaft – ein wenig träumerischer und dadurch, wenn auch noch immer sehr im Stillen beschäftigt, nicht mehr ganz so ununterbrochen arbeitsam und tätig – will mir scheinen.

Ich freue mich über alles, was Sie über Ihre Arbeit sagten und über das Leben, daraus sie kommt. Ich muss auch immer wieder an Paris denken und bin manchmal noch daran, zu denken, ich würde im Herbst wieder dort sein – leider sind die Mittel jetzt so, dass ich solches nicht einfach beschließen kann – deshalb bin ich froh, dass ich nun hier in gute Arbeit gekommen bin und im Begriff des römischen Weges, Zusammenhang zu fühlen – fortsetzend zu fühlen. So habe ich es gut und brauche nicht über heute und morgen hinauszudenken. Und um heute und morgen handelt es sich ja – ich lebe hier sonst für mich weiter, wie Sie es ja kennen – mein Leben ist in diesem Raum – kreist um diese Dinge und ein paar gute Bücher sind mit in diesem Kreis. Auch: Dante. Aber nicht die vita nuova, die ich kenne und liebe. Wahrscheinlich ist sie bei Rainer Maria.

Jetzt habe ich ein Sommerkleid, in dem Sie mich sicher malen würden: ein weißes Mullkleid mit schwarzen Punkten und mit schwarz eingefassten Volants. Dazu einen großen Panamahut/Gartenhut mit schwarzen Federn und lila – nein blaugrauen Rosen – das sieht ein bisschen französisch aus, wie Manet-Zeit – Leider ist der Hut schon ein bisschen wüst, weil ich ihn täglich trage.

Tatsächlich kann Familie Rilke eine gemeinsame Reise nach Belgien verwirklichen, um dort zehn Tage Ferien zu machen: *Wir fühlen beide wie gut uns nach Hitze und heißer Arbeit die gute frische Luft am Meer tut, aber wir freuen uns ganz besonders um Ruths willen, die mit ganzer Seligkeit das stille An-der-See-sein genießt und für diese Zeit ganz besonders schön und gesund zu sein verspricht,* notiert Rilke am 5. August 1906.

Als ihn ein Gruß von Paula Modersohn erreicht, die der unerträglichen Hitze in Paris entfliehen und sich den Freunden gerne für ein paar Ferientage anschließen möchte, sagt er ihr ab: *Also – nein: ich kann Ihnen nicht raten, hierher zu kommen,* und verabschiedet sich wie von einer Zufallsbekanntschaft.

Erst ein Dreivierteljahr später offenbart er der Malerin in einem Brief aus Capri vom 17. März 1907 sein schlechtes Gewissen, sie damals schroff abgewiesen, statt eingeladen zu haben: *Ich war in jenen Tagen von dem Wiedersehen mit Clara und Ruth so absorbiert (...) Später aber glaubte ich zu fühlen, dass ich unrecht getan hatte mit meiner Antwort und unaufmerksam gewesen war in einem Augenblick unserer Freundschaft, da ich es nicht hätte sein dürfen.*

KAPITEL IX

Und da reitet man durch die Wüste auf einem Kamel

BERLIN – KAIRO 1906–1907

Manchmal ist das Leben schwerer als manchmal;
aber damit muß man schon fertig werden.
Paula Modersohn-Becker

Ich selbst will nun Berlin auf mich nehmen. Clara Rilke mag sich nicht entmutigen lassen und wagt erneut einen Aufbruch. Wenn schon nicht Paris, dann wenigstens eine Großstadt, die als Zentrum europäischer Kunst und Kultur gilt. Max Reinhardt, Bruno Walter und Otto Klemperer sind die großen Namen in Berlin. Sie leiten Theater, Opernhäuser und Konzerthallen und holen die besten Schauspieler, Sänger und Instrumentalsolisten in ihre Häuser.

Und die Bildhauerei? Mit Künstlern wie August Gaul, Käthe Kollwitz, Fritz Klimsch, Hugo Lederer und Georg Kolbe erlebt sie eine Blüte. Es gibt zahlreiche Skulpturen-Ausstellungen zu sehen, und Clara Rilke wird alle freien Stunden für Museumsbesuche nutzen. Zum Glück ist ihr Berlin ja nicht fremd. Es gibt dort eine ganze Reihe von Menschen, mit denen sie und ihr Mann freundschaftlich verbunden sind: die von der Heydts, Gräfin Kanitz-Menar, die Familie des Verlegers Samuel Fischer. Vor diesem Hintergrund dürfte es ihr nicht schwerfallen, an Aufträge zu gelangen, für die sie gut bezahlt wird. *Zu ihrem Können habe ich unbeschreibliches Vertrauen,* bekennt Rilke seinem Freund Karl von der Heydt gegenüber, *und ich glaube es ist nur ihr eigener übergroßer Ernst und ihr anspruchsvolles Gewissen, welches sie verhindert, davon unbeschränkten Gebrauch zu machen. Freilich fehlt es ihr auch an Gelegenheit dazu, da sie zahlbare Modelle fast nicht halten kann und zahlende nie gefunden hat.*

Clara Rilke reist nicht allein nach Berlin, ihr Mann begleitet sie. Am 5. Oktober 1906 quartieren sich beide im Hospiz des Westens ein, von wo aus Clara auf Wohnungssuche geht. Nach zehn Tagen kann sie nach Berlin-Halensee umziehen, Westfälische Straße 41. Die Freunde helfen ihr bei der provisorischen Einrichtung und, wenn er nicht gerade mit der Erledigung geschäftlicher Angelegenheiten zu tun hat, Rilke ebenso.

Meine liebe Paula Becker, schreibt die Bildhauerin am 19. Oktober 1906 aus Berlin an die Freundin nach Paris und grüßt von sich und *Rainer Maria in alter Freundschaft:*

Wir denken oft an Sie, was machen Sie wohl? Geht Ihr Leben in Paris so weiter wie im Sommer? Für den Fall, dass Sie allein bleiben wollen und es schwer haben – haben wir vielleicht eine Möglichkeit für Sie. Wenn Sie mir irgend etwas über Ihre Wünsche und Pläne schreiben würden, würde ich mich riesig freuen.

Ich selbst will nun Berlin auf mich nehmen – hatte in den ersten Tagen meines Hierseins sehr, sehr großes Heimweh nach Paris. Jetzt aber fühle ich mehr und mehr, dass es so sein soll und muss und ich glaube nun mit Zuversicht, dass ich vor guter und fruchtbarer Arbeit stehe und vor vielem, was für mein

Leben nützlich ist. Ich richte mich provisorisch in einer leeren
Wohnung ein, deren eines helles Zimmer mir als Atelier dient. –
Rainer Maria ist auch noch mit hier, fährt aber in wenigen
Tagen nach Italien. – Nun bitte ich Sie, schreiben Sie mir gleich
ein paar Worte, damit ich weiß, ob Sie irgendetwas brauchen
können von guten Möglichkeiten in der Welt. Ich denke an Sie
und habe oft gewünscht, ich könnte mit Ihnen in Paris sein.

Zu diesem Zeitpunkt ist Clara Rilke offenbar noch nicht über
den neuesten Stand der Dinge informiert, wie sie sich in den
vergangenen Wochen im Leben der Malerin in Paris entwickelt haben.

Soll ich Dir ein Atelier mieten?, hatte Paula Modersohn
am 9. September 1906 bei ihrem Mann angefragt, nachdem
sie ihm eine Woche zuvor, in ihrem Brief vom 3. September,
noch mitgeteilt hatte, sie wolle sich von ihm trennen. Er solle
nun doch nach Paris kommen, *dass wir uns versuchen wie-*
der zu finden, bat sie ihn und nannte Bernhard Hoetger als
den, der ihr zu diesem Entschluss geraten habe: *Hoetgers blei-*
ben den Winter über noch hier, und ich hoffe, Du wirst an ihm
einen Freund finden. Er spricht sehr lieb von Dir. Dass ich Dir
den letzten Brief schrieb, geschah auf seinen Rat.

Paula Modersohn hatte den nahezu gleichaltrigen Bildhauer Bernhard Hoetger Mitte April 1906 in seinem Pariser
Atelier aufgesucht, nachdem sie Arbeiten von ihm in Bremen
und kurz darauf im Salon des Indépendants sah, die sie beeindruckten. Anfang Mai machte Hoetger einen Gegenbesuch in der Avenue du Maine und erlebte angesichts ihrer
Bilder *still und ergriffen ein Wunder*, wie er selbst formulierte:
Sie hing an meinen Lippen. Ich konnte ihr nur sagen: Es sind
alles große Werke, bleiben Sie sich treu. Anerkennung und Zu-
spruch durch den von ihr bewunderten Künstler hatten einen

intensiven Schaffensrausch ausgelöst, der Paula Modersohn bis an den Rand körperlicher und seelischer Erschöpfung trieb, und so mochten Hoetger und seine Frau Lee ihr schließlich geraten haben, nichts zu überstürzen und ihre Trennungsabsichten noch einmal zu überprüfen. Denn sie war nicht die Frau, die bereit gewesen wäre, um praktischer Arbeit willen auch nur vorübergehend auf ihre Kunst zu verzichten. Sie brauchte einen Menschen, von dem sie wusste, dass er *im Hintergrund meiner Freiheit* stünde, wie sie es einmal formulierte, der für sie sorgte, damit sie sich ganz ihrer künstlerischen Entwicklung hingeben könnte. So vereinbarte das Ehepaar, dass Otto Modersohn im Herbst 1906 für längere Zeit nach Paris kommen solle, um zu sehen, ob ein weiteres Miteinander überhaupt möglich sei. Paula Modersohn mietete eine Atelierwohnung für ihren Mann bei Madame Galby, 114, Boulevard du Montparnasse, sie selbst bezog eins der Ateliers der Académie Vitti, 49, Boulevard du Montparnasse.

Es muss Clara Rilke überraschen, als sie vier Wochen nach ihrem Brief an Paula Modersohn endlich eine Nachricht von ihr erhält, datiert vom 17. November 1906:

Ich werde in mein früheres Leben zurückkehren mit einigen Änderungen. Auch ich selbst bin anders geworden, etwas selbständiger und nicht mehr voll zu viel Illusionen. Ich habe diesen Sommer gemerkt, dass ich nicht die Frau bin, alleine zu stehen. Außer den ewigen Geldsorgen würde mich gerade meine Freiheit verlocken, von mir abzukommen. Und ich möchte so gerne dahin gelangen, etwas zu schaffen, was ich selbst bin.

Ob ich schneidig handle, darüber kann uns erst die Zukunft aufklären. Die Hauptsache ist: Stille für die Arbeit, und die habe ich auf die Dauer an der Seite Otto Modersohns am meisten.

Ich danke Ihnen für Ihre freundschaftliche Hilfe und wünsche Ihnen zu Ihrem Geburtstage, dass wir zwei feine Frauen werden.

•

Es sind immer wieder die Zähne, die schmerzen. Mal tut es nur an einer Stelle weh, dann scheint der gesamte Oberkiefer betroffen. Rilke kränkelt. Sein ganzer Körper fühlt sich in Mitleidenschaft gezogen. Wie elend die wochenlangen Behandlungen beim Zahnarzt sind. Übelkeit, Erschöpfung, dazu die latente Influenza. Die Berliner Zeit, er kann es nicht anders sagen, ist trotz zahlreicher Theaterabende und Einladungen *recht qualvoll und traurig* für ihn.

Da kommt der Ruf in den Süden gerade recht. Wieder will eine gütige Dame reiferen Alters gerne für das Wohl des gesundheitlich angeschlagenen Poeten sorgen. Alice Faehndrich, geborene Baronin von Nordeck zur Rabenau, ist die Schwester der inzwischen verstorbenen Gräfin Louise Schwerin.

Ihr Haus auf der Mittelmeerinsel Capri heißt Villa Discopoli, und was wäre schöner, als hier den Winter zu verbringen?

Rilke folgt gerne ihrer Einladung, beendet am 25. November 1906, die Zahnprobleme sind zum Glück wieder behoben, seinen Aufenthalt in Berlin und reist über München nach Neapel. Weit geht der Blick über das Meer, am Horizont ist die bläulich graue Silhouette des Vesuv zu erkennen, und bald legt das Schiff nach Capri ab.

Üppige Clematis, blau blühende Glyzinien und duftende Rosen umranken die Mauern der herrlichen Villa Discopoli. Alice Faehndrich weiß, wie wichtig dem jungen Autor das Alleinsein ist. Darum hat sie das »Rosenhäusl« für ihn herrichten lassen, einen kleinen, stillen Pavillon im Garten, der Erinnerungen an sein Studio in Rom in ihm weckt.

Einsam würde es im Winter auf Capri sein, hatte die Hausherrin ihren Schützling vorgewarnt, die Winter seien sehr einsam auf der Insel, es würde Stürme geben, häufig peitsche der vom Süden herkommende Scirocco die See gegen die Klippen. Doch diese freundlich gemeinten Hinweise vermochten Rilkes Zuversicht nicht zu schmälern. Er würde sich gewiss schnell eingewöhnen, und die Aussicht, die dunklen Monate in Italien am Meer verbringen und ungestört arbeiten zu können, hatte ihn erfreut und beruhigt. Wenn es auch bedeutete, dass er in diesem Jahr nicht mit seiner Familie zusammen Weihnachten feiern könnte.

Clara hab' ich ja nun in Berlin zurück gelassen, schreibt Rilke am 15. Dezember 1906 an seine Mutter, *sie hat es nicht gut dort und hasst die Stadt, so wie ich.*

Wie wird er werden, Claras *Versuchswinter* allein in Berlin? In dieser autoverrückten, nervösen, übererregten 2-Millionen-Stadt, in der es unablässig hupt, drängelt, klingelt, die Räder der Droschken ohrenbetäubend laut rasseln und die Menschen den Eindruck machen, sie schöben sich gegenseitig vorwärts?

In der Neujahrsnacht 1906/1907 wird Rilke aus Capri an seine Frau schreiben: *Mondschein; Wege, Mauern, Häuser, eine Erde aus Mondschein, aus Mondschatten, die stille hält... Und die Nacht war eine helle, ferne, die über viel mehr als nur über der Erde zu ruhen schien; man fühlte, dass sie über Meeren lag und weit darüber hinaus über dem Raum, über sich selbst, über Sternen, die ihren Sternen entgegensahen aus unendlicher Tiefe.*

•

Berlin, im Winter 1906/1907. Clara Rilke und Lou Andreas-Salomé mögen sich. Die beiden Frauen können erstaunlich offen miteinander reden, und während Rilke weit weg auf Capri weilt, vertraut Lou der so viel Jüngeren an, wie kritisch sie seine Haltung Frau und Kind gegenüber betrachte. Unverhohlen macht sie ihr deutlich, dass er nicht das Recht habe, zwischen verschiedenen Pflichten zu wählen und die nächstliegende, nämlich die Sorge um seine Familie, zu vernachlässigen.

In mehrfachen Briefen an ihren Mann erzählt Clara Rilke ihm von ihren Gesprächen mit Lou Andreas-Salomé in Berlin, versucht, sie in eigenen Worten wiederzugeben. *Ich danke Dir,* antwortet er ihr am 17. Dezember 1906 aus Capri, *für diese Weitergabe von Worten, die schon allein zu nehmen, einzuordnen und, wo Du es für gut hieltest, zurückzuweisen, Dir Arbeit und Anforderung genug gewesen sein mag.* Rilke zieht seine Konsequenz und unterbricht die Verbindung zu Lou für nahezu zwei Jahre. An Clara schreibt er weiter:

Lou meint, man hat kein Recht, unter Pflichten zu wählen und sich den nächstliegenden und natürlichen zu entziehen (...) Und hab' ich mich dieser Verantwortung entzogen? Versuch' ich nicht, so gut ich's schon kann, sie zu tragen, und andererseits, ist nicht meine Sehnsucht in unendlicher Weise im Großen in Erfüllung gegangen? Was will die Mißerfahrung, am Geringen gemacht, dagegen beweisen; wie kann mich der Umstand widerlegen, dass wir unser gemeinsames, auch praktisch sich gegenseitig stützendes Leben immer noch hinausschieben müssen, da doch meine Welt mit Euch erst so recht ins Namenlose gewachsen ist; damals von jenem kleinen verschneiten Hause aus, darin Ruth geboren wurde, zu wachsen begann und seither wächst und wächst, von diesem Mittelpunkte fort, auf

den ich meine Aufmerksamkeit nicht beschränken kann, so-
lange die Peripherie vorrückt auf allen Seiten, ins Unendliche
hinein. Aber ist nicht seither erst ein Mittelpunkt da, ein Un-
verrückbares, ein Stern, nach dessen Stand ich erst die Bewe-
gung meines Himmels bestimmen und die Gestirne benamen
konnte, die vorher nur ein Gedränge waren? Seid Ihr nicht erst
der eine Baum in der unbeschreiblich weiten Ebene meines Ge-
hens, zu dem ich mich immer wieder zurückfinde, nachdem
ich manchmal hinschaue, um zu wissen, wo ich bin und wohin
ich weiter muß? Wenn wir so, durch Tagereisen getrennt von-
einander, wohnen und versuchen, das zu tun, was unser Herz
Tag und Nacht von uns verlangt (...) sag: ist dann nicht doch
ein Haus um uns, ein wirkliches, für welches nur das sichtbare
Zeichen fehlt, so dass es die anderen nicht sehen? Aber sehen
wir es selbst nicht gerade dann am deutlichsten, dieses herzliche
Haus, darin wir so von Anbeginn an beisammen sind und aus
dem wir eines Tages nur hinausgehen werden, um in den Gar-
ten zu treten?

Ach... Du begreifst es, dass ich am Großen meine Kräfte und
meinen Maßstab heranbilden möchte (...) Und bin ich, wenn
ich da oben aushalte, wo ich nun den größten Teil meines reife-
ren Lebens verbracht habe, nicht im Wirklichen, im Schweren,
nicht unter Pflichten?

•

Warum hält sie nicht noch ein wenig länger durch? Warum
bricht sie schon wieder ab, ehe ihre Zeit in Berlin überhaupt
richtig begonnen hat? Sieht die Realität so anders aus, als ursprünglich angenommen? Reichen drei Monate, um zu wissen, dass es unmöglich ist, sich als Bildhauerin in dieser Stadt
zu etablieren?

Doch wer kann schon einer solch verlockenden Einladung widerstehen! Eine Einladung nach Ägypten, verbunden mit einem Auftrag für eine Büste. Baronin May Knoop, die in Heluan bei Kairo zusammen mit ihrem Mann das Hotel Sanatorium Al Hayat besitzt, möchte sich von ihrer Freundin Clara porträtieren lassen.

Natürlich behagt Clara die Vorstellung nicht, mehrere Tage lang auf einem überfüllten Schiff in einer dunklen, wenig komfortablen Kabine unterwegs zu sein, die Gesichter der Mitreisenden bald auswendig zu kennen, die auf dem Promenadendeck auf und ab spazieren oder im Salon nach schlechtem Klavierspiel Walzer tanzen und, vor allem, wieder einmal von Ruth Abschied nehmen zu müssen.

Sie werde nicht zu lange wegbleiben, erklärt sie ihrer kleinen Tochter, packt ihre Koffer und besteigt am Abend des 12. Januar 1907 den Zug nach Neapel, wo sie am nächsten Morgen ankommt.

Bis zum Ablegen des großen Überseedampfers »Oceana« im Hafen von Neapel hat sie noch drei Tage Zeit, und mit wem wird sie diese Tage wohl verbringen? *Wir genossen es sehr, zusammen in Neapel zu sein, und es war doch sehr schön, dass sie Zeit hatte, auch noch herüber zu fahren auf unsere Insel*, berichtet Rilke aus Capri an Samuel Fischer, kurz nachdem sich seine Frau verabschiedet hat und an Bord gegangen ist. Sie solle ihm so häufig wie möglich aus Ägypten berichten, hatte er sie noch gebeten, und fortan ließ ihn der reizvolle Gedanke an eine eigene Reise dorthin nicht mehr los.

In dem eigens für ihn eingerichteten »Rosenhäusl« in der Capreser Villa Discopoli treffen lebhafte Erzählungen von Clara aus Ägypten ein, und Rilke antwortet mit seinen *Sonntagsbriefen*: *Dank für alles, was Du auf so treue Art mit mir teilst; mir ist, als reichtest Du mir von allem die größere Hälfte.*

In Gedanken verfolgt er ihre Wege durch das weit entfernte Afrika. Unverzüglich fallen ihm Bilder zum Lauf des Nil ein, als er den Fluss auf dem Atlas findet: wie eine *Schädelnaht*, wie eine *Rodinsche Kontur*.

Er ist fest davon überzeugt, dass diese Reise der künstlerischen Entwicklung seiner Frau einen enormen Schub geben wird. Und könnte es schöner für sie sein, als den Winter in dem großzügigen Hotel von Baron und Baronin Knoop zu verbringen und auf einer Terrasse zu sitzen, vor der sich gleich die Wüste ausbreitet?

Natürlich ist es für sie als Bildhauerin nicht ganz einfach, in einer ihr fremden Umgebung an das nötige Arbeitsmaterial zu kommen, an Gips oder Ton. Dennoch gelingt ihr schließlich die Ausführung des Auftrags, und May Knoop ist zufrieden. Angeregt durch die afrikanische Landschaft und ihre exotische Tierwelt modelliert Clara Rilke neben der Büste der Baronin eine Gruppe von Gazellen, vermutlich aus Ton und ebenfalls im Auftrag der Familie.

Ihr intensiv erlebter Aufenthalt in Ägypten spornt sie zu zahlreichen stimmungsvollen Berichten an. Sie schreibt an Rilke, aber auch an viele Freunde, so am 18. März 1907 an Hedwig Fischer:

Und da reitet man durch die Wüste auf einem Kamel, dessen langer reptilartiger Hals mit schmalem Kopf vor einem herschwimmt als ritte man auf einer schwimmenden Schildkröte und man treibt in gelbe leuchtende Wellen hinein aus bröckelndem Gestein in Schluchten aus solchem Gestein, in welchem nichts, nichts, nichts ist als ein unendliches unermessliches Schweigen, vergrößert durch das seltsame Geräusch des Windes, der an den Steinvorsprüngen vorüberbrandet. Da fallen die Gedanken weit in tausendjährige Abgründe hinein. Kann man

da jemals zurückkommen; wird man nicht gealtert und ver-
steint viele Menschenalter überlebt haben, wenn man einmal
wieder in die gewohnten Täler kommen wird?

Verblüffend, mit welcher Eindringlichkeit Rilke seine Frau
auffordert, sie möge all ihre *geistesgegenwärtigen* Erlebnisse
und Beobachtungen festzuhalten versuchen, alle Eindrücke durch Notizen und Zeichnungen *mit raschen Fangbewe-*
gungen erfassen und sammeln: *Mach viele, sogar nicht wie-*
der durchgelesene Notizen, bittet er sie, und wenn Du kannst,
mach ebensolche Zeichnungen mit aller Unbedingtheit des
momentanen Striches. Das alles nur als Material, das wir dann
hier sichten, besprechen und mit den natürlichen Bruchstellen
aneinandersetzen, Du wirst sehen, es passt. Gemeinsam mit
ihr, malt er sich aus, könne er nach ihrer Rückkehr *aus dem*
Ganzen eine ägyptische Reise zusammenzustellen, wie noch
niemand sie zu machen und zu erzählen gewusst hat. Doch
die Idee eines miteinander verfassten Reiseberichts wurde nie
realisiert.

Während des ganzen Winters hatte das Wetter auf Capri
heftige Kapriolen geschlagen. Häufig war es sehr kühl, dann
wieder sorgte der Scirocco für drückende Luft. Rilkes Gesundheit reagierte empfindlich auf diese permanenten Tem-
peraturschwankungen.

Als sich am 19. April 1907 der Dampfer »Oceana«, aus
Kairo kommend, gemächlich Neapel nähert und schließlich
im Hafen festmacht, kann man eine Frau im weißen Kleid an
der Reling stehen und winken sehen. Clara Rilke freut sich
auf ihren Mann, der am Kai auf sie wartet.

Überraschenderweise bleibt es nicht bei einem kurzen Zwi-
schenaufenthalt in Italien. Statt gleich den Zug zu nehmen
und nach Bremen zu Ruth weiterzureisen, die sie monate-

lang nicht gesehen hat, besteigt die Künstlerin zusammen mit ihrem Mann die Fähre nach Capri. Mit der Begründung, sie fühle sich nach ihrer langen Afrikareise angestrengt und erholungsbedürftig, verbringt sie noch nahezu vier Wochen in der Villa Discopoli.

Am 11. Mai 1907 berichtet Rilke seiner Mutter, dass Clara während ihrer Zeit in Ägypten sehr viel gelernt und sich von den Mühen der Reise inzwischen gut erholt habe. Fünf Tage später verabschiedet sich das Ehepaar von Capri und verbringt anschließend noch einmal fast vierzehn gemeinsame Tage in Neapel. Es lässt sich zunächst im Hôtel Bourbon nieder, zieht dann in das *altgewohnte Hassler* um. Man trifft gemeinsame Freunde, geht in die Museen, macht Ausflüge in die Umgebung. In Rom, hatte Rilke seiner Mutter geschrieben, würden sich dann seine und Claras Wege wieder trennen.

Dem Brief ihres Mannes vom 11. Mai 1907 an Phia Rilke fügte Clara Rilke folgende Zeilen hinzu:

Meine liebe gute Mama, tausend Dank für Deinen lieben Gruß. Ich bin glücklich, dass ich Dir eine Freude machen konnte. Heute komme ich mit meinen allerherzlichsten Segenswünschen zu Deinem Namenstage. Alles Herzlichste was sich wünschen lässt und allen Segen des geweihten Tages möge Dich glücklich und froh machen. Und alles Beste für Deine Gesundheit. René und ich sind für kurze Zeit vereint, doch zählt unser Beisammensein nur nach Tagen, die bald vorüber sein werden. Wir gedenken in herzlicher Liebe Deiner und es umarmt Dich Deine Clara

•

»Plastik eines Pferdes«. Das ist der nächste Auftrag. Die Turnierreiterin Anna Jaenecke aus Großburgwedel bei Hannover hat ihre Freundin Clara Rilke gebeten, ihr Pferd zu modellieren, ein anspruchsvoller Auftrag, für dessen Fertigstellung sie Wochen brauchen und die Sommerferien wählen wird, um ihre kleine Tochter mitnehmen und mit ihr zusammen sein zu können.

Nur zögerlich wagt sie sich an die große, mühevolle Arbeit. Immer noch sitzt ihr die kürzlich eingetroffene Nachricht in den Knochen, dass die afrikanische Gazellengruppe aus Heluan beim Gießen zerstört worden ist. Wie viel Zeit und Kraft hatte sie diese durchaus gelungene Plastik gekostet! Wäre das Unglück auf dem komplizierten Transport von Afrika nach Deutschland passiert – aber beim Gießen!

Ob die »Plastik eines Hundes«, die Clara Rilke ebenfalls in diesem Sommer für den bedeutenden Kunsthistoriker und Schriftsteller Julius Meier-Graefe und seine Frau in Berlin modellierte, ebenfalls zerstört wurde, ist ungewiss.

Ich weiß nicht, warum ich diesmal so schwerfällig bin im Eingewöhnen und Einwohnen. Rilke, aus Capri zurück und seit dem 31. Mai 1907 wieder in Paris, wo er übergangsweise im Hôtel du Quai Voltaire gewohnt hat und schließlich in die Rue Cassette 29 gezogen ist, empfindet die Stadt einmal mehr als jenen beängstigenden Moloch, der *Malte Laurids aufgezehrt hat.*

Erneut steckt der Dichter in einer tiefen Existenzkrise. An Clara Rilke am 21. Juni 1907:

Ich habe alles gestrichen, 1., die Wagen, 2. das Teetrinken, 3. das Bücherkaufen (ach), und doch … habe ich die letzten Tage wieder viel gerechnet und bin nicht dazu gekommen, einzusehen, wie es werden soll. Mir scheint vorderhand, ich kann weder

hierbleiben noch reisen – aber wenn ich erst arbeiten kann: ob
dann nicht doch die Lösung da ist?

Es schmerze ihn, schreibt er, nicht einfach hinausgehen und
Rodin besuchen zu können, er tue alles, um Begegnungen
mit ihm zu vermeiden. *Heute früh kam Dein langer Brief, mit*
allen Deinen Gedanken, heißt es am 24. Juni 1907.

·

Ende Juni 1907 wird Clara Rilke per Einschreiben ein Päckchen
aus Paris zugestellt, dessen Inhalt sie überrascht und berührt.
Mit der Bitte um Verwahrung, bis sie es gemeinsam an den
Insel-Verlag schicken könnten, vertraut Rilke seiner Frau das
Manuskript für den zweiten Band seiner »Neuen Gedichte« an:
Rund vierzig per Hand geschriebene Gedichte auf blauen Ein-
zelblättern, *das ganze Leben, das ich den letzten Monat geführt*
habe, kannst Du, in ihnen blätternd, nachleben, alles, was war,
ist darin: alles was Arbeit war; und es war nichts sonst.

Obgleich er das Manuskript für insgesamt gelungen und
druckfertig hält, möchte er es noch nicht aus der Hand geben. Erst einmal soll Clara es lesen: *Du musst mir nicht viel*
schreiben, nur kurz, was Du anders oder fortgelassen oder
vermehrt haben willst. Die Folge ist gut – nicht wahr? Vier
Wochen später teilt ihr Rilke aus Paris mit, dass der Verlag
das Manuskript schon Anfang August haben wolle, doch *vor-*
her werde ich Dir senden was noch fehlt. Clara bewegt das Vertrauen, das Rilke ihr entgegenbringt, und sie dankt ihm mit
einem Heidestrauß, den sie auf einem ihrer Worpsweder Spaziergänge gepflückt hat. Ebenso ist sie über die Nachricht erfreut, dass er schon wieder einen Vortrag über Rodin verfasst
hat: *Dein treuer Wunsch hat mir beigestanden und meine Ein-*

samkeit, die ganz dicht gemacht war, wie eine Dunkelkammer
zum Entwickeln.

Das Rodin'sche Prinzip des »toujours travailler«, des immerzu Arbeitens, hatte auch Clara Rilke im Laufe der Zeit so
stark verinnerlicht, dass sie kaum noch einen anderen Gedanken als den an die Arbeit zulassen konnte. Doch inzwischen, mit fast dreißig Jahren, ertappt sie sich immer häufiger
bei der Frage, ob dieses Prinzip eigentlich ihrer Veranlagung
entspricht, weil sie sich nämlich immer weniger wohlfühlt
damit, und so schreibt sie am 21. September 1907 aus Oberneuland einen Brief an ihren Mann, der wie ein Akt der Befreiung klingt. Befreiung aus Rodins festem Griff, aber auch
aus dem Rilkes:

Nach und nach erfahre ich etwas über meine Arbeitsfähigkeit,
die vielleicht gar nicht groß ist. Aber ich kann lernen, sie ganz
zu gebrauchen. – Denn – dadurch, dass ich weiß: es gibt Men-
schen, die immer arbeiten – und: so einer muss ich werden –
dadurch weiß ich noch nicht, wie ich es mache, selbst wenn
ich mich den ganzen Tag dahinter stelle. – Nein – ich brauche
Unregelmäßigkeit, wenn auch nur in dem Sinne, dass ich von
einer Arbeit zu anderen gehen können muss und manchmal
am Abend nicht wissen – welche Arbeit es morgen sein wird.
Vielleicht ist es nicht wörtlich so – vielleicht ganz anders. Aber
da irgendwo – liegt für mich das Glück der Arbeit. Manchmal
verstellt man sich selbst eine Wahrheit, dadurch, dass man eine
für gut erkannte Lehre zu wörtlich nimmt.

Ob Sie wohl den Winter in Paris bleiben?, hatte Paula Modersohn, seit dem Frühjahr zurück in Worpswede und im fünften Monat schwanger, am 10. August 1907 bei Rilke angefragt.

In seinem letzten Brief hatte er ihr von Aquarellen Paul

Cézannes in der Galerie Bernheim Jeune berichtet und von der geplanten Ausstellung im kommenden Salon d'Automne: Auf dem 5. Pariser Herbstsalon sollte eine umfangreiche Gedächtnisausstellung für den im Jahr zuvor verstorbenen Cézanne gezeigt werden, der, obgleich die Öffentlichkeit seine Bilder immer noch als »faulen Witz« verpönte, in der Pariser Kunstwelt seit langem als hoffungsvolles Talent galt und bereits hoch gehandelt wurde.

Und Cézanne! von dem Sie schreiben, begeistert sich Paula Modersohn. *Das ist ein Kerl. Ob von dem wohl viel im Salon d'Automne ist. Ich habe diesen Herbst leider keine Zeit, mir das alles anzusehn. Ich warte immer weiter, dass aus mir etwas wird, brauche wenig Menschen und denke und fühle im Augenblick wenig.*

Rilke besucht den Herbstsalon, der vom 7. bis zum 22. Oktober stattfindet, fast täglich. *Ich war heute wieder bei seinen Bildern.* In 15 langen Briefen an Clara setzt er sich intensiv mit Cézanne und seinem Werk auseinander und schickt sie ihr in diesen Wochen des Herbst 1907.

13. Oktober 1907:

Wie wenig hätte ich damals vor Cézanne, vor van Gogh zu lernen gewusst. Daran, wie viel Cézanne mir jetzt zu tun gibt, merke ich, wie sehr ich anders geworden bin. Ich bin auf dem Wege, ein Arbeiter zu werden, auf einem weiten Wege vielleicht und wahrscheinlich erst bei dem ersten Meilenstein; aber trotzdem, ich kann schon den Alten begreifen, der irgendwo weit vorne gegangen ist, allein, nur mit Kindern hinter sich, die Steine werfen.

Clara Rilke aus Oberneuland an Paula Modersohn nach Worpswede, 8. Oktober 1907:

Sie fragten nach Cézanne, davon sind nun alle Briefe Rainer Ma-
rias voll. Er läßt Ihnen sagen: dass 56 Cézannes – 174 Bilder und
Zeichnungen der Berthe Morisot und 16 der Eva Gonzalez im
Salon d'Automne seien. – Ich glaube, er weiß nicht, wie unmög-
lich es jetzt für sie ist zu kommen, dass er so ungerührt die Zah-
len nennt (…) Nun noch von Cézanne. Mich selbst ergriff so stark
das Gefühl, hinzufahren und zu sehen. Aber es geht doch nicht
und ich hoffe deshalb, dass uns alles dieses noch näher kommt.
Vielleicht bald einmal nach Berlin. Aber ich will in den nächsten
Tagen nach Worpswede kommen und Ihnen einige von RMRs
Briefen lesen, ich glaube, Sie werden sich auch freuen, besonders
weil Biographisches mit hereinkommt, das so interessant ist.

Paula Modersohn aus Worpswede an Clara Rilke nach
Oberneuland, 21. Oktober 1907:

Ich denke und dachte dieser Tage stark an Cézanne und wie das
einer von den drei oder vier Malerkräften ist, der auf mich ge-
wirkt hat wie ein Gewitter und ein großes Ereignis. Wissen Sie
noch 1900 bei Vollard. Und jetzt in den letzten Tagen meines
Pariser Aufenthaltes ganz merkwürdige Jugendgebilde in der
Galerie Pellerin. Sagen Sie Ihrem Mann, er soll versuchen, Pel-
lerin zu sehen, hat 150 Cézannes. Ich habe nur einen kleinen
Teil davon gesehen, aber es ist herrlich. – Mein Drang zu wis-
sen, was dort alles sei im Salon d'Automne, war so groß, dass
ich ihn vor ein paar Tagen bat, mir wenigstens den Katalog zu
schicken. Kommen Sie doch bald mit den Briefen, am liebsten
gleich Montag, denn ich hoffe, ja endlich bald anderweitig in
Anspruch genommen zu sein. Wenn ich hier jetzt nicht absolut
notwendig wäre, müsste ich in Paris sein.
Ich freue mich auf Sie und Ihre Nachrichten.
Ich schicke Ruth auch zwei schöne Grüße.

In ihrem Brief an Rilke vom 17. Oktober 1907 hatte Paula Mo-
dersohn ihm mitgeteilt, dass sie in der Zeitschrift »Kunst und
Künstler« mit großer Freude seinen Aufsatz über Auguste
Rodin gelesen habe, der im Oktober erschienen war:

*Ich glaube, die Arbeit ist gereifter einfacher. Mir scheint der
Jüngling mit seiner zarten Überschwenglichkeit zu verschwinden, und es fängt an, sich der Mann zu bilden mit weniger
Worten, die mehr sagen. – Ich weiß nicht, ob dies auch Ihre
Meinung ist oder ob es meine Meinung bleibt oder ob es überhaupt eine Meinung ist, die Ihnen zusagt. Jedenfalls soll es
keine Beleidigung sein, wie manche Dinge, die ich manchmal
gesagt habe, die aber auch keine sein sollten.*

Am 2. November 1907 bringt Paula Modersohn nach einer
schweren Geburt ein Mädchen zur Welt, Mathilde. *Meine lieben Modersohns,* schreibt Clara Rilke schon am nächsten Tag
aus Oberneuland nach Worpswede:

*Ich freue mich von ganzem Herzen mit Ihnen – wie gut, dass sie
endlich da ist. – Gern käme ich bald, zu sehen, wie es der Mutter geht – nach ein paar Tagen vielleicht, wenn Sie mögen. –*
 *Das sind die schönsten Tage, die nun angebrochen sind – die
man erleben kann – genießen Sie sie mit ihrem ganzen Segen
Stunde für Stunde. Ich bin mit allen guten Wünschen bei Ihnen.*

Ihnen + Ihrer Frau herzliche Wünsche, telegrafiert Rilke aus
Breslau an Otto und Paula Modersohn. Clara berichtet er
nach Worpswede, dass Rodin ihm nach der abrupt beende-
ten Verbindung geschrieben und ihn aufgefordert habe, ihn
zu besuchen, wenn er in Paris sei. *Alles ist wieder gut,* hält er

fest und widmet seinen Band »Der Neuen Gedichte anderer Teil«, *Meinem großen Freund Auguste Rodin.*

Clara Rilke ist ebenso erleichtert und froh über das Ende des Bruchs mit Rodin wie ihr Mann. Dazu die Freude über die Geburt der kleinen Tochter ihrer Freundin Paula. Gehobener Stimmung macht sie sich mit Ruth an der Hand auf den Weg zum Modersohn-Haus in Worpswede: *Im November stand ich mit meiner kleinen Tochter an ihrem Bett, in dem sie mit ihrem kleinen, wenige Tage alten Mädchen lag – mit dem glücklichsten und stillsten Lächeln, das ich je an ihr gesehen habe.*

Am 20. November 1907 stirbt Paula Modersohn an einer Embolie. Clara Rilke in einem Brief aus Berlin an Otto Modersohn in Worpswede vier Tage später: *Mein lieber Otto Modersohn – jetzt erst kommt Ihr Brief in meine Hände – ich bin so bestürzt, dass ich nichts sagen kann. – Ich komme Dienstagmorgen an ihr Grab und zu Ihnen und dem kleinen Kind.*

Den plötzlichen Tod seiner jungen Frau gibt Otto Modersohn in den Bremer Nachrichten vom 22. November und in der Weser-Zeitung vom 23. November 1907 mit jeweils einer kleinen Anzeige bekannt. Keine öffentliche Würdigung der Künstlerin folgt, kein Nachruf der Freunde. In das Worpsweder Begräbnisbuch trägt der zuständige Pastor ein: *Modersohn Paula Hermine, geborene Becker, Frau des Kunstmalers Otto Modersohn, in Worpswede. 31 J., 9 Mon., 12 Tage. Gestorben 20. Nov. 1907, beerdigt 23. Nov. 1907. Text: Offbg. 2 V.10.*

Nach Paula Modersohns Tod schilderte Otto Modersohn Clara Rilke, wie sich die letzten Lebensaugenblicke der Künstlerin abspielten, und die Bildhauerin hielt seine mündliche Erzählung rückblickend fest:

Paula hatte die Erlaubnis aufzustehen und bereitete sich glücklich darauf vor. An das Fußende ihres Bettes ließ sie sich einen großen Spiegel stellen und kämmte davor ihre schönen Haare, flocht sie zu Zöpfen und machte sich eine Krone daraus. Sie steckte sich Rosen an, die man ihr geschickt hatte, und ging dann, als Mann und Bruder sie stützen wollten, leicht vor ihnen her ins andere Zimmer, wo die Lichter angezündet waren, der Kronleuchter, ein Barockengel mit einem Lichterkranz um den Leib und viele andere Kerzen. Da bat sie, man möchte ihr das Kind bringen, und als es bei ihr war, sagte sie: »Nun ist es fast so schön wie Weihnachten«. Dann musste sie plötzlich den Fuß hochlegen – und als man ihr zu Hilfe kam, sagte sie nur: »Schade«.

KAPITEL X

Mein Wunsch, Hauptmann zu modellieren

WORPSWEDE – PARIS – BERLIN 1908–1910

Die Ausübung der Kunst ist ja ein großer Teil
meines Ichs, es ist mir die Luft, in der ich atme.
Clara Wieck-Schumann

Abends kamen Rilkes zu Tisch. Harry Graf Kessler, Weltmann
und Diplomat, der zwischen Berlin, Weimar, Paris und Lon-
don pendelt und seine Kontakte zur aktuellen Künstlerszene
pflegt, ist kurz vor Weihnachten 1907 zu Gast bei dem befreundeten Alfred Walter Heymel in Bremen-Horn und
macht folgende Notiz über Clara und Rainer Maria Rilke, die
ihm gegenüber Platz genommen haben:

Sie hat etwas Grosses und Einfaches, Willensstarkes, fast Männ-
liches; er erscheint wie der femininere von Beiden. Wenn er
beim Sprechen zusammengekauert mit übergeschlagenen Bei-
nen und Armen auf seinem Stuhle sitzt, hat man von seinem
dünnen Körper und seiner leisen, immer fast bittend klingen-
den Stimme einen Eindruck wie von einem unschönen jungen
Mädchen. Er sprach von Prag, Russland, Paris, immer in ganz
langen, leisen, etwas preziösen Sätzen.

Überschattet von Paula Modersohns jähem Tod, der für die Freunde unbegreiflich ist, will sich die Stimmung in diesen Vorweihnachtswochen 1907 kaum aufheitern. Dazu ist der Himmel über Oberneuland meistens verhangen, wegen des vielen Regens steigt das Wasser auf den überschwemmten Wiesen Tag für Tag, und zu allem Überfluss erkrankt Rilke, der schon seit Anfang Dezember bei Clara und Ruth ist, an einem Grippevirus.

So beginnt die gemeinsame Zeit schnell mühsam zu werden. Am ersten Weihnachtstag beklagt sich der Dichter bei Hugo von Hoffmannsthal, dass ihn *viel äußerliche Beschäftigung* von sich *abgehalten* habe und *viel Nichtalleinsein*.

Er wisse, wie wichtig und gut seine Anwesenheit in Oberneuland sei, schreibt er an Mathilde Vollmoeller, dass in diesen *menschlichen Dingen* aber so ungeheuer viel Arbeit stecke und diese Arbeit nicht die seine sei, dass er sich darin als aussichtsloser Stümper fühle und *nur eine, die einen verpflichtende, wirklich begreifen und leisten lerne, schwer und langsam genug. Und nun ist mir's von Jahr zu Jahr mehr, fast unheimlich, mich anderswo als in meiner Arbeit zu finden.*

•

In Worpswede hat der verwitwete Otto Modersohn zu Beginn des neuen Jahres 1908 Familie und enge Freunde in dem Atelier seiner verstorbenen Frau versammelt, damit sie einen ersten Blick auf die zahlreichen Gemälde, Skizzen und Zeichnungen aus ihrem Nachlass werfen können.

Unvergleichlich, diese künstlerische Fülle! Clara und Rainer Maria Rilke sind *enthusiasmiert*, wie Modersohn am 1. Februar 1908 an Paulas Schwester Herma Weinberg schreibt, Rudolf Alexander Schröder steht *ganz erschüttert* vor ihren

Bildern, und Heinrich Vogeler erinnerte sich: *Hier erlebten wir feierliche Stunden vor dem großen Werk, das Paula hinterließ.*

Dass die Figurenbilder und Stillleben, Selbstbildnisse und Landschaften, die sich hier auf engstem Raum stapeln, zur Avantgarde des neuen Jahrhunderts zählen und Paula Modersohns Tod einen unermesslichen Verlust für die deutsche und europäische Kunst bedeutet, mag die kleine Runde zu diesem frühen Zeitpunkt wohl kaum ahnen.

Mitte Februar, Rainer Maria und Clara haben verabredet, dass sie demnächst ebenfalls nach Paris kommen wird, verabschiedet sich Rilke von seiner kleinen Familie in Oberneuland. Er fährt direkt nach Berlin und trifft dort Samuel Fischer, der seinen nächsten Paris-Aufenthalt mit einer großzügigen Spende unterstützen will. Dort *arbeiten dürfen blindlings, wie kaum je zuvor,* stimme ihn hoffnungsvoll, so Rilke in seinem Dankesbrief an Fischer vom 19. März 1908. Anton Kippenberg gegenüber betont er, wie unerlässlich eine längere Arbeitszeit in Paris jetzt für ihn sei, und bittet den Verleger nachdrücklich, ihn in Zukunft für den Verkauf seiner Bücher regelmäßig zu bezahlen.

Am 1. Mai 1908 trifft Rilke in Paris ein, Clara folgt wenige Tage später. Während er das kleine Atelier von Mathilde Vollmoeller in der Rue Campagne Première übernehmen kann, lässt seine Frau sich im Hôtel de la Haute Loire am Boulevard Raspail nieder, das sie von früheren Aufenthalten her schon kennt. Doch dieses kann nur eine Übergangslösung sein, darüber ist sie sich im Klaren, und sobald sie ein wenig zur Ruhe gekommen ist, will sie sich nach einem Atelier umsehen.

Wie sich den Traum von einem großen, hellen Arbeitsraum erfüllen? Eigentlich aussichtslos. Wäre da nicht das Wiedersehen – Zufall oder nicht? – mit Edith von Bonin.

Die ebenfalls in Paris lebende Malerin ist eine Stiefschwester des mit beiden Rilkes befreundeten Karl von der Heydt. Während einer gemeinsamen Tasse Kaffee macht sie Clara auf eine Adresse im Siebten Arrondissement aufmerksam, die so außergewöhnlich klingt, dass sie sie umgehend erkunden muss.

In der Rue de Varenne, im Herzen des ländlich-vornehmen Faubourg Saint-Germain, steht zwischen zahlreichen alten Herrenhäusern in verwaschenem Grauweiß inmitten einer großen Gartenanlage ein Rokoko-Palais, dessen vornehmes Äußeres auf ein ehemals elegantes Innenleben schließen lässt. Jetzt sieht es heruntergekommen aus und scheint seit langem verlassen.

Clara Rilke öffnet vorsichtig das Hoftor aus schwerem Eisen und wagt einen Blick in das Gemäuer. Unglaublich, was für Räumlichkeiten sich dahinter verbergen! Sie sind groß und hoch und haben bis zum Boden reichende Fenster, die viel Licht hereinlassen. Sich hier ausbreiten und arbeiten können! Was für eine reizvolle Vorstellung!

Unverzüglich macht sie sich auf den Weg zur Behörde, um zu fragen, was es mit dem verlassenen Gebäude auf sich habe und wie die Eigentumsverhältnisse seien. Seit 1905 gehöre das ehemalige aristokratische Mädchenpensionat »Zu den Heiligen Schwestern« dem Französischen Staat, erklärt man ihr, zuvor habe die Duchesse du Maine das um 1730 von einem neureichen Perückenmacher erbaute Haus bewohnt, und solange die Stadt Paris nicht wisse, wie das Haus in Zukunft genutzt werden solle, vermiete sie die Räume an Künstler.

Schon Ende Mai kann Clara Rilke mit ihren wenigen Utensilien den großen, zentralen Saal in der ersten Etage des Sacré-Coeur-Klosters als Werkstatt beziehen. Das imposante Gebäude liegt nahe der Seine, und bis zum Atelier von Auguste

Rodin in der Rue de l'Université ist es nur ein Katzensprung. Da der Meister seiner deutschen Schülerin gerne wieder Korrektur geben will und ihr darüber hinaus auch erlaubt, seinen Arbeitsraum mitzubenutzen, geht sie zum Modellieren häufig in die Rue de l'Université.

Als sie Harry Graf Kessler wenige Monate zuvor bei Heymel in Bremen getroffen hatte, muss das Gespräch auch auf Aristide Maillol gekommen sein, und Kessler schlug Clara Rilke bei dieser Gelegenheit wohl vor, mit ihr in das Atelier des Bildhauers zu gehen, wenn sie das nächste Mal in Paris sei.

Kessler war Maillols Freund, glühender Anhänger seiner Arbeiten und sein großer Förderer. Die Begegnung mit dem französischen Kollegen in seinem Atelier gehörte gewiss zu den Erlebnissen in diesem Pariser Frühjahr 1908, die Clara Rilke am meisten beeindruckten.

Wenn sie die französischen Kunstzeitschriften aufmerksam las, musste ihr auffallen, dass der aus Südfrankreich stammende Maillol, der seine weiblichen Akte seit 1896 in Paris ausstellte, dem »alten Rodin« den Platz gerade immer mehr streitig machte und von der Kunstwelt schon als »neuer Meister« gefeiert wurde.

Hatte Clara Rilke vor ihrem Atelierbesuch schon einmal Arbeiten von Maillol gesehen? Hatte sie sich auf ihren zahlreichen Museums- und Galeriebesuchen mit Paula Modersohn im Frühjahr 1900 auch Maillols Ausstellung bei Bernheim Jeune angeschaut? In jedem Fall muss die Freundin ihr von der Enthüllungsfeier der Plastik »Der Denker« vor dem Pantheon in Paris 1906 erzählt haben, bei der auch Maillol anwesend war.

Sie wohnt nicht ganz nah, und wir sehen uns meistens nur einmal die Woche, da wir jeder vor allem Alleinsein und Arbeit brauchen, schreibt Rilke an Ellen Key am 11. August 1908, *sie* ist jetzt so tief und fruchtbar in der Arbeit wie kaum je vorher und macht endgültige Fortschritte, denen Rodin, als er Arbeiten von ihr zu sehen bekam, ernst und freudig zustimmte.

Bei aller Verehrung des Meisters und seines Arbeitsethos – Clara Rilke ist im Begriff, sich immer mehr davon zu lösen und ihren eigenen Arbeitsrhythmus zu entwickeln.

Im Sommer 1908 unterbricht sie ihren Aufenthalt in Paris und reist nach Deutschland, um *von dort aus das schwierige und mühsame Suchen fortzusetzen*, wie Rilke erklärend an Rodin schreibt.

Ruth hat Ferien, und Clara möchte möglichst viel Zeit mit ihr verbringen. Das ist das eine. Zum anderen hat Anna Jaenicke, die Freundin aus Hannover-Großburgwedel, sie und ihre kleine Tochter auf ihr Gut eingeladen, wo Clara von Mitte August bis Ende September die Porträts von Dr. Max Jaenecke und Anna Jaenecke modellieren soll.

Am 22. August 1908 schreibt die Künstlerin aus Hannover an Otto Modersohn nach Worpswede und äußert ihm gegenüber noch einmal ihren Wunsch nach Übernahme des Ateliers ihrer verstorbenen Freundin Paula:

Ihr Brief erreichte mich hier in Hannover und nun möchte ich Ihnen gleich sagen, dass ich auf jeden Fall das Atelier behalten möchte. Und da es schriftlich immer so eine Sache ist, so bitte ich Sie, es Brünjes von mir zu sagen.

Mir ist, als hätte Paula einmal gesagt, dass die Miete 10 M betrage, ist das so? –

Ich freue mich, dass es auch in Ihrem Sinne ist, wenn ich das Atelier habe und ich bitte Sie, doch alles so zu lassen, wie es ist. Lassen Sie sich mit allen Entschließungen Zeit, denn ich möchte gerade darum gern die Räume behalten, damit sie nicht so schnell in andere Hände kommen – dann will ich sie ja auch

Brief an Otto Modersohn vom 22. August 1908

als Zuflucht haben, wenn ich nach Worpswede komme, doch wird das immer nur vorübergehend sein. Mir ist nichts lieber, als wenn Paulas Bilder und Dinge möglichst lange an ihrem lieben Orte bleiben. –

Wir wollten immer noch einmal herüber kommen zu Ihnen, aber Rainer Maria war gar nicht wohl, die Influenza ließ ihn nicht los – so kam es, dass wir endlich so reisten – aber ich bin nicht weit und komme bei der nächsten Gelegenheit nach Worpswede herüber (...) Lassen Sie also alles: die Malereien, sowie die vielen Kleinigkeiten an ihrem Platz bis Ihnen ganz von selbst eine andere Lösung klar geworden ist – mir ist das unendlich lieb so und auch Rainer Maria wird so vielleicht

noch für seine Arbeit Nutzen davon haben. Ist das Atelier ver-
schließbar? Ich denke, ich würde es doch abschließen, weil ich
so viel fort bin, wegen all der wertvollen Dinge.

Doch für Clara Rilke war die Zeit ihrer Aufenthalte in Worpswede mit Paula Modersohns Tod beendet, aus der Nachmiete
des Brünjes-Ateliers als *Zuflucht* wurde nie etwas.

Der Gedanke an die Malerfreundin lässt sie jedoch nicht
los, und so realisiert sie einen Wunsch, den sie bereits seit
Ende November des vergangenen Jahres mit sich herumträgt:
Im Sommer 1908 überarbeitet sie die frühe, 1899 entstandene
Porträtbüste Paula Modersohns und modelliert eine zweite
Fassung: »Porträt Paula Modersohn-Becker von 1908«.

In Erinnerung an ihre erste, ausdrucksstarke Büste, unterstützt Rilke die Arbeit seiner Frau und schreibt ihr am 4. September 1908:

Da war so viel, dass ich noch vergaß, Dir zu sagen, wie gut
ich Deine Freude und neue Teilnahme an Paula Beckers schö-
ner Büste begreife; ich dachte neulich unvermittelt und inten-
siv an sie, sah sie, als ich oben im ersten Stock in der Louvre-
Sammlung eine königliche Steinbüste entdeckte, aus der XVIII.
Dynastie. Die glich ihr so wunderlich in Haltung und Zusam-
menhang und Ausdruck: da dachte ich, wie viel Großes doch in
Deiner frühen Arbeit stecken müsse, wenn ein so unvordenk-
licher Eindruck sie in einem heraufzwingen kann.

•

Natürlich hat es sich schnell herumgesprochen, was für
prächtige Räumlichkeiten das verwahrloste Hôtel Biron in
der Rue de Varenne hinter seinen efeuüberwucherten Mau-

ern verbirgt. Bald liebäugeln immer mehr Künstler mit der Möglichkeit, dort ein Atelier zu mieten.

Anfang August 1908, Clara ist schon abgereist, hört Rilke von seiner Vermieterin Mathilde Vollmoeller, dass sie demnächst nach Paris zurückkomme und ihn daher bitte, sich möglichst schnell nach einer anderen Unterkunft umzusehen, damit sie wieder in ihre Wohnung in der Rue Campagne-Première könne.

Was läge in dieser überraschend schwierigen Lage näher, als Clara zu fragen! Ihr Atelier in der Rue de Varenne ist doch frei und wird es in den kommenden Wochen, vielleicht Monaten wahrscheinlich auch bleiben.

Wie könnte es anders sein! Natürlich ist Clara Rilke damit einverstanden, dass ihr Mann während der Zeit ihrer Abwesenheit ihr Atelier bewohnt, und so siedelt Rilke am 31. August 1908 in die Rue de Varenne über. Sogleich beschreibt er Rodin sein neues Quartier in leuchtenden Farben: *Sie müssten, lieber großer Freund, dieses schöne Gebäude sehen und den Saal, den ich seit diesem Morgen bewohne.*

Der großzügige Arbeitsplatz wirkt beflügelnd. Ende August lädt Rilke Rodin ein. Es dauert nur wenige Tage, bis dieser seinen Besuch im Hôtel Biron ankündigt.

Wir saßen in Deinem hohen Raum, schreibt Rilke am 3. September an Clara und erzählt ihr, wie interessiert sich Rodin dort umgeschaut, ihre Skulpturen betrachtet, sie in die Hand genommen, gedreht und gewendet und sich darüber gefreut habe. Wie er sich schließlich von *Herzen* bei ihm, Rilke, ausgesprochen habe, *ohne zu klagen, sachlich.* Wie sie im Laufe des Gesprächs von Frauen gesprochen hätten,

von Frauen, die nicht den Mann festhalten wollen, von Liebesmöglichkeiten ohne Betrug: er hört und hört und kann nicht

glauben, dass es das gibt und wünscht doch, es zu erfahren.
Dass die Frau das Verstellte ist, die Falle, die Fußangel, auf den
Wegen, die die einsamsten und seligsten sind, das scheint ihm
verhängt. Zwar meint er auch, dass sich das Sensuelle so aus-
breiten und verwandeln muß, dass es gleich stark und süß und
verführend ist an jeder Stelle, in jedem Ding. Das jedes Ding
das Geschlechtliche übersteigt und in seiner sinnlichsten Fülle
ins Geistige überschlägt, mit dem man nur noch in Gott zusam-
menliegen kann. Aber die Frau bleibt abseits für ihn und u n -
t e r alledem. Sie löst sich nicht, wie die Dinge, im Anspruchs-
volleren auf; sie will befriedigt sein und ist befriedigt. Und so
ist sie wie eine Nahrung für den Mann, wie ein Getränk, das
ihn durchströmt von Zeit zu Zeit: Wein. Er glaubt an den Wein.

Die künstlerische Produktion des weit über 60-jährigen
Auguste Rodin ist inzwischen so überwältigend, dass er dringend mehr Platz für die Lagerung seiner zahllosen Mar-
morplastiken, Bronzeskulpturen, Gipsabgüsse und Skizzen
braucht. Selbst in der Villa des Brillants in Meudon quellen
die Lager über. Das Hôtel Biron gefällt ihm. Warum nicht
hier einige der Säle mieten? Bald füllen nicht nur die Werke
des erfolgreichen Bildhauers das gesamte Parterre – mit diesem neuen Ort hat Rodin auch ein Refugium gefunden, in
das er sich zurückziehen kann, wann immer er will, um von
den zahlreichen Besuchern in der Rue de l'Université nicht
behelligt zu werden. Niemand vermutet ihn hier.

Nach Rodins Besuch und mehrfachen Begegnungen der
beiden Männer seither, schreibt Rilke am 3. September 1908
an Clara Rilke: *Dass wir heute wieder zusammen frühstück-*
ten, war eine Ausnahme und hat folgenden Grund: Rodin wird
D e i n Hausgenosse hier in Deinem Palast. Einen Tag darauf
fährt er fort: *Laß bald kleine Abgüsse schicken, dass Rodin sie*

nächstens bei mir sieht. Es freut ihn. Als Clara ihm ankündigt, sie werde bald wieder in Paris sein und ihren Raum dann benötigen, erwidert er: *Aber ich bin noch nicht am Ende der Überraschungen: ich bleibe auch Dein Hausgenosse.*

Angezogen von der Attraktivität des zwar verfallenen, doch großzügigen Palais, mietet Rilke den *Rundbau mit zwei Räumen und unmittelbarem Ausgang auf die Terrasse,* einen hohen, runden Eckraum im Parterre mit Arbeits- und Schlafzimmer.

Harry Graf Kessler besucht den Dichter am 16. November 1908 in seinem neuen Domizil:

Das Arbeitszimmer ist in seiner etwas majestätischen Vornehmheit und Verlassenheit ein Raum, in dem man sich Hofmannsthals »Thor und Tod« denken könnte. R. hat einige Empirestühle und einen großen alten Barocktisch als Arbeitstisch hineingestellt; auch einige Kommoden, auf denen Schüsseln, mit schönen reifen Früchten und Blumen stehen. Eine Büste von seiner Frau steht vor dem Gartenfenster. Sonst ist alles leer, aber infolge der schönen Proportionen und des schönen Lichts nicht kalt. Er las mir sein Requiem auf Wolf Kalckreuth vor. Beim Lesen hob sich sein Profil vom mächtigen Barockfenster ab, und zum ersten Mal bemerkte ich in seinen Zügen Energie. Ein sehr merkwürdiges Profil: die lange schräge Stirn, die lange schräge Nase, fast eine Linie mit der Stirn, beide zusammen vorspringend wie ein Schnabel, und dann fast im Gegensatz zu dieser Schärfe die schweren dicken Lippen, die schweren Augenlider. Er liest etwas pastoral, aber mit klar definiertem Ausdruck.

Durch das Zusammenleben im selben Haus nimmt der Kontakt zwischen Rilke und Rodin immer mehr an Intensität zu. Fehlt dem Dichter in seinem Schreibzimmer ein Stuhl, lässt

Rodin ihn umgehend herbeischaffen. Möchte der Meister einen Spaziergang machen, fragt er Rilke, ob er Zeit und Lust habe, ihn zu begleiten. Bald sind die verschiedenen Räume des Hôtel Biron mit einer illustren Künstlerschar gefüllt. Die amerikanische Tänzerin Isadora Duncan, von der Rodin tausende Skizzen macht, wohnt dort genauso wie Henri Matisse, Romain Rolland und Jean Cocteau.

Cocteau hat im Seitenflügel des Palais seinen »Musenpavillon« mit Klavier, Ofen und Diwan eingerichtet. Hier empfängt er seine Freunde und Bewunderer, liest ihnen Verse vor und bezaubert die Damen der Gesellschaft mit seinem unwiderstehlichen Charme.

Cocteau wusste nicht, wer in dem Raum gegenüber wohnte, in dem Abend für Abend das schwache Licht einer kleinen Lampe leuchtete. »La lampe de Rilke« nannte er das Gedicht, das er später schrieb. Es hält den Augenblick fest, in dem es in den Räumen des Hôtel Biron zu dämmern beginnt und Rilke im Schein des Lampenlichts sitzt und schreibt. Sein Bedauern, dass er um die Identität des Mannes im Lampenschein so lange nicht gewusst hatte, brachte Cocteau in seinen autobiografischen Notizen zum Ausdruck:

Fünf Glastüren mitten in Paris in einem Märchenpark, den die guten Klosterfrauen bei der Trennung zwischen Staat und Kirche verlassen hatten. Abends sah ich im Eckfenster des Hôtels eine Lampe aufleuchten. Es war die Lampe Rainer Maria Rilkes. Er war Rodins Sekretär. Ich sollte von ihm nur diese Lampe kennen lernen, die mir als Leitstern hätte dienen sollen. Aber leider erfuhr ich erst sehr viel später durch Blaise Cendrars, wer Rilke war, und es bedurfte noch mancher Jahre, bis Rilke mein Stück »Orphée« kennenlernte, das Reinhardt in Berlin auf die Bühne brachte.

Es ist Anfang November 1908. Seit Paula Modersohns Tod ist nahezu ein Jahr vergangen. Als erste größere Arbeit in seinem *hohen Zimmer* in Paris schreibt Rilke innerhalb von wenigen Tagen für sie sein Requiem, *ein Requiem für eine rührende, vor einem Jahr fortgenommene Gestalt: eine Frau, die aus den großen Anfängen eigener künstlerischer Arbeit zurückglitt in die Familie zunächst und von da ins Verhängnis und in den unpersönlichen, nicht selbst vorbereiteten Tod.*

Wie ein roter Faden zieht sich die von Rilke wiederholt thematisierte und beklagte Feindschaft zwischen dem Leben und der großen Arbeit durch das Trauergedicht: Ehe, Liebe und Mutterschaft haben die Freundin ihrer Kunst entrissen; an diesem Frauenschicksal ist sie zugrunde gegangen. Paula Modersohn war auf dem kleinen Worpsweder Kirchfriedhof beigesetzt worden, neben Otto Modersohns erster, ebenfalls im Alter von 31 Jahren verstorbenen Frau Helene.

Bei der Gestaltung ihres Grabes hatten sich Modersohn und Vogeler an einen Wunsch der Malerin gehalten, den sie im Februar 1902 bei einem Spaziergang über den Worpsweder Friedhof notierte:

Es sei ein viereckig längliches Beet mit weißen Nelken umpflanzt. Darum läuft ein kleiner sanfter Kiesweg, der wieder mit Nelken eingefasst ist, und dann kommt ein Holzgestell, still und anspruchslos und da, um die Wucht der Rosen zu tragen, die mein Grab umgeben. Und vorne im Gitter, da sei ein kleines Tor gelassen, durch das die Menschen zu mir kommen, und hinten sei eine kleine anspruchslose Bank, auf der sich die Menschen zu mir hinsetzen (...) Auf dem Grab stehen vielleicht zu meinen Häupten zwei kleine Wacholder, in der Mitte eine kleine schwarze Holztafel mit meinem Namen ohne Datum und Worte. So soll es sein. Dass da eine Schale

*stünde, in die man mir frische Blumen setzte, das wollte ich
wohl auch.*

An einem Novembermorgen 1908 lässt sich Mathilde Becker
von Bremen nach Worpswede fahren, um das Grab ihrer
Tochter Paula zu besuchen.

Am 21. November 1908 schreibt sie an Clara Rilke:

*Nichts kann öder sein und trostloser als ein Kirchhof an einem
Novembermorgen. Man schaut der nackten Brutalität des
Todes gerade ins Gesicht. Da, als ich schwer traurig ans Grab
trete lächelt mir ein Wunder entgegen. Vor dem Täflein aufgebaut auf großer runder Schüssel die herrlichsten Früchte; Gra-
natäpfel in wundervoller Farbe und Birnen und Feigen und
Bananen – dies alles wie von freundlichen Genien in den Winter hineingezaubert. Liebe Klara Rilke, ich danke Ihnen tausendmal für diese Darbietung der Liebe. Und wenn Sie wiederkommen bitte finden Sie eine halbe Stunde für mich, damit
wir miteinander sprechen können von der, die mir so traurig
fehlt und die Sie mehr liebte als einen anderen Menschen auf
der Welt.*

Rilkes »Requiem für eine Freundin« ist noch nicht erschienen, da sorgt eine Ausstellung mit 44 Gemälden Paula Modersohns bei Paul Cassirer in Berlin für Aufmerksamkeit,
in der ebenfalls Arbeiten von van Gogh, Renoir, Manet und
Monet zu sehen sind.

*Ist es wahr, dass nun Paula Modersohns Sachen bei Cassi-
rer ausgestellt sind?*, fragt Rilke bei der befreundeten Malerin
Ottilie Reyländer in Berlin an, die er aus Worpswede kennt:
*Hier bei mir steht ein kleines Bild, das meiner Frau gehört. Es
war mir lieb, seit ich es kenne, jetzt aber erstaunt es mich durch*

seine wirkliche Endgültigkeit und Sicherheit, wie es so dasteht und jeden Tag gleich schön ist. Ich hätte gern viel von ihr gesehen und wiedergesehen, besonders da man alles verkauft und verstreut.

Bei dem *kleinen Bild* handelt es sich zweifellos um das Gemälde »Säugling mit der Hand der Mutter« von 1903, das Rilke 1906 erwarb. Es hängt heute in der Kunsthalle Bremen.

•

Im Dunstkreis um Auguste Rodin wird seit längerem schon gemunkelt, nicht Aristide Maillol, sondern Antoine Bourdelle bekomme vermutlich als Erster den Auftrag, eine Büste von ihm zu modellieren.

Ein Gerücht? Clara Rilke, die seit September 1909 zurück in ihrem Pariser Atelier ist und immer mal wieder davon hört, lässt diese Frage natürlich nicht unberührt. Schon seit längerem beschäftigt sie der Gedanke an ein Porträt ihres Idols, und sollte es tatsächlich stimmen, dass womöglich Bourdelle Rodin porträtieren darf – wie würde es sie ärgern, ihm nicht zuvorgekommen zu sein.

Als Rilke sie eines Tages bittet, ihn zu Rodin zu begleiten, weil er sich seine Zeichnungen der kambodschanischen Tänzerinnen anschauen möchte, die Clara auch noch nicht kennt, willigt sie kurz entschlossen ein und nimmt sich vor, Rodin bei dieser Gelegenheit auf eine Büste anzusprechen. Mutig sein! Selbst auf die Gefahr hin, dass er ihr eine Absage erteilt. Doch Clara Rilke verlässt der Mut, noch ehe sie die Schwelle zu Rodins Atelier übertreten hat.

Während dieser Spätsommerwochen weilt Harry Graf Kessler gerade wieder einmal in Paris. Für den Kunstförderer mit dem außergewöhnlichen Beziehungsgeflecht steht eine Unterredung mit Rodin ganz oben auf der Liste. Kessler möchte wissen, was es mit dem Getuschel um die Büste auf sich hat. Bourdelle oder Maillol? Als Freund und Gönner Maillols kann er doch nur interessiert daran sein, »seinem« Künstler den Auftrag zu vermitteln. Schweigend lässt sich Rodin Kesslers Wunsch vortragen. Schließlich nickt er mit dem Kopf und antwortet, er habe den Porträt-Auftrag gerade an Bourdelle vergeben – was aber nicht bedeute, dass nicht beide Bildhauer eine Büste von ihm machen könnten. *Maillol die Nachricht gebracht, dass ihm Rodin sitzen will,* notiert Kessler am 11. Oktober zufrieden in sein Tagebuch.

Am Nachmittag des folgenden Tages besucht er Rilke im Hôtel Biron:

Rilke saß schwach und trotz der warmen Herbstsonne fröstelnd da. Er wolle diese Räume aufgeben. Es hätten sich so viele düstere Erinnerungen darin für ihn angesammelt; er sei so viel in ihnen krank gewesen, so viel arbeitsunlustig: das lege sich jetzt in ihnen wie Spinnenweben auf ihn. Der vorige Winter hier sei für ihn so schlimm gewesen, zum Teil physisch, zum Teil seelisch. Es hätten ihm so viele Dinge, die er zu kennen glaubte, eine neue Seite zugekehrt; seine ganze Welt sei sozusagen ins Wanken gekommen. Er nannte mir als eine von diesen verwandelten Erscheinungen Rodin.

Rilke empfängt in diesen Monaten häufig den Besuch einer Frau, in die er sich zwei Jahre zuvor in Venedig verliebt hatte und seither als »amie vénitienne« verehrte. Adelmina (Mimi) Romanelli wird mit schwärmerischen Briefen überhäuft. Clara Rilke weiß von der Episode zwischen ihrem Mann und der wohlhabenden Venezianerin, er erzählte ihr ganz offen davon, ebenso, wie er der Geliebten nicht verschwieg, dass er verheiratet und Vater war. *Es kam mir immer seltsam vor,* er-innerte sich Mimi Romanelli später, *dass er mich wahnsinnig zu lieben vorgab – und mir zugleich von seiner Zuneigung zu seiner Frau und Tochter erzählte.*

Wenige Tage bevor Clara ihren Pariser Aufenthalt be-endet, sendet Rilke ein paar Zeilen mit der Bitte an Rodin, seine Frau vor ihrer Abreise nach Deutschland noch einmal in seinem Atelier zu empfangen, damit sie ihm ihre neues-ten Arbeiten zeigen könne: *Freitag früh kommt der Gie-ßer, um die Tonmodelle abzuholen, aber wenn sie ihr mor-gen einen kleinen Augenblick schenkten, würde sie Ihnen tief dankbar bleiben.*

•

Das Haus des Verleger-Ehepaars Samuel und Hedwig Fischer in der Erdener Straße 8 in Berlin-Grunewald ist ein Anzie-hungspunkt für die verschiedensten Menschen aus dem Ber-liner Geistesleben. Hohe, schlanke Fenster durchbrechen die lange Front mit der weißen Eingangstür, zu der ein paar breite Treppenstufen führen. Ein weiß gestrichener Zaun aus Holz umgibt Haus und Garten.

Vom Entree, dessen Wände mit Reproduktionen griechi-scher Reliefs gepflastert sind, gelangt man in eine weitläu-fige Halle. Ein mächtiger Kronleuchter aus Messing hängt an der hohen Decke, das Fresko »Dichterleben« von Frank Wal-ser schmückt in halber Höhe eine Wand. Prächtige Räume schließen sich an. Das Musikzimmer, in dem ein Bechstein-Konzertflügel und zahlreiche zierliche Empire-Möbel stehen, die Bibliothek, das Esszimmer, schließlich Samuel Fischers Arbeitszimmer mit herrlichen Gemälden von Max Lieber-mann, van Gogh, Cézanne, Pissarro und Corinth und ein kleines Teezimmer, das in den weitläufigen Garten mit seinen hohen Platanen führt.

Der Kunstfreund und Mäzen Samuel Fischer hatte schon bei einer seiner ersten Begegnungen mit Clara und Rainer Maria Rilke in Berlin angedeutet, dass er an einer Büste seiner kleinen Tochter Brigitte interessiert sei, nachdem Clara ihm von ihrer bildhauerischen Arbeit erzählt und geäußert hatte, ihr Themenschwerpunkt liege auf dem Porträt, damit verdiene sie ihr Geld.

Weil sie bisher zu viele schlechte Erfahrungen mit ihren Auftraggebern gemacht hat, die in der Regel erwarten, dass sie ihre Modelle vor dem Bronzeabguss »unverbindlich« porträtiert, will sie es wagen, bei ihren Verhandlungen nun endlich selbstsicherer aufzutreten und sich in finanziellen Angelegenheiten weniger bescheiden und großzügig zu zeigen als bisher. Auch wenn es ihr schwerfällt und ihrem freundlichen Charakter widerspricht. Aber sie will sich nicht länger ausgenutzt fühlen und ihre Arbeit zu Bedingungen anbieten, die ihrer unwürdig sind. Am 7. September 1909 schreibt die Bildhauerin an den Verleger Samuel Fischer:

Es sind Umstände eingetreten, die es mir nötig machen, mich mit Ihnen zu verständigen, ehe ich komme. Ich habe geschäftliche Dinge bisher in einer Weise betrachtet und erledigen wollen, die, wie ich eingesehen habe, absolut nichts mit der Wirklichkeit zu tun hat. Da ich mein Verhalten in dieser Beziehung vollständig ändern muss, so kommt es, dass die Bedingungen meines Kommens, wie ich es Ihrer Frau schrieb, nicht mehr gelten können. Ich kann die Arbeit, Ihr Porträt zu machen, nur dann ausführen, wenn Sie mir den Auftrag geben wollen. Der Preis einer Büste in Bronze ausgeführt (...) würde 1500,– M betragen. Verzeihen Sie mir, dass ich die Art und Weise wie ich meine Arbeit Ihnen angeboten habe, nicht aufrechterhalten kann.

Samuel Fischer geht auf die neuen Auftragsbedingungen der Künstlerin ein und sagt ihr den Bronzeabguss zu. Ende September reist Clara Rilke nach Berlin-Grunewald in das Haus des Verlegers und porträtiert dort seine Tochter Brigitte.

Kurz nachdem die Arbeit fertig ist, schickt Hedwig Fischer Rilke eine Fotografie der von Clara gearbeiteten Büste Brigitte Fischers, die seit ihrer frühesten Kindheit den Kosenamen Tutti trägt, und teilt ihm mit, wie sehr sich ihr Mann und sie darüber freuten.

Am 18. Oktober 1909 antwortet Rainer Maria Rilke Hedwig Fischer aus Paris:

So ist Tuttis Büste wirklich in einer guten Atmosphäre erwachsen und ausgereift, und ich meine, man sieht es ihr tatsächlich an. Die kleine Photographie lässt sehen, wie ruhig und übersichtlich die kleine entschlossene Persönlichkeit ergriffen und gegeben worden ist; es mag sein, dass dieses Claras bisherige beste Arbeit geworden ist. Graf Kessler sah das kleine Bild hier bei mir und es überzeugte ihn auf den ersten Blick (...) Ich freue mich, dass auch Hauptmanns Gelegenheit hatten, die Büste zu sehen, und bin gespannt, sie bei Ihnen eines Tages zu bewundern.

Seiner Freude über die gelungene Arbeit verleiht Rilke Ausdruck, indem er Rodin darüber informiert. Am 6. November 1909 schreibt er an Hedwig Fischer:

Dies muss ich Ihnen doch gleich schreiben, dass Rodin eben die Photographien von Tuttis Büste gesehen hat. Mit seiner ge-

sammelten Aufmerksamkeit sah er sie alle immer wieder an,
am meisten die mit künstlichem Licht aufgenommene. Er fand
diese Arbeit sehr schön, ›très vivant, plein de force et d'éloquence‹
und sagte mir, ich sollte meine Frau gleich dazu beglückwün-
schen. Seine Freude, ebenso konzentriert wie sein Schauen, ist
ganz herrlich in so einem Fall.

Gerhart Hauptmann zählt zu den vielen Freunden, die im
Berliner Haus des Verlegers ein und aus gehen, und als Samuel Fischer ihn auf die Büste hinweist, ist er ebenfalls sehr
beeindruckt. Während ihrer Unterhaltung lässt Hauptmann
durchblicken, dass auch er an einem Porträt interessiert sei,
jedoch beabsichtige, sich von Rodin porträtieren zu lassen.

Es beschäftigt mich jetzt sehr, dass Sie bald mit Hauptmann
sprechen werden und vielleicht von meinem Wunsch, ihn zu
modellieren, schreibt Clara Rilke an Samuel Fischer: *Da muss*
ich Ihnen sagen, dass der Wunsch, Hauptmann zu modellieren
in mir schon so alt ist, wie meine Arbeit überhaupt.

Da er über Rilke erfahren hat, dass Rodin wegen Überlas-
tung nur noch Porträtbestellungen sehr reicher Amerikaner
anzunehmen bereit ist, entschließt Hauptmann sich, seine
Porträtbüste bei Rodins Schülerin Clara Rilke in Auftrag zu
geben.

Natürlich fühlt sich die 30-Jährige bei dem Gedanken
daran, den bekannten Dichter porträtieren zu dürfen, ge-
schmeichelt und in ihrem künstlerischen Selbstbewusstsein
gestärkt. Schließlich zählt Hauptmann zu den wichtigsten
literarischen Figuren der Zeit und gilt als Kandidat für den
Literaturnobelpreis. Andererseits fühlt sie sich durch die Vorstellung verunsichert, sie könnte seiner Persönlichkeit nicht
gerecht werden, zumal sie die zahlreichen Porträts anderer
Bildhauer vor Augen hat, die ihn bereits dargestellt haben:

in Siegerpose, mit hoch erhobenem Haupt, wehendem Haarschopf und stolz geschwellter Brust.

Sie traue sich den Auftrag zu, informiert sie Samuel Fischer
in einem Dankesschreiben, vor allem, weil er wisse, wie sie
arbeite und dahinter stehe, was sie außerordentlich beruhige.

Ende Oktober 1909 teilt sie dem Verleger-Freund mit:

*Ich möchte Ihnen von ganzem Herzen danken für Ihre hilfrei-
che und freundliche Art, mir hinwegzuhelfen über eine recht
böse Zeit – und Verwirrungen, die ich selbst herbeigeführt
hatte, vor allem über meine eigene Unsicherheit, die mich in
den Grund hinein erschüttert hat.*

In diesem Zusammenhang ist ein Brief von Rilke interessant,
den er am 31. Oktober 1909 an Karl von der Heydt schrieb,
nachdem Clara ihn informiert hatte, dass sie sich nach an-
fänglichem Zögern aus Unsicherheit inzwischen für das
Hauptmann-Porträt entschieden habe:

*Alles das ist gut, besonders, da meine Frau selbst nun auch an-
ders dazu steht; es aufgegeben hat, den Menschen auszuwei-
chen wie bisher, und in ihrem Fortschritt soweit ist, was sie
übernimmt auch zuende zu bringen, im Einklang mit ihrem
Gewissen und ohne Qual für das Modell.*

Das schlesische Agnetendorf im Riesengebirge ist seit langem Gerhart Hauptmanns Lebens- und Arbeitsmittelpunkt.
Dort hat er sich nach eigenen Plänen das Haus Wiesenstein
bauen lassen und damit einen Ort geschaffen, an den er sich
nach anstrengenden Reisen oder öffentlichen Auftritten zurückziehen, aber auch viele interessante Künstler, Schriftsteller und Intellektuelle einladen kann.

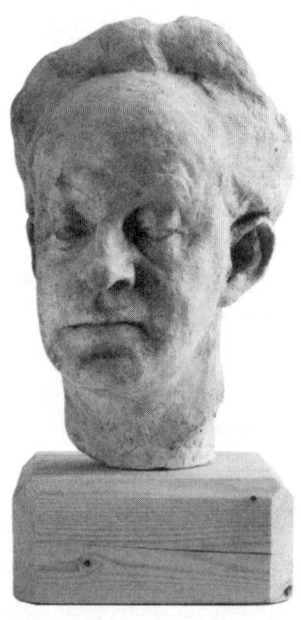

Gerhart Hauptmann, 1909

Es ist Anfang Januar 1909, tiefster Winter, die achtjährige Ruth hat noch Weihnachtsferien und kann ihre Mutter für ein paar Tage nach Agnetendorf begleiten, wo Clara den Schriftsteller modellieren soll. Eine wahrlich herausfordernde Aufgabe.

Für das Hauptmann-Porträt wählt die Künstlerin den knappen Halsausschnitt: Stirn- und Haarpartie bilden übergangslos ein mächtiges Ganzes und lasten in ihrer Wucht schwer über dem reich strukturierten Gesicht mit seinen halb geschlossenen Augen. Es ist ein grüblerischer Kopf; weltabgewandt, vergeistigt, genialisch. Sie beendet ihn nicht ganz, will erst einmal nach Berlin reisen und Ruth in den Zug nach Bremen setzen, bevor Samuel und Hedwig Fischer sie bei sich empfangen und ihr einen Arbeitsplatz zur Verfügung stellen. Dort vollendet sie die Hauptmann-Büste. Ende Januar zieht sie für zwei weitere Wochen in das Hospiz des Westens um, wo sie Rilke trifft, aus Leipzig von seinem Verleger Anton Kippenberg kommend.

Obgleich er Berlin als eine *heftige* und *agressive* Stadt empfindet, *mit der ich nicht umzugehen verstehe,* sind es gesellige und ausgefüllte Tage, die er mit seiner Frau in den Berliner Künstler- und Literatenkreisen verbringt: Konzerte, Theater, die Premiere von Hofmannsthals »Christinas Heimreise«, nach der sie noch lange im Hôtel de Rome zusammensitzen, mit den Kippenbergs, den van de Veldes, den Meier-Graefes, Rudolf Alexander Schröder und Harry Graf Kessler.

In diesen Wochen, kaum ein Jahr nach ihrer ersten Büste von Brigitte Fischer, bittet Samuel Fischer Clara Rilke um ein zweites Porträt seiner Tochter und sagt ihr zu ihrer großen Freude und Erleichterung finanzielle Unterstützung bei den Bronzegüssen der beiden Büsten von Gerhart Hauptmann und Richard Dehmel zu.

Nachdem Rilke seiner Frau eine Korrekturfassung seines »Malte« zu lesen gegeben hat, schreibt er an seinen Verleger Kippenberg über ihre Reaktion darauf: *Es ist sehr schön, wie sie ihn von vorn herein als Gestalt nimmt und gelten läßt und sein Dasein ganz weither begründet.*

Trotz ihrer künstlerischen Erfolge in Berlin kehrt Clara Rilke zu Pfingsten 1910 nach Oberneuland zurück.

Am 13. Juli 1910 schreibt Rilke aus Oberneuland an seine Mutter.

Ich bin vor drei Tagen mit plötzlichem Entschluss hier herüber gefahren, im Gefühl, dass bei meinem schlechten Befinden, ein kurzer Klimawechsel und ein paar ländliche Tage das Beste und Gründlichste an Wirkung zum Besseren tun könnten, zusammen mit der Freude, meine Lieben wiederzusehen. Ich soll nun viel Schönes und Herzliches ausrichten, Clara dankt Dir sehr für Deinen lieben langen Brief, Ruth sendet Handküsse, Mama Westhoff Grüße. Ich habe alles ziemlich wohlauf gefunden, Ruth besonders, die lieb und ernsthaft fleißig ist und groß und tüchtig aussieht.

KAPITEL XI

Dass ich ein bisschen fester stehe im Leben

MÜNCHEN – PARIS 1911–1913

*Entwicklung, ich weiß es wirklich nicht, ob ich
eine gehabt habe (...) ich möchte es lieber anders
nennen und sagen, dass über meinem Innersten, wie bei einer Zwiebel, lauter Schichten und
Schalen gelegen haben, so dass ich eigentlich nur
zu lernen hatte, wie ich diese Schalen möglichst
gründlich und schmerzlos entfernte, um zu
meinem eigenen Inneren zu kommen.*

René Sintenis

Ein Perserteppich in prächtigen Farben, zwei große bestickte
Kissen und ein niedriger Diwan.

Im Glauben an die heilsame Wirkung des Erzählens bittet
Dr. Sigmund Freud in der Wiener Berggasse 19 seit nahezu
zwei Jahrzehnten seine Patienten, den Blick nach innen zu
richten und über ihr privates Leben und Denken zu sprechen, ehe er ihre Erinnerungen und Traumata zu analysieren
beginnt. In jedem Individuum, so der Kern seiner revolutionären Theorie, tobe ein zerstörerischer Kampf zwischen persönlichem Impuls und sozialer Norm, der zu Verdrängung,
schweren inneren Konflikten und Seelenkrankheiten führe.

Wann mag Clara Rilke zum ersten Mal den Namen Sigmund Freud gehört und sich mit der Möglichkeit einer psychoanalytischen Behandlung auseinandergesetzt haben?

München, Januar 1911. Die Bildhauerin, sie ist jetzt dreiunddreißig, sitzt in eine Decke gehüllt auf ihrem schmalen Bett in der Ottostraße 2, Pension Ethos, und grübelt, wie es weitergehen soll.

Sie ist erschöpft. Und mutlos. Das ständige Unterwegssein, die ewigen Geldsorgen, ihre wiederholten Trennungen von Ruth, die materielle Abhängigkeit von Familie und Freunden, die ihr helfen, sich über Wasser zu halten. Sie ist all dessen müde. Auch der zahlreichen Gespräche und wohlmeinenden Ratschläge, die sie von allen Seiten bekommt. Vor allem ist ihr der Gedanke inzwischen nahezu unerträglich, dass ihre Tochter Ruth im Dezember zehn Jahre alt wird und noch immer im großelterlichen Haus in Oberneuland lebt und kein eigenes Zuhause hat.

Clara Rilke erkennt, dass sie so nicht weiterleben möchte. Sie spürt, dass sie sich dem unsteten Rilke'schen Rhythmus und seiner Theorie von der besitzlosen Liebe nicht länger unterwerfen kann und will. Für ihre künstlerische Arbeit braucht sie Ruhe, Konzentration, Kontinuität. Schluss mit dem Nomadenleben. Sie möchte jetzt endlich den lang ersehnten Halt finden und für sich und ihr Kind eine Existenz aufbauen.

Doch die Vorraussetzung dafür ist die Trennung von ihrem Mann. Clara muss Rainer Maria verlassen, zu dem sie trotz aller mentalen Unterschiede und trotz seiner Liebesbeziehungen zu anderen Frauen immer noch eine starke Verbindung fühlt. Sie muss sich von ihm trennen, obgleich er nicht aufhört, ihr vertrauensvolle Briefe zu schreiben und seine Manuskripte zum Lesen zu schicken, höchsten Wert auf ihr Urteil legt, ihre bildhauerische Arbeit schätzt und sie, wo er nur kann, an Freunde und Förderer vermittelt. Sie muss ihren Rilke verlassen, den sie so gut kennt wie wenige. Rilke, der sie an seinem Leben teilhaben lässt und immer wieder versichert, wie wertvoll und wichtig ihm seine Familie sei.

Wir haben, wo wir lieben, ja nur dies: einander lassen; denn dass wir uns halten, das fällt uns leicht und ist nicht erst zu lernen. So hatte Rilke es in seinem Requiem für die verstorbene Freundin Paula Modersohn-Becker formuliert. Unter dieser Prämisse hatte er Clara geheiratet.

Sie wusste vom ersten Augenblick an, wie er zur Ehe steht: dass der größte Vertrauensbeweis darin liege, sich gegenseitig zum Wächter seiner Einsamkeit zu machen; dass ein Miteinander zweier Menschen eine Unmöglichkeit sei, und wo es doch vorhanden scheint, *eine Beschränkung, eine gegenseitige Übereinkunft, welche einen Teil oder beide Teile ihrer vollsten Entwicklung beraubt. Aber, das Bewusstsein vorausgesetzt, dass auch zwischen den nächsten Menschen unendliche Fernen bestehen bleiben, kann ihnen ein wundervolles Nebeneinanderwohnen erwachsen, wenn es ihnen gelingt, die Weite zwischen sich zu lieben, die ihnen die Möglichkeit gibt, einander immer in ganzer Gestalt und vor einem großen Himmel zu sehen.*

Clara Rilkes Entschluss, sich aus der Bindung zu ihrem Mann zu lösen, hat nichts Überstürztes und ist weder von Missgunst noch Bitterkeit erfüllt. Dennoch muss eine Äußerung wie diese von Rilke sie schmerzen: *In einem Gedicht, das mir gelingt, ist viel mehr Wirklichkeit, als in jeder Beziehung oder Zuneigung, die ich fühle.*

•

Zurück in den Winter 1908/1909, den Clara und Rainer Maria Rilke in Paris verbracht hatten.

Zur selben Zeit hielt sich dort ein junger Mann aus München auf, Viktor Emil Freiherr von Gebsattel. Er hatte von Rilke und seinem kürzlich erschienenen Requiem »Für Wolf Graf Kalckreuth« gehört, das unmittelbar nach seinem Requiem für die verstorbene Paula Modersohn-Becker entstanden war. Kalckreuth hatte im Oktober 1906 Suizid begangen, seine »Gedichte« waren 1908 im Insel-Verlag erschienen.

Noch vor Weihnachten 1908, wohl vermittelt durch den ihnen gemeinsam bekannten Schriftsteller Ernst Hardt, besuchte der 25-jährige Gebsattel Rilke im Hôtel Biron und stellte sich ihm als enger Freund Graf Kalckreuths vor. Nach dieser Begegnung und der Lektüre des Requiems schrieb er im Spätherbst 1908 an Hardt:

Rilke ist hier. Er sammelt sich im Brennpunkt eines elliptischen Saales des Palais Biron u. hat Paris zum Maximum seiner Wirkungsfähigkeit gebracht, indem er den Fuss nicht aus den verwilderten Gärten seines Asyls setzt. Ein Zurücktauchen in den Moment aus großen Verinnerlichungen macht ein Gespräch mit ihm seltsam flackernd.

Alles deutet darauf hin, dass sich Gebsattel schon früh für die Psychoanalyse interessierte und den noch privaten »Congress für Freud'sche Psychologie« in Salzburg im April 1908 mit Neugier verfolgte.

Während seiner Unterhaltung mit Rilke über das Requiem für den verstorbenen Freund und im Zusammenhang mit dessen Selbstmord-Motiven, muss Gebsattel auf das Thema Analyse zu sprechen gekommen sein und sein Gegenüber in diesem Zusammenhang über das methodische Vorgehen in der Analyse aufgeklärt haben, was Rilke zutiefst beeindruckte und zu denken gab.

Hatte er nicht gerade im »Malte Laurids Brigge« seine Kindheit aufzuarbeiten versucht? Könnte es nicht sein, dass seine Arbeit eine der Analyse analoge *Selbstbehandlung* war? *Mir kommt immer noch vor,* wird er einige Jahre später an Gebsattel schreiben, *dass meine Arbeit eigentlich nichts anderes ist als eine derartige Selbstbehandlung.*

Nach Gebsattels Abschied berichtete Rilke seiner Frau von dem überraschenden vorweihnachtlichen Besuch.

Zurück in ihrem Atelier notiert Clara Rilke sich den Namen des Herrn aus München: Gebsattel. Viktor Emil Freiherr von Gebsattel.

•

München, Frühjahr 1911. Natürlich muss es Augenblicke geben, in denen sich die 33-jährige Clara Rilke fragt, was es nur soll, dass sie in der Praxis von Dr. Gebsattel auf der schwarzen Lederpritsche liegt und von ihren Angstträumen erzählt, während Rilke in ihrem großen Pariser Atelier im Hôtel Biron mit Rodin über Kunst philosophiert und sich von Harry Graf Kessler in die Rue Lafitte zum Kunsthändler Vollard begleiten lässt, beide elegant gekleidet. Er müsse dringend einmal wieder Cézannes sehen, hatte Rilke sich gewünscht, er sei jetzt so auf Cézanne eingestellt und seit seiner ersten Begegnung mit der Kunst des Südfranzosen eigentlich blind für alles andere.

Wäre es nicht sinnvoller, muss sich Clara fragen, jetzt in Paris zu sein und an ihren Büsten weiterzuarbeiten? Immer mal wieder bei Rodin vorbeizuschauen, ihre Bildhauer-Kollegen Maillol und Bourdelle zu treffen, die im Hôtel Biron ein und aus gehen, oder mit Henri Matisse zu plaudern? (Gewiss würde er ihr anvertrauen, wie sehr er sich vor den bösen Zungen unbekannter Kritiker fürchte, darum häufig quälende Albträume habe und sich schlaflos im Bett herumwälze.)

Doch Dr. Gebsattel bittet seine Patientin mit sanfter, ruhiger Stimme: Graben Sie in Ihrem Innern. Versuchen Sie, sich zu erinnern. Finden Sie Worte. Erzählen Sie. Warum, Clara Westhoff, warum haben Sie diesen jungen exzentrischen Dichter geheiratet?

Am 14. Mai 1911 schreibt Gebsattel, der sich vorwiegend mit der Phänomenologie der menschlichen Existenz und der Psychopathologie beschäftigt, einen Brief an Rilke. Ganz bewusst berührt der Arzt darin auch das Thema Psychoanalyse und geht mit wenigen, aber entschiedenen Worten auf seine analytische Behandlung Clara Rilkes ein. Sie habe sich *mit Elan und Leidenschaft dem notwendigen Prozess der Selbsterkenntnis* gewidmet, schreibt er, *es ist eine Wut in ihr, die Gloriole herabzureißen,* die ihr Selbstverständnis bisher prägte.

Wo hält sich Rilke eigentlich gerade auf? Ist er schon von seiner Reise nach Marseille, Algier, Tunis, Palermo, Neapel, Heluan, Luxor, Assuan zurückgekehrt? Venedig nicht zu vergessen?

Harry Graf Kessler notiert am 27. Mai 1911, er habe Rilke nach einem gemeinsamen Frühstück zu Rodin begleitet. Wenige Tage später hält er fest, dass er ihn antraf, *wie er eben Früchte, Himbeeren und Pfirsiche, auspackte und zurechtmachte,* dann, am 11. Juli 1911, dass er ihm von *seiner kleinen Marthe* erzählt habe. Die *kleine Marthe*? Rilke ist wieder einmal verliebt, es ist eine siebzehnjährige Pariser Fabrikarbeiterin, Marthe Hennebert, die er im Sommer 1911 kennengelernt und unter seine Fittiche genommen hat, als Geliebte und Schützling zugleich. Zudem ist sein Terminkalender mit zahlreichen Verabredungen gefüllt. Er ist zwar ein armer Poet, doch wenn ein Rendezvous im feinen Restaurant Le

Pré Catelan vor den Toren von Paris zum *déjeuner* oder *dîner* ruft, streift er schnell den weißen Anzug über und lässt sich in der Kutsche die Champs-Élysées hinauf bis in den Bois de Boulogne fahren.

Was mich hier in München trotz der Hitze so standhaft festhält, ist der Arzt, bei dem ich eine langwierige Kur durchmache, schreibt Clara Rilke an Hedwig Fischer am 27. Juli 1911 aus München: *Diese Kur, die auch seelischer Art ist, soll mir helfen, mein Leben wirklich einmal in die Hand zu bekommen, (was ich nie hatte, wie Sie gewiss oft bemerkt haben). Deshalb ordne ich alles andere dieser Sache unter.*

•

Allein die Aussicht auf ein neues Leben nach dem Ende ihrer psychoanalytischen Behandlung wirkt motivierend und setzt neue künstlerische Kräfte in Clara Rilke frei, die sich in den kommenden beiden Jahren in einer Reihe eindrucksvoller Porträtbüsten widerspiegeln.

Lernt sie die in München lebende Schriftstellerin Ricarda Huch über Anton Kippenberg kennen, der seit 1907 fast alle Werke Huchs publizierte? Stellten Samuel und Hedwig Fischer sie ihr vor? Wahrscheinlich trafen sich die beiden Frauen bei dem Schriftsteller Karl Wolfskehl und seiner Frau Hanna in der Römerstraße 16 in Schwabing. Stefan George wohnte hier, wenn er in München war, und bald hatte sich dort der »Georgekreis« gebildet, eine Gruppe echter und selbsternannter Geistesgrößen, die sich wie Hohepriester huldigen ließen. Man nannte ihn auch den »Münchener Kosmikerkreis«. Ludwig Klages gehörte dazu, der Philosoph, und Alfred Schuler, Archäologe und Mythenforscher, und ebenso der Anarchist Erich Mühsam.

Ludwig Klages? Eine eigenartige, ambivalente Figur, findet Clara Rilke. Sie ist sich noch nicht im Klaren darüber, was sie von seinen Theorien halten soll, doch seine Schriften und die Auseinandersetzung damit interessieren sie. Eindrucksvoll schildert er die Gefährdung der Natur, der animalischen wie der menschlichen, und hat die Vision, dass die Erde durch einen kosmischen Eros gerettet werden kann, durch die »weltschaffende Webekraft allverbindender Liebe«.

Das ist eine Vorstellung, die auch jene Gemeinschaft teilt, die sich seit der Jahrhundertwende auf dem Monte Verità oberhalb des kleinen Städtchens Ascona um die dortige Naturheilstätte versammelt und dem Körper- und Gemeinschaftskult huldigt. Allein der Blick auf den Lago Maggiore! Naturschützer und Wandervögel, Naturheiler, Vegetarier, Reformpädagogen und Nudisten tanzen auf der grünen Wiese und baden in der Sonne, schwimmen in heilendem Wasser und härten ihre überernährten Leiber beim Lauf durch den morgendlichen Tau ab. Dabei haben alle dasselbe Ziel: Herauszufinden, ob der Weg auf den »Berg der Wahrheit« ihre Nerven beruhigen und sie von der Neurasthenie befreien kann, jener latenten Nervosität, die als die Volkskrankheit der kapitalistischen Moderne gilt.

Zahlreiche Jugend- und Lebensreformbewegungen suchen nach einer Gegenwelt zur autoritären Gesellschaft des wilhelminischen Kaiserreichs und versprechen sich von der Rückkehr zum »natürlichen«, besseren Leben die Erlösung von den Übeln der Gegenwart.

•

Nein, so sieht Ricarda Huch sich nicht. Schon gar nicht mag sie sich so. Ihr Gesicht voller Gram mit tiefen Stirnfalten, die Augenlider unter den fragend hochgezogenen Brauen müde

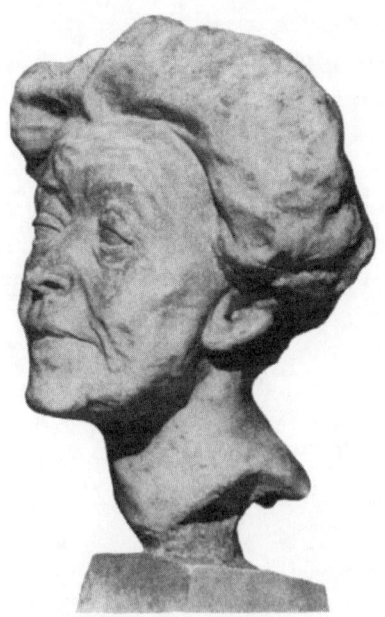

Ricarda Huch, 1912

und schwer, das volle Haar in großen Wellen wie zu einer breiten Krone geformt.

Nein, das »Porträt der Schriftstellerin Ricarda Huch« von Clara Rilke, das von einem hohen, pyramidenförmigen Sockel mit abgeflachter Spitze getragen wird, hat doch beim besten Willen nichts mit ihr zu tun. Sieht sie in Wirklichkeit nicht wesentlich jünger aus, viel vitaler als diese faltige alte Frau mit den resignierten Zügen um den Mund? Man muss sich doch nur Fotos von ihr aus diesen Jahren anschauen: Ricarda Huch, eine Dame in weißer Spitzenbluse unter dem pelzbesetzten Mantel, gepflegt, attraktiv, mondän.

Die Schriftstellerin ist empört und lehnt die Büste ab. Ihr

will nicht einleuchten, dass Clara Rilke ganz bewusst alles im herkömmlichen Sinn Schmeichelnde und Schöne weggelassen, dafür das Durchgeistigte ihrer Persönlichkeit plastisch herausgearbeitet und zum Ausdruck gebracht hat. *Frau Huch möchte gerne, dass ihre Büste nur als »Porträtbüste« bezeichnet wird – man kann aber denen, die es interessiert ruhig sagen, dass es Ricarda Huch ist,* unterrichtet Clara Rilke am 9. Juli 1912 Franz Wichert, Direktor der Mannheimer Kunsthalle, und überlässt ihm die Gipsbüste im Sommer 1912 für einige Monate als Leihgabe.

Dass Ricarda Huch das Porträt so missfiel und sie namentlich nicht genannt werden wollte, provozierte Rilke später in einem Brief an Karl von der Heydt vom 22. Januar 1914 zu einem bissigen Kommentar:

Ricarda übrigens liebt die Büste gar nicht, sie ist auch etwas grausam in der Auffassung, indem sie aus dem Wesen dieser Frau alles d a s besonders sichtbar werden läßt, was Ricarda selbst nicht wahrhaben möchte und worin doch wohl die Entscheidung ihres Wesens liegen dürfte; auf der anderen Seite ist sie freilich eine unerbittliche Gouvernante ihrer selbst, die auch noch Ihre Verzweiflung, da diese noch klein war, Tag für Tag Schulaufgaben machen ließ, so dass die erwachsene Verzweiflung nun steif und brav neben ihr herlebt und an den dreimal fünfhundert Seiten des »Großen Krieges« sicher ehrlich und pedantisch mitgearbeitet hat.

Der Büste von Ricarda Huch war das »Porträt des Dichters Richard Dehmel« vorausgegangen, der in Hamburg-Blankenese lebte. *Dass doch Lichtwark sich entschlösse, die Dehmel- und Hauptmann-Büsten zu erwerben, über Hauptmann läßt sich streiten, aber das Dehmel-Porträt hat mich auch diesmal wieder sehr überzeugt,* schreibt Rilke am 6. November 1911 an

Hedwig Fischer. Im Winter 1911 veranlasst Samuel Fischer die Bronzegüsse der Büsten von Richard Dehmel und Gerhart Hauptmann. Sie wurden 1917 von Gustav Pauli, Nachfolger Alfred Lichtwarks, für die Kunsthalle Hamburg erworben.

Sicherlich steht Clara Rilke materiell nach wie vor unter großem Druck, doch die Tatsache, dass sie ihre beiden Arbeiten erfolgreich beenden konnte und die Resonanz darauf so positiv war, stärkt ihr künstlerisches Selbstvertrauen. Sie hat allen Grund, optimistisch zu sein. Dankbar über die ideelle und finanzielle Unterstützung Samuel Fischers schreibt sie am 13. Februar 1912 aus München an Hedwig Fischer:

Ich werde langsam arbeitsfähiger und hatte neulich großen Atelierbesuch, der mich sehr freute. Die beiden Bronzen (…) sehen sehr gut aus und gehen jetzt nach Wien, wo sie bei Heller ausgestellt werden mit einigen anderen Arbeiten. Es war mir eine Freude, sie gießen zu lassen und auch die Patina sich entwickeln zu sehen. Ich hoffe dann auch noch weiterhin auszustellen und freue mich mit zunehmender Gesundheit mich bedeutend leistungsfähiger zu fühlen und eine Riesenfreude an der Arbeit zu haben.

Diese Freude an der Arbeit spiegelt sich in dem »Porträt Karl Wolfskehl« wider, das zwischen 1912 und 1913 in München entsteht. Wie ein Torso wächst die Büste aus der Masse des rohen Materials heraus: Der Oberkörper ist leicht gedreht, die linke Schulter hochgezogen, der Kopf zur Seite gewandt. Wolfskehl war ein großer, schlanker Mann, vor Enthusiasmus sprühend. Sobald er einen Raum betrat, füllte er ihn mit seiner ganzen Persönlichkeit.

•

Clara habe ich hier recht wohl angetroffen, jedenfalls viel woh-
ler als voriges Jahr, und sehr fleißig, wir haben jeder wenig
freie Zeit, zusammen zu sein, aber die paar Stunden und die
Abende nützen wir gut aus und haben uns viel zu erzählen,
teilt Rilke der Freundin Sidie Nádherný von Borutin Mitte
September aus München mit, *Ruth sah ich ja leider nicht auf*
diese Art, aber ich bin froh wenigstens viel von ihr zu hören,
recht Authentisches und Unmittelbares. Er habe sich zu der
Reise entschlossen, um mit Clara über *Ruths nächstes Loos*
zu sprechen, heißt es in seinem Brief. Sie sei jetzt zehn Jahre
alt, könne schon aus schulischen Gründen nicht länger in
Oberneuland bleiben und solle möglichst bald zu ihrer Mutter nach München übersiedeln.

Dabei hatte Clara Rilke ihren Mann ausdrücklich gebeten,
zunächst nicht nach München zu kommen *bis ich ein biss-*
chen fester im Leben stehe mit Ruth, das ich mir nun bauen
will, wie sie Hedwig Fischer in Berlin anvertraut. *Wir werden*
auch bald geschieden sein, da alles dafür vorbereitet ist. Doch
ist es ziemlich kostspielig, was uns noch Schwierigkeiten macht.

In München sieht das Ehepaar eine Reihe alter Bekann-
ter wieder, darunter Hofmannsthal und die Knoops, Annette
Kolb und auch Ricarda Huch.

Nur einen seiner neueren Freunde trifft Rilke allein: Viktor
Freiherr von Gebsattel ist gerade vom III. Psychoanalytischen
Kongress in Weimar zurückgekommen und ebenso erfreut
über das überraschende Wiedersehen wie Rilke. Gebsattels
Nachricht, er habe während des Kongresses in Weimar die
fünfzigjährige Lou Andreas-Salomé kennen gelernt, sorgt für
Erstaunen. Wie nicht anders zu erwarten, bietet das Thema
Psychoanalyse als mögliche Heilmethode den beiden Män-
nern auch dieses Mal wieder genügend Gesprächsstoff.

Aus Rilkes Brief an Lou Andreas-Salomé vom 20. Januar

1912 geht hervor, dass er den befreundeten Münchner Psychologen, sollte es jemals zu einer Analyse kommen, als den für sich geeigneten Analytiker hält:

Du begreifst, dass der Gedanke, eine Analyse durchzumachen, mir ab und zu aufsteigt; zwar ist mir, was ich von Freud's Schriften kenne, unsympathisch und stellenweise haarsträubend; aber die Sache selbst, die mit ihm durchgeht, hat ihre echten und starken Seiten und ich kann mir denken, dass Gebsattel sich ihrer mit Vorsicht und Einfluss bedient.

Mit welcher von *Freuds Schriften* mag sich Rilke befasst haben? Hat er »Die Traumdeutung« gelesen, Freuds erstes und gleichzeitig epochales Buch?

Zurück in Paris am 25. September 1911, schreibt er einen Brief an Dr. Josef Stark in Prag, der die Kanzlei seines Onkels Jaroslav Rilke übernommen hat und sein Rechtsanwalt ist. Es gehe um das Erbe, das ihm aus dem Nachlass seiner Cousine Irene von Kutschera, geb. von Rilke, zustehe und im Sommer des kommenden Jahres fällig sei, begründet er sein Schreiben und teilt ihm mit, dass seine Tochter demnächst zu ihrer Mutter nach München übersiedeln und beide dort einen festen Wohnsitz haben sollen. So möchte er, Dr. Stark, bitte dafür sorgen, dass die Unterhaltszahlungen an seine Frau in Zukunft nach München, Pension Ethos, Ottostraße 1, überwiesen würden.

Das ist die eine Sache. *Nun aber zu einer zweiten, wichtigen, in der ich nicht minder auf Ihre freundschaftliche und erfahrene Hülfe rechne,* schreibt Rilke weiter am 30. September 1911 aus Paris an Dr. Stark nach Prag.

Bei meinem Münchener Aufenthalt ist nämlich außer jener Veränderung im Leben unserer kleinen Tochter, noch eine an-

dere verabredet worden, die unser, meiner Frau und mein Le-
ben, nahe angeht. Sie werden vielleicht im ersten Augenblick
erschrecken, wenn Sie hören, dass es sich um unsere Scheidung
handelt. Die Sache selbst ist nicht so schlimm wie sie sich an-
hört: der Wunsch ging von meiner Frau aus, und wir haben
uns über denselben nicht nur auf das Freundschaftlichste ge-
einigt, sondern geradezu im Gefühl, dass eben dieser Schritt
uns in den Stand setzen wird, einander diejenige Freundschaft
zu bewahren und zu beweisen, die wir von Anfang an fürei-
nander gehabt haben. Auch leben wir ja tatsächlich seit so vie-
len Jahren schon getrennt, so dass die gerichtliche Scheidung
nur gleichsam nachträglich ein Verhältnis zu bestätigen hätte,
das in Wahrheit längst besteht und sich natürlich und endgültig
zwischen uns herausgebildet hat.

Doch einer zügigen Scheidung stellt sich wider Erwarten ein
konfessionelles Problem in den Weg. In ihrer Heiratsurkunde
wird Clara Rilke als Protestantin geführt, ihr Mann hingegen
als Katholik, obgleich er anlässlich seiner Heirat aus der katholischen Kirche austrat, *ohne allerdings bei einer anderen*
Kirchengemeinschaft mich anzumelden. Überdies erweist sich
die unterschiedliche Nationalität des Ehepaars als Problem.
Erst wenn Rilke seine Staatsangehörigkeit ändere, glaubt
Clara Rilkes Bremer Anwalt Dr. Voigt zu wissen, könnte es zu
einer Scheidung kommen.

Nun fühl ich mich so heimisch und natürlich in meinem
Österreichertum, dass mir diese Überläuferei nicht ganz leicht
angekommen wäre, äußerte sich Rilke später, das Thema
Scheidung war für das Ehepaar wegen weiterer bürokrati-
scher Hürden und ihrer Furcht vor hohen Kosten bald abgeschlossen gewesen.

Was Rilkes finanzielle Verpflichtungen gegenüber Clara

und Ruth betraf, so erklärte er seinem Prager Anwalt, er könne seiner Tochter *die achtzig Kronen, die meine Mutter mir monatlich von ihrer Pension überlässt, regelmässig* zukommen lassen, mehr nicht, denn er selbst komme *mit voller Gewissheit nur auf 200,- Frcs monatliches Einkommen*. In Kürze wird Kippenberg seinen zunehmend erfolgreichen Autor mit der erfreulichen Nachricht überraschen, dass ihm der Insel-Verlag demnächst monatlich 500,- Mark auf sein Konto überweisen kann. Noch ist es ein Geheimnis, dass sich auf Kippenbergs Anregung Karl von der Heydt, Rudolf Kassner, Graf Harry Kessler und er selbst zusammen getan und bereit erklärt haben, Rilke in den kommenden drei Jahren mit einem festen Betrag zu unterstützen.

•

Wie Clara dazu steht, wenn er sich einer Analyse unterziehen würde, weiß Rilke. Er weiß, dass sie – durch ihre eigene Behandlung ermutigt und gestärkt – glaubt, nur eine Art Feigheit schrecke ihn davon ab, denn *es passte (wie sie sich ausdrückt) zu der ›vertrauenden‹, der ›frommen Seite‹ meiner Natur, sie auf mich zu nehmen, – aber das ist nicht richtig; gerade meine, wenn man so sagen will, Frömmigkeit hält mich von diesem Eingriff ab, von diesem großen Aufgeräumtwerden, das nicht das Leben tut.* Dass Lou Andreas-Salomé wie Clara denkt und ihm ebenfalls zu einer Analyse rät, ist Rilke auch bewusst. Ihr gegenüber hatte er Ende Dezember 1911 brieflich bereits eingeräumt: *Sie ist eine zu gründliche Hilfe für mich, sie hilft ein für alle Mal, sie räumt auf, und mich aufgeräumt zu finden eines Tages, wäre vielleicht noch aussichtsloser als diese Unordnung.*

Und Gebsattel? Würde er ihm eine Analyse empfehlen?

Könnte es sein, dass die innere Blockade, die ihn quält, womöglich doch nur durch eine psychoanalytische Behandlung aufzubrechen ist?

Ich weiß, es steht nicht gut mit mir, und Sie, lieber Freund, haben es auch beobachtet. Am 26. September 1911 hatte Rilke Gebsattel gegenüber in einem Brief erläutert, dass Clara kurz nach seiner Abreise *manches mich Betreffende so bestimmt und richtig* ausgesprochen habe, *dass es mich ergriff: es ist wahr, vieles Meinige, was einfach nur eine schlechte Angewohnheit war, durch die man gelegentlich hindurchgriff wie durch schlechte Luft, verdichtet sich, bekommt Resistenz und kann nächstens eine Wand geworden sein und mich abschließen.* Also doch die Einsicht, dass eine Analyse helfen würde? Nein. Lieber noch mehr leiden als zuvor und in diesem Leid untergehen, als den heimlichen Mächten in seinem tiefsten Innern Einhalt zu gebieten.

Am 22. Januar 1912 erreicht Rilke eine telegrafische Nachricht von Lou Andreas-Salomé. Darin rät sie ihm endgültig von einer Analyse ab.

Ich bin über die ernstesten Erwägungen zu dem Ergebnis gekommen, unterrichtet Rilke daraufhin zwei Tage später Viktor von Gebsattel, *dass ich mir den Ausweg über die Analyse nicht erlauben darf, es sei denn, dass ich wirklich entschlossen wäre, jenseits von ihr, ein neues (möglicherweise unproduktives) Leben zu beginnen.*

An Lou Andreas-Salomé schreibt Rilke am selben Tag, er wisse jetzt, *dass die Analyse für mich nur Sinn hätte, wenn der merkwürdige Hintergedanke, nicht mehr zu schreiben, den ich mir während der Beendigung des Malte öfters als eine Art Erleichterung vor die Nase hängte, mir wirklich ernst wäre. Dann dürfte man sich die Teufel austreiben lassen, da sie ja im Bürgerlichen wirklich nur störend und peinlich sind, und gehen die*

Engel möglicherweise mit aus, so müsste man auch das als Ver-einfachung auffassen.

Rilke hat sich gegen das *Aufgeräumtwerden* entschieden. Seine quälenden Selbstzweifel will er durch die dichterische Arbeit therapieren. Sein Kopf ist wieder frei.

•

Das Felsenschloss Duino bei Triest, das angeblich schon den aus Florenz ausgewiesenen Dante beherbergte, liegt auf einem ausladenden Felsvorsprung hoch über der Adria.

Bereits vor längerer Zeit hatte Fürstin Marie von Thurn und Taxis-Hohenlohe einen Brief an Rilke nach Paris adressiert. In diesem Brief hatte sie, sich dabei auf die gemeinsame Freundschaft zu Rudolf Kassner berufend, Rilke nach Duino eingeladen, damit er sich dort zum Schreiben zurückzuziehen könne, wann immer er wolle. Rilke war der fürstlichen Einladung gerne gefolgt und bewohnte vom 20. bis zum 27. April 1910 ein Zimmer, das *in den offenen Meerraum hinaussieht, unmittelbar ins All möchte man sagen.*

Vom 22. Oktober 1911 bis zum 9. Mai 1912 ist Rilke wieder Gast im Duineser »Schloss am Meer« der Fürstin. Marie Taxis, die mit dem halben europäischen Adel verschwägert und eine exzellente Gastgeberin ist, führt ein großes Haus, in dem zahlreiche Künstler und Dichter ein und aus gehen, wenn sie gerade in Venedig sind. Vor allem ist die großzügige Mäzenatin eine literarisch interessierte, sprachbegabte, ausgesprochen warmherzige Frau, die selbst Klavier spielt und herrliche Hauskonzerte gibt. Ihre Gäste versammelt sie vorzugsweise im Kaisersaal des Schlosses, dessen Wände mit rotem Samt tapeziert sind. Schränke voller Bücher und schönsten Porzellans verteilen sich dort. Der Weiße Saal hingegen ist mit hellem Mobiliar ausgestattet. Von seinen drei großen Fenstern hat man einen grandiosen Blick über den Garten.

Marie Taxis und den zwanzig Jahre jüngeren Rainer Maria Rilke verbindet eine freundschaftlich ungezwungene Herzlichkeit. Auf bestimmte Weise ergänzen sie sich. Ihr Humor und ihre unwiderstehliche Begeisterungsfähigkeit bremsen ihn in seinem häufig grenzenlosen Selbstmitleid. Für ihr Leben wiederum bedeutet er einen geistigen Mittelpunkt, und als umschwärmter Gast ist er auf ihren zahlreichen Gesellschaften unersetzlich: »Wenn die Tür im roten Salon aufging und der knabenhafte Mann darin erschien, wollte ihn jeder neben und für sich haben«, notierte Rudolf Kassner, häufig selbst zu Gast in Duino. Geduldig hört die Fürstin zu, wenn Rilke von seinen literarischen Nöten und Freuden erzählt, aber auch von seiner Familie und seinen Freunden. Die Folge ist, dass Marie Taxis schon bald mit Clara korrespondiert und Ruth Weihnachtspäckchen schickt.

In den kommenden Monaten bricht sich auf Schloss Duino ein Schaffensstrom Bahn, der zu Rilkes erster »Duineser Elegie« führt: Verse, die alles bisher Gedichtete weit hinter sich lassen. In kaum zwei Monaten gelingt dem Dichter die Vollendung der zweiten Elegie, teilweise entsteht die dritte, die er im Spätherbst 1913 in Paris vollendet.

Aus Dankbarkeit gegenüber seiner großzügigen Gastgeberin benannte Rilke den ganzen Gedichtzyklus später nach jenem Schloss, auf dem die ersten beiden Elegien entstanden; die vierte kam Ende 1915 in München hinzu, die restlichen sechs wurden im Februar 1922 in Muzot bei Sierre (Wallis) geschrieben.

•

Um Ostern ist die psychoanalytische Behandlung Claras voraus-
sichtlich zu Ende, dann will sie Ruth zu sich nach München neh-
men, dort in eine Schule schicken, in die auch die Tochter der
Ricarda Huch geht und einige andere Kinder, die ich dort sah.
Das könnte, wenn es glückt, sehr gut sein für das kleine Mäd-
chen sowohl wie für Clara. Rilke schreibt am 7. Februar 1912 aus
Duino an Lou Andreas-Salomé und erläutert am Ende des Briefes die Gründe für das Scheitern seines Verhältnisses zu seiner
Frau:

Clara hat, wie Dir, glaub' ich, Gebsattel in Weimar erzählt
hat, – unsere Scheidung gewünscht, ich versteh' das sehr gut,
leider wird die Sache langwierig sein und sich hinziehen. Es ist
nichts Böses zwischen uns, aber sie geht doch, gewissermaßen,
als meine Frau mit falscher Aufschrift herum, ist nicht mit mir
und kommt doch über mir zu nichts anderem. Das ist seltsam:
unser Verhältnis bestand darin, dass sie mich unendlich rest-
los bejahte, akzeptierte, und dann wieder, wenn sie merkte, wie
viel absolut Fremdes, ja Feindseliges sie da mit unterschrieben
hatte, in Ablehnung verfiel. Sucht man dahinter nach i h r, nach
dem, was sie seit der Mädchenzeit geworden ist, so findet sich
(von der Mütterlichkeit und der Beziehung zu Ruth abgesehen)
nichts Greifbares, nichts als diese abwechselnde Funktion des
Mich-einnehmens und Mich-ausscheidens, und wenn es, wie
ich hoffe, der Analyse gelingt, mich (offenbar doch Schädling
ihrer Natur) völlig auszutreiben, so wird sie vermutlich dort
fortzusetzen haben, wo ich kam und sie unterbrach … Allmäh-
lich (unter dem Druck ihrer Entscheidung und meiner Not um
einen hilfreichen, beistehenden, schutzgebenden Menschen) be-
griff ich, warum nichts Wirkliches aus uns nebeneinander wer-
den konnte: weil sie entweder Ich war mit allen Kräften, und
dann zuviel für mich, oder mein Contre-Ich, und dann natür-

lich ein *Advocatus diaboli*, ein blasser Umkehrer und Opponent ohne Ende, ohne persönlichen Hintergrund. Was sie dabei mag gelitten haben, ist kaum alles ausfindig zu machen, jedenfalls war's für uns Beide umsonst und aussichtslos. Die schönen Briefe, die sie mir zuzeiten schrieb, waren mein, meine Briefe, Briefe in meinem Ton, oder sie schrieb überhaupt nicht. Ich erinnere mich, als sie in Ägypten war, von der Reise her kamen ein paar Berichte, ich las sie teilweise in Capri unserem kleinen Haus-Kreis vor: alle wunderten sich, versicherten: dies könnte ich geschrieben haben. Dann kam sie zurück, ich war voller Spannung, aber mir trocknete der Mund aus, so rein nichts, außer einigen Unbequemlichkeiten und Malheurs, brachte sie mündlich mit, denn zu sprechen, wie ich sprach, dazu konnte sie sich nie entschließen. Wie oft hab' ich michs mit Sorge gefragt: w e r ist sie, in was drückt sie sich aus, an welchen Freuden, Wünschen, Hoffnungen erkennt sie sich? Denn nicht einmal ihre Arbeit ist ihr ein Ausdruck für sich; dies war, da ich es entdeckte, ganz im Anfang schon, so unmittelbar komisch für mich, dass jemand künstlerische Arbeit tat, ohne durch die eigene innere Expansion dazu gekommen zu sein; ich neckte sie oft mit dieser rätselhaften Abstammung ihrer Bildhauerei, die da war, ohne dass man wusste, woher sie gekommen war: die einfach da war und immer besser wurde, eigentlich auch ohne dass es für irgendwelche inneren Antriebe nötig war; die schließlich ausgezeichnet geworden war und dann eben fleißig und streng und ehrlich betrieben wurde, etwa wie eine gut gehaltene Dépendance, für die im Haupthaus gekocht wird –, nach der aber nie etwas in ihr schrie, schrie, um sich kopfüber, kost' es was es wolle, hineinzustürzen. Später neckte ich lange nicht mehr, ich sah das Verhängnisvolle in diesen Leistungen, in die immer nur Kraft kam, reine, sozusagen farblose Kraft, nie eine Herzwelle, nie etwas, was darin zur Fassung kam, – immer

nur die Fassung selbst. Daher schließlich doch die Erschöpfung,
das Gefühl einer unendlichen Wiederholung, die Buddha-Idee,
die so erleichternd empfunden wurde, gleichsam den Rhythmus
dieser monotonen Anstrengungen ablösend.

Ich bin sicher, dass ich mit unter den Umständen stecke, die
das Zusichkommen dieses Menschen hinausgeschoben haben,
wenn ichs jetzt überlege, so macht sie mir den Eindruck einer
Persönlichkeit, die nie dazu kam, sich an etwas zu beweisen.
Als Frau hätte sie natürlich geliebt sein müssen, denn im Ge-
liebtsein bringt es das Weibliche zu seiner Realisierung, und es
ist wahr, in gewissen Jahren ging sie mit einem Zug im Gesicht
herum, der mich wie ein Vorwurf traf und an Madame Rodins
Ausdruck erinnerte, von dem einmal ein junges Mädchen mir,
ganz erschrocken, sagte: »Mein Gott, war es denn nötig, dass sie
dazu kam, so ungeliebt auszusehen?« – Aber andererseits war
sie doch wieder auch Künstler und musste sich helfen können. –
Wie wird es mit ihr werden? Ich denke nicht ohne große Sorge
daran. Das Zusammenleben mit Ruth (wenn es sich, wie ich
hoffe, praktisch verwirklichen läßt), auf das sich beide freuen,
könnte sie so natürlich aus sich herausholen und innerhalb ei-
nes gewissen Kreises arglos in Umlauf bringen; ich versprech'
mir fast mehr d a v o n als von der Kunst, obwohl sie neulich
(hatte ich den Eindruck) bei einer Dehmel-Büste, für die sie
ganz rasch nach Blankenese gefahren war, eine bei ihr neue in-
nerliche Teilnahme am Gegenstand mit verarbeitet hat.

Sie fühle sich bedeutend gesünder und leistungsfähiger und
habe eine *Riesenfreude an der Arbeit,* hatte Clara Rilke im
Februar 1912 aus München an Hedwig Fischer nach Berlin
geschrieben.

Inzwischen kann sie den Augenblick kaum noch erwarten,
da Ruth bei ihr sein und sie gemeinsam in München leben

würden. Auch Rilke beruhigt der Gedanke, dass er seine Tochter nun bald an der Seite ihrer Mutter weiß. Am 11. April 1912 schreibt er an Elsa Bruckmann in München:

Ostern hatte ich einen großen Brief von Ruth (eine Seltenheit); aus jeder der großen Zeilen ging ein Glück aus, nächstens nun wirklich mit ihrer Mutter nach München zu kommen: sie hat schon so sehr darauf gewartet ... Das kleine Mädchen hat es nicht leicht mit seinen Eltern, ich staune über die Großmut und Geduld, die es für uns aufbringt, aber ich habe auch die letzten Wochen fast ausschließlich an seine nächste und weitere Zukunft gedacht.

Mitte Mai desselben Jahres beauftragt er seinen Anwalt Dr. Heller in Prag, aus dem Legat seiner Cousine Irene von Kutschera weiterhin vierteljährlich 1000 Kronen an seine Frau nach München zu überweisen.

Für Clara Rilke und ihre 11-jährige Tochter bricht im Frühjahr 1912 eine neue Zeit an. Herrlich, diese Zweisamkeit unter einem Dach. Sie seien nun beide ein wenig sesshafter geworden, liebten ihre kleine Wohnung und hätten sogar ein Klavier und ein Telefon gemietet, erzählt sie Hedwig Fischer und *finden es nun ganz natürlich, dass wir ein wirkliches Heim haben, wo wir zu Hause sind. Das habe ich nun so viele Jahre nicht gehabt und bin immer so unstet und eigentlich ruhelos herumgezogen. Früher in Paris war das ja schön und hatte einen Sinn – aber den hat es nun lange nicht mehr.*

Das gleichmäßig ruhige, finanziell durch die Unterstützungen aus Rilkes Erbe abgesicherte Leben in München wirkt sich wohltuend auf Claras seelische Verfassung aus. Ruth bekommt Klavierunterricht, abends sind häufig Freunde zu Besuch, und, was sie ganz besonders froh stimmt, ihr Bruder

Helmuth Westhoff lebt jetzt ebenfalls in München und studiert Malerei an der Kunstakademie. Seit Kindheitstagen verbindet eine herzliche Beziehung das Geschwisterpaar. Zwei hochgewachsene, gut aussehende Menschen, die alle Blicke auf sich ziehen, sobald sie irgendwo zusammen auftauchen. Eingehend beschäftigt Helmuth Westhoff sich mit den Meistern in der Alten Pinakothek und wendet sich, angeregt durch die Kunst Leonardo da Vincis, der Porträtmalerei zu. Seinem Tagebuch ist zu entnehmen, dass er sich in den Winter- und Frühjahrsmonaten 1911/12 ebenfalls einer Analyse bei Viktor von Gebsattel unterzieht, um sich über die Gründe seiner zeitweiligen Depressionen Klarheit zu verschaffen.

Ob es nicht das Beste wäre, Ruth auf die Odenwaldschule zu schicken? Clara und Rainer Maria Rilke machen sich Gedanken über die schulische Zukunft ihrer Tochter. Darüber, wie das Ganze zu finanzieren sei, müssen sie nicht nachdenken, denn die Pädagogin Eva Cassirer hat ihnen angeboten, 10 000 Mark für Ruths Ausbildung zur Verfügung zu stellen. Aber Clara Rilke gefällt die Idee mit der Odenwaldschule nicht. Die eben gegründete Lehranstalt im hessischen Heppenheim war das Vorzeigeinternat der reformpädagogischen Bewegung und entsprach damit sowohl ihren Vorstellungen als auch denen ihres Mannes. Doch die Entfernung! Sie würde schließlich schon wieder eine Trennung von Mutter und Tochter bedeuten. Ruth hatte doch endlich ein Heim finden sollen, und so wurde dieser Gedanke bald aufgegeben und eine Oberschule in München gesucht. Der Erziehungszuschuss von Eva Cassirer blieb dennoch bestehen und wurde bis 1914 monatlich ausbezahlt.

Clara ist recht froh des gemeinsamen Lebens mit dem kleinen Mädchen, es scheint, alles befestigt sich dort, Aufträge treffen ein und praktisch und ideal wird alles immer wirklicher, schreibt Rilke an Hedwig Fischer am 6. November 1912 aus Toledo.

Clara Rilke, die ihr neues Leben immer noch nicht recht fassen kann, richtet ebenfalls einen Gruß an Hedwig Fischer. München, 6. November 1912: *Wir bilden uns ein, Fortschritte im bürgerlichen Leben zu machen, Ruth und ich – aber vor allem ich – und wenn das nicht nur Einbildung wäre, wärs herrlich.*

•

Schon wenige Monate nach der Eröffnung Ende 1909 konnte Dr. Fritz Wichert, Direktor der Städtischen Kunsthalle in Mannheim, sein Haus mit dem Ankauf zeitgenössischer französischer Malerei und Skulptur zu einem der ersten Museen für moderne Kunst weltweit aufbauen.

Welche Ehre also für Clara Rilke, von Wichert, der so alt ist wie sie und ein überaus engagierter Museumsmann, gefragt zu werden, ob sie im Auftrag der Mannheimer Kunsthalle eine Porträt-Büste von Rodin formen könne. Er wolle auch, vertraut er der Künstlerin an, eine von Rodins Plastiken erwerben, vorzugsweise den »Balzac« in Bronze oder Marmor.

Clara Rilke sendet umgehend Fotografien von insgesamt acht ihrer Plastiken an Wichert nach Mannheim und fügt ihrem begleitenden Brief ein Zeugnis bei, das Rodin ihr 1903 für ihre Bewerbung um ein Stipendium des Bremer Senats ausgestellt hatte. Allerdings distanziert sie sich von den Arbeiten aus den frühen Jahren und betont, dass sie erst jetzt künstlerisch so weit sei, einen öffentlichen Großauftrag wie den der Kunsthalle Mannheim ausführen zu können.

Am 9. Juli 1912 schreibt sie an Franz Wichert:

Mein Wunsch, Rodin zu modellieren ist schon alt – ich habe aber nie an die Verwirklichung gedacht, bis jetzt, weil ich eine ganz bestimmte Sicherheit des Ausdrucks erst erreichen wollte, die ich jetzt erprobt zu haben glaube und damit fühle ich auch eine gewisse Verpflichtung, es nun bald zu tun. Es würde mich sehr freuen von Ihnen bald eine Nachricht zu haben, die mich dieser Verwirklichung näher bringt.

Warum wendet sie sich jetzt nicht umgehend mit ein paar persönlichen Zeilen direkt an Auguste Rodin und berichtet ihm von dem Auftrag? Sie kennt ihn doch gut genug und weiß, dass er ihre Arbeit schätzt. Warum bittet sie Rilke, der schon länger in Venedig ist, er möge sich mit Rodin in Verbindung setzen?

Am 19. August 1912 schreibt Rilke an Rodin, dass Dr. Wichert eine seiner Plastiken zu erwerben wünsche, vielleicht den »Balzac«, und es gehe ferner um einen Auftrag für Clara:

Herr Wichert hat seit einiger Zeit begonnen, die Porträts unserer größten Künstler in einer Galerie zu vereinen, und es wäre sein Wunsch, Ihrer Büste darin einen Ehrenplatz zu geben; da er nun auf einer kürzlichen Ausstellung den Arbeiten meiner Frau einiges Interesse abgewann, betraute er sie damit, diese Büste auszuführen.

Rilke tut, was er kann. Schreibt wiederholt Briefe an Rodin, bittet ihn, er möge einverstanden sein, dass seine ehemalige Schülerin ihn porträtiere, ihre *geschärfte Aufmerksamkeit* würde reichen, die Büste *mit seiner Gegenwart* zu erfüllen. Selbst Fürstin Taxis als auch Harry Graf Kessler werden als Vermittler eingeschaltet. Am 12. Oktober 1912 kommt endlich ein Zeichen aus Paris. *Was meine Büste betrifft,* schreibt

Rodin an Rilke, *so ist das eine Sache, die noch zurückgestellt sein will, aber, im nächsten Frühling, hoffe ich, dass diese, für mich so erfreuliche, Sache, ausgeführt sein wird.*

Clara Rilke versteht diese freundlichen Zeilen als verbindliche Zusage. Rodin vertröstet sie zwar auf das kommende Frühjahr, doch sie hat allen Anlass zu hoffen, dass sie dann nach Paris reisen und mit der Büste beginnen kann. Diese Aussicht wird ihr über die Wintermonate helfen.

Nachdem Rilke seiner Frau Anfang November 1912 mitgeteilt hatte, Rodin habe Dr. Wichert eine Plastik zugesagt, wenn auch nicht den »Balzac«, schrieb sie kurz darauf an Dr. Wichert folgende Zeilen:

Was den Ankauf für das Mannheimer Museum anbetrifft, so bringt Rodin Ihrer Absicht alle Bereitwilligkeit und Sympathie entgegen. Nur will er vor der Hand über den Balsac noch nicht verfügen, da er von seinem eigenen Land, das ihn einstmals verschmäht hat, noch die Revanche erwartet, die es ihm eigentlich schuldet – es als erstes ehrenvoll zu erwerben.

Verehrter Meister, schreibt Clara Rilke am 29. November 1912 aus München an Auguste Rodin nach Paris:

Herr Rilke hat mir von Ihrem Brief erzählt und ich war überglücklich zu erfahren, dass Sie mir die Gunst und das Glück gewähren wollen, ein Porträt von Ihnen machen zu dürfen. Dies ist mein sehnlichster Wunsch seit vielen Jahren. Aber seit kurzem erst wagte ich, an die Verwirklichung dieser Arbeit zu glauben.

Jetzt ist für mich der Augenblick gekommen, den geschätztesten Menschen der Welt zu ehren, den Menschen, der in mir den geheiligten Glauben an die Arbeit gestärkt hat.

Ich lebe ganz für dieses Werk. Möge Gott mich und meine Arbeit bis zum Frühjahr begleiten.

In großer Verehrung und Freundschaft
Ihre Clara Rilke

Das Frühjahr 1913 kommt, der März, der April, doch kein Zeichen von Rodin.

Am 4. April wendet Rilke sich noch einmal an den Bildhauer, sich zu entscheiden. Er wünsche es seiner Frau von Herzen, *sich dieser unvergleichlichen Aufgabe* widmen zu können, und es wäre maßlos enttäuschend für sie, auf das schöne Projekt verzichten zu müssen, habe sie doch nichts anderes im Sinn als *diese höchste Aufgabe*. Er wisse wohl, dass die Umstände im Augenblick nicht die günstigsten seien. Ob er nicht dennoch versuchen könne, diese *bewundernswerte Anstrengung zu unternehmen?*

Paris, 10. April 1913: *Meine Frau will durchaus kommen, obwohl Rodin (wie ich voraussah) momentan nichts von der Büste wissen will.* Rilke unterrichtet Marie Taxis von den Entwicklungen der vergangenen Wochen und fragt zwei Tage später bei Rodin an, dem er wegen verschiedener anderer Dinge sowieso schreiben muss, ob er Clara in seinem Atelier empfangen könne.

Am 15. April 1913 trifft Clara Rilke in Paris ein. Kaum hat sie ihren Koffer im Hôtel du Quai Voltaire abgestellt, führt sie der Weg schon in die Rue de l'Université, gespannt, wie Rodin wohl reagieren wird.

Sie glaube nicht wirklich daran, dass er sich von ihr porträtieren lassen würde, hatte sie ihrem Mann kurz vor ihrer Abreise noch geschrieben, doch ihr Bedürfnis, ihn wiederzusehen und vielleicht in seinen Räumen arbeiten zu dürfen, sei groß, und sie müsse für einen Augenblick in die lebendige

Atmosphäre eintauchen, die wie keine andere *das gesunde Klima meiner Arbeit und meiner Kunstauffassung gewesen ist.*

Rodin empfängt Clara Rilke mit großer Herzlichkeit in seinem Atelier, versichert ihr wiederholt, wie viel er von ihrem künstlerischen Talent halte – doch eine Porträt-Büste für die Kunsthalle Mannheim? Nein. Davon will er jetzt gar nichts mehr wissen. Sich von einer jungen deutschen Bildhauerin für ein deutsches Museum porträtieren zu lassen, solange sich noch kein französisches Museum für den Ankauf einer Porträt-Büste von ihm interessiert habe – *impossible*, unmöglich.

Enttäuschung? Möglicherweise aber auch Erleichterung darüber, sich dieser großen Aufgabe nun nicht stellen zu müssen? In jedem Fall reagierte Clara Rilke erfreut auf Rodins Angebot, für die Dauer ihres Pariser Aufenthalts in seinem Atelier arbeiten zu dürfen. *Une matinée vraiment sublime,* notiert Rilke nach einem Besuch mit seiner Frau bei Rodin. Über die Büste fällt an diesem »wirklich wunderbaren Vormittag« kein Wort, und die Angelegenheit ist damit erledigt.

Wenn es schon mit der Rodin-Plastik nicht klappt – umso erfreulicher, dass Clara Rilke in der Rue de l'Université schon Anfang Mai mit einem Porträt der Freundin Sidonie Nádherný von Borutin beginnen kann, eine Arbeit, die sie voll in Anspruch nimmt und die zu ihren besten gehört. Auch das Modell selbst war sehr angetan:

Lunched with Clara Rilke, notiert Sidie Nádherný – *Well, my bust was begun, I sat morning and afternoon, nearly daily, in Rodins atelier, rue de l'Université 182, saw over the windows trees and heaven, while around me Rodin's marble works. And my bust grew to great beauty beneath Cl. Rilke's hands. (Lunch mit Clara Rilke. Nun, die Arbeit an der Büste begann. Ich saß, fast täglich, am Morgen und am Nachmittag in Rodin's Atelier, rue de l'Université 182, sah durchs Fenster Bäume und Himmel,*

um mich herum Rodins Marmorarbeiten. Und meine Büste
wurde immer schöner unter Cl. Rilkes Händen.)

Rilke ist hoch erfreut beim Anblick des Modells und freut
sich für Clara: *Ihre Büste wird s e h r schön und Sie sitzen wie*
selten jemand: so mit dem ganzen Wesen; es ist herrlich für
Clara Rilke, in mehr als einem Sinn; ich muß mir immer vor-
stellen, wie verfehlt ihr die Zeit geworden wäre (durch den Aus-
fall der erhofften Arbeit mit Rodin) ohne Ihre Güte und dieses
ganze prächtige Zusammentreffen, schreibt er am 9. Mai 1913
an die Porträtierte, und über die fertige Büste äußert er sich
kurze Zeit später begeistert:

Sie müssten sie fast an ihrer jetzigen Stelle zuerst wieder sehen,
goldtönig, hineingestellt in das ananas- bis orangengelbe Leuch-
ten eines blonden schwedischen Zimmers; so warm und sonnig
im Ton, köstlich, und so schön und still und irgendwie nach-
denklich-traurig im Ausdruck, – niemand von uns sah damals,
dass Sie diesen Ausdruck hatten, den das grausame Ereignis
vor sich her über Sie warf –, nun kann ich das Bildnis nicht an-
schauen, ohne den ganzen Schmerz darin enthalten zu sehen.

Clara Rilkes »Porträt Sidonie Nádherný von Borutin« war
eine Terrakotta-Büste. Die Dargestellte ließ sie im Frühjahr
1914 in Marmor übertragen: Auf dem zarten, makellos schönen und zeitlos wirkenden Gesicht, das leicht zur Seite gewandt und geneigt ist, zeigen sich Spuren von Melancholie.

In Bezug auf die Porträtsitzungen wird Rilke Ende Oktober
1913 aus Paris an Baronin Borutin schreiben:

Wir haben nie über Clara gesprochen, liebe Sidie, wer da etwas
tun könne, wer da wirklich helfen könnte, diesem rührenden
reichen Wesen aus seinen Bindungen herauszuhelfen, dass es

sich irgendwo ausgäbe, ausströme... da stehen wir alle (wer nicht?) mit unserer Hingabe, mit unserem Bedürfnis, liebzuhaben, und wo wir's anwenden, da ist's nicht zum Guten –, und wo man uns liebt, da schränkt's uns ein. Es ist in Clara sehr viel vom Mädchen, darum immer wieder sehr viel Sehnsucht danach, ein Frauen-Leben zu haben, und doch, wo sie sich unterwirft, da ist sie sofort mehr Jünger als Frau, mehr Schüler und Anhänger, und das nicht im stärksten Sinn, sondern eher in dem des Aufgebens und der Nachahmung. Darum glaube ich nicht, dass sie jemandem als Frau würde haben zur Seite stehen können: sie wird in der Hingabe an ein anderes Leben nicht stark, sondern nachgiebig, spiegelt, anstatt ein Gegenspiel zu bilden, – selbst wenn sie, wie sie jetzt manchmal meint, ein ganz anderes Schicksal hätte haben müssen, eine rechte große Ehe, viele Kinder: es wäre am Ende nichts leichter für sie geworden, um nichts eindeutiger.

Dass sie freilich an mich geriet, ist besonders schwer: da ich weder der Künstlerin in ihr noch dem, was sich nach einem Frauendasein drängt, recht günstig zu sein vermochte. Je weiter, je vollständiger ich mich aus ihrem Leben zurückziehe, je besser dürfte es für sie sein: ich verstand es vollkommen, dass sie vor anderthalb Jahren die Scheidung vorschlug, und es liegt nur an einigen äußeren Erschwerungen, dass es nicht dazu gekommen ist. Ein solcher Brief wie der, den Sie mir schicken, bestätigt mich wieder vollauf in der Vermutung, dass sie das Leben noch einmal ganz, als ob alles kommen dürfe, vor sich haben müsste: in der rauschenden Vollzähligkeit seiner Möglichkeiten. Und so wäre es wirklich das einzige, was ich tun könnte, die doch ungefähr zwölfjährige Trennung durch eine rechtsgültige Scheidung endgültig und konsequent zu machen.

Wenn Sie sie wieder sehen, werden Sie dies wahrscheinlich immer mehr fühlen: aber d a s s Sie sie bald wieder sehen,

scheint mir jetzt eine rechte Hilfe für Clara, und ich bin sicher,
sie wird aus Ihrer Freundschaft und aus jedem Gran Sym-
pathie, den sie ihr bieten, unmittelbaren Beistand gewinnen.
Dass Kunst-Arbeit und Leben irgendwo ein Entweder-Oder
ist, entdeckt ja jeder zu seiner Zeit, – aber für die Frau mag
diese Wahl freilich ein Schmerz und Abschied ohnegleichen
bedeuten.

Rodin schien heute frischer und jünger als sonst. Am 25. Mai
1913, einem Sonntag, sitzt Harry Graf Kessler nach einem Besuch bei Rodin in Meudon und einem langen Spaziergang
mit ihm durch den verwilderten Garten über seinem Tagebuch und hält fest: *Er hat einen Heisshunger nach offizieller*
Anerkennung. In einer Ecke des Gartens habe der Bildhauer
ihn flüsternd zur Seite genommen und ihm wie ein Geheimnis anvertraut, dass er sich am Morgen mit Rilke gestritten
habe. Es sei um die Büste gegangen, die seine Frau von ihm
machen wolle. »Jeder will eine Büste von mir machen«, habe
Rodin gesagt, und gehe er auf alles ein, um was man ihn bitte,
brauche er dazu fünfzig Jahre ... Ja, er habe es zwar versprochen, doch was sage man nicht alles so dahin. Es sei schließlich kein Versprechen »vor dem Richter« gewesen. Rilke sei
dann so aufdringlich geworden, dass sich Rodin einfach von
ihm habe abwenden und gehen müssen: *Je dois maintenant*
me concentrer, travailler pour moi. Ce sont les dernières gout-
tes, je ne peux pas les perdre, habe er Kessler gegenüber seine
abrupte Absage begründet, er müsse sich jetzt einfach konzentrieren, für sich arbeiten. »Es sind die letzten Tropfen, ich
darf sie nicht verlieren.«

Das Verhältnis zwischen den Rilkes und Rodin war seit seiner Ablehnung des erhofften Auftrags getrübt, und insbeson-
dere Rilke distanzierte sich bald entschieden von ihm.

Am 25. Mai 1913 schreibt Clara Rilke ihren Abschiedsbrief an den Bildhauer:

Cher Maître, au moment de quitter Paris permettez-moi de vous écrire mes remerciments mes plus sincères d'avoir pu travailler dans votre atelier; je l'ai quitté samedi le 24. mai et je me rappellerai toujours ce beau moment calme et laborieux que je dois á votre tant généreuse mission (...)

(Lieber Meister, im Begriff, Paris zu verlassen, erlauben Sie mir, Ihnen meinen aufrichtigsten Dank zu schreiben dafür, dass ich in Ihrem Atelier arbeiten konnte; ich habe es Samstag, den 24. Mai, verlassen, und ich werde mir immer diesen schönen, ruhigen und arbeitsamen Augenblick in Erinnerung rufen, den ich Ihrer so großzügigen Erlaubnis verdanke.

Glauben Sie, lieber Meister, an meine aufrichtigste Bewunderung.)

KAPITEL XII

Paris scheint mir ganz verödet ohne ihn

MÜNCHEN – FISCHERHUDE 1913–1917

Dass Kunst-Arbeit und Leben irgendwo ein Ent-
weder-Oder ist, entdeckt ja jeder zu seiner Zeit, –
aber für die Frau mag diese Wahl freilich ein
Schmerz und Abschied ohnegleichen bedeuten.
Rainer Maria Rilke

Nähme sie sich doch nicht alles so zu Herzen! Immer wieder findet Phia Rilke einen Grund, ihrem Sohn gegenüber in langen Litaneien über die Kümmernisse des Lebens schmerzlich zu klagen, ob es Krankheiten sind, ihr Alleinsein oder die Tatsache, dass er sie zu lange ohne Antwort auf ihre Briefe lasse. Warum haben Clara und Ruth ihren Geburtstag vergessen? Sich nicht für ihre Grüße und Päckchen bedankt? Ihr nicht rechtzeitig zu Weihnachten geschrieben?

Wie heftig muss sich *der kleine René* noch als erwachsener Mann gegen die Vorwürfe seiner Mutter wehren und sie um Nachsicht für seine Versäumnisse, aber auch für Claras Unzuverlässigkeit und die schlechte Erziehung von Ruth bitten.

Zum Jahresbeginn 1913 hebt Phia Rilke erneut zu einem ihrer Leidensgesänge an, und Rainer Maria, der nach Besuchen in Toledo, Cordoba und Sevilla inzwischen im Hotel

Clara Rilke-Westhoff, 1913

Reina Victoria im südspanischen Ronda residiert, greift umgehend zu Stift und Papier.

In einem mehrere Seiten umfassenden Brief vom 8. Januar 1913 fleht er sie an, Verständnis für Claras problematische Lebenssituation zu haben, die für Ruths Verhalten verantwortlich sei:

Und das Anhalten zu etwas ist nicht Clara's Sache, es lässt sich auch viel schwerer durchführen, wo kein eigentlicher Haushalt, keine Haus-Ordnung ist, sondern etwas wie ein fortwährendes Provisorium, bei dem eine Menge Zeit verloren wird, die sonst mühelos sich einstellt. Dieses Leben in der Pension ist für alle diese kleinen Regelmäßigkeiten das ungünstigste, der Tag hat keine rechte Festigkeit, es ist eine Abwechslung von Unordnung machen und Wiederaufräumen, für ein kleines Mädchen gar nicht das rechte, – doch ist's vor der Hand nicht anders einzurichten und die Vorzüge, die sich schließlich doch daraus ergeben, dass Ruth bei ihrer Mutter ist, überwiegen, im ganzen genommen, die vielen Nachteile dieses so wenig in die Form gebrachten Lebens. Clara muss man das alles nachsehen. Sie ist einmal durch ihre Erziehung gar nicht auf Ordnung vorbereitet gewesen, dies ist schrecklich genug für sie, denn sie leidet selber am meisten darunter und manche ihrer schweren Komplikationen rührt davon her, dass sie nichts zu organisieren vermag. Ordnung ist ihr eine Überanstrengung, sie will sie durchsetzen, dann und wann, stoßweise, aber es geht einfach über ihre Kraft. Bei ihr muss man vor allem immer denken, dass sie ein Mensch in Not ist, in innerer Not (...) Alle Termine überraschen, überfallen sie: soll man um 1 Uhr bei jemandem frühstücken, so fängt sie fünf Minuten nach eins an, sich anzuziehen, und es ist gewiss, dass die Dinge, die zum Anziehen gehören, noch gar nichts davon ahnen und, sozusagen, rechts und links auf Urlaub sind. Wie oft hab ich darüber gelacht, oft auch hat's mich ungeduldig gemacht, aber ich bin längst soweit, das der guten Clara nicht nachzutragen, sie tut, was sie kann; sie kann wirklich nicht anders; wie jemand, der etwas heben soll, sagt: das ist mir zu schwer, und man kanns nun nicht von ihm erzwingen, so kann man bei ihr nichts tun, als in ihrem eigenen Interesse wünschen, hoffen, dass Umstände in ihr Leben treten möchten, die ihr ermöglichen, sich von Grund aus zu erneuern, froher, argloser, mutiger und vor allem nervös stärker zu werden, vielleicht, dass dann diese Übelstände mit einem Schlage weg sind (...) Ich weiß eigentlich kaum jemanden, der es in sich und mit der Welt so schwer hätte, wie diese durch ihre Eltern vielfach

belastete, ernste redliche Natur, für die auch ich nur eine Er-
schwerung war. Ruth, natürlich und frisch wie sie ist, wird ihr
vielleicht aufhelfen; Clara muss, um lebensfähig und lebensfroh
zu werden, eigentlich dort anknüpfen, wo sie als Mädchen sich
aufgegeben hat, – es fragt sich, ob sie dazu innerlich noch elas-
tisch genug ist, jung, kühn genug, nach allem was sie sich zu
Herzen genommen hat und in ihr schweres Blut.

•

Du hast ja alles famos in die Hände genommen mit Katalog
etc. Hoffen wir endlich auf eine gerechte Würdigung von Paulas
Kunst. Heinrich Vogeler schreibt am 20. Januar 1913 aus Berlin-Charlottenburg an Otto Modersohn nach Fischerhude.
Auf Modersohns und Vogelers Initiative soll im Museum
Folkwang des mit ihnen befreundeten Kunstsammlers Karl
Ernst Osthaus im westfälischen Hagen eine Ausstellung mit
77 Gemälden, 45 Zeichnungen, Gouachen, Aquarellen und
Pastellen sowie 9 Radierungen von Paula Modersohn gezeigt
werden. *In den Kreisen der neuen Kunst hat Paula ja schon*
viele Freunde, weiß Clara Rilke am 8. Februar 1913 aus München Otto Modersohn nach Fischerhude zu berichten und
ihm zuzusichern, sich um Ausstellungsmöglichkeiten für die
Bilder der verstorbenen Freundin in München zu kümmern:

Sie werden inzwischen Nachricht von einem neuen Kunstsalon
in München erhalten haben, der die Bilder gern ausstellen will.
Es ist ein sympathischer neuer Salon, wenn mir auch die Bilder,
die jetzt dort ausgestellt werden, größtenteils unangenehm sind.
(…) Für Verkauf sind dort, glaube ich, keine großen Aussichten.
Es gibt dann noch einen kleinen, sehr besuchten Salon mit der-
selben neuen Kunst, in dem auch Hoetger ausstellt, doch sind

da die Räume sehr schlecht für Bilder. – Ich wollte versuchen, in
die großen Kunstausstellungen zu kommen, z.B. Thannhauser
und da habe ich nächstens Gelegenheit, mit zwei Käufern hin-
zugehen – das würde mir wohl Eingang verschaffen – ich werde
dann sofort schreiben, wenn es ging. Wörmanns aus Hamburg
sind dieser Tage in Hagen zur Ausstellung. Ich habe mein Por-
trät rahmen lassen und auch hingeschickt. – Bei Thannhau-
ser würden die Bilder wohl am meisten gesehen und dort wäre
auch die meiste Aussicht auf Verkauf.

Liegt Ihnen daran? Ich freue mich ja immer, wenn sie zu-
sammenbleiben.

Am 18. Februar 1913 schreibt Clara Rilke aus München an
Otto Modersohn nach Fischerhude:

Thannhauser hat leider, nachdem er anfangs sehr geneigt hat,
doch abgesagt, die Bilder auszustellen. (…) Nun hörte ich durch
Dr. Wolfskehl, der sich sehr für Paulas Bilder interessiert, dass Sie
schon mit dem Salon in der Königinstr. abgeschlossen haben –
und dann ist das wohl momentan auch das beste. Die Räume
dort sind sympathisch und es gibt einen ganzen Kreis von Men-
schen, die die Bilder dort finden werden. Ich würde gern wis-
sen, ob Ihnen eigentlich daran liegt, zu verkaufen, oder mehr,
wertvolle Menschen dafür zu interessieren und ev. gute und ver-
ständige Kritiken zu bekommen. Ich würde mich freuen, wenn
sich einmal jemand fände, der wirklich umfassend und gut da-
rüber schreiben könnte – aber das müsste ein sehr feiner Geist
sein – und das kommt wohl erst später, wenn man die heutige
»neue« Kunst etwas besser (ich meine weniger hoch) einschätzt,
die sich so ungeheuer breit macht und die Menschen ganz ver-
dreht – Falls ich also noch etwas in dieser Sache tun kann, bitte,
schreiben Sie mir. Ich freue mich, die Bilder hier zu sehen.

Nachdem die Paula Modersohn-Becker-Ausstellung im Februar 1913 in Hagen gezeigt worden war, konnte man sie im März in München sehen. *Die Bilder sind in München ausgestellt*, teilt Otto Modersohn seinem Freund Vogeler mit, *wie mir kürzlich Frau Rilke erzählte, als sie hier war.*

•

Ruth ist sehr groß geworden, noch ein kleines Stück und sie hat mich erreicht. Rilke ist stolz auf seine Tochter, und zugleich erschrickt ihn angesichts ihres Aufblühens der Gedanke an sein eigenes Älterwerden. Wie hatte er es in einem Brief an seinen italienischen Freund Carlo Placci unlängst ausgedrückt? Dass er den Tod seines Vaters als weniger einschneidend empfunden habe als die Geburt seines Kindes. In jenem Augenblick sei ihm nämlich schmerzlich bewusst geworden, dass dieses neue Leben, obgleich aus seinem eigenen Fleisch und Blut hervorgegangen, nicht das seine war, und diese jähe Erkenntnis habe ihm die Illusion genommen, selbst noch jung und unabhängig zu sein.

Aus Berlin kündigt Rilke der Mutter seinen Besuch in München an. Er müsse demnächst sowieso dorthin reisen, erklärt er ihr. Zum einen haben Clara und Ruth endlich eine neue Wohnung in der Trogerstraße 50 gefunden, und er möchte ihnen bei der Einrichtung helfen. Zum anderen findet am 7. und 8. September 1913 der 4. Kongress der Wiener Psychoanalytischen Vereinigung statt. Sigmund Freud wird einen Vortrag »Zum Problem der Neurosenwahl« halten und C. G. Jung »Zur Frage der psychologischen Typen« sprechen.

Und wer nimmt an den Sitzungen teil? Lou Andreas-Salomé ist angereist, ebenso Viktor Emil von Gebsattel.

Saß fast neben Freud, wurde von allen ausgezeichnet behan-

delt. Rilke freut sich über die Begegnung mit dem berühmten Arzt aus Wien, Freud ist ebenfalls beglückt, dass ihm Lou Andreas-Salomé endlich jenen viel bewunderten Dichter vorstellt, den er bisher nur aus seiner Lyrik kennt. *Ich freute mich Rainer Freud zu bringen und sie gefielen sich und wir blieben noch zusammen, auch abends bis sehr spät nachts.* Lou Andreas-Salomé, die für ein paar Tage zusammen mit Rilke zur Erholung ins Riesengebirge gefahren ist, notiert: *Was sich in dem letzten Jahrzehnt am stärksten verändert hat, ist der Mund, durch Vorschub der Lippenpartie.*

Der angekündigte Besuch von Phia Rilke, die ihren Sohn unbedingt noch einmal sehen möchte, bevor er wieder nach Paris reist, passt weder Clara noch ihrem Mann, und so bittet er sie am 15. September 1913, ihn wegen seiner vielfachen Verpflichtungen und Verabredungen aufzuschieben und später als geplant in München einzutreffen:

So könnte ich mir gewiss einige Abendstunden erübrigen, (wenn auch nicht viele) und die beiden wären sehr glücklich, Dir ihr Heim zu präsentieren, das ja hoffentlich in 10, 12 Tagen schon einige Existenz wird gewonnen haben.

Ich werde auf alle Fälle bis etwa 2. Oktober hier bleiben müssen. Alles hängt ja wohl auch von Deinen Plänen ab, schreib mir bald, wie sie sich weiter ausgebildet haben und wie alles geht und steht?

Wenn Clara natürlich zunächst durch die neue Installation eine Menge Mühe und Sorge hat, so versprech' ich mir dennoch Gutes von dieser Verschiebung ins Häusliche: schon dass Ruth nun ein eigenes kleines Zimmer bekommt mit weißlackierten Möbeln, ist ein lieber Fortschritt für sie und für uns. Sie freut sich natürlich sehr darüber und ist mit ganzem Herzen an seinem Werden beteiligt. Die Wohnung ist allerdings 4 Treppen,

*aber ich hoffe, Du wirst sie mit aller Langsamkeit doch einmal
ersteigen können. –*

Am 18. September 1913 schreibt er aus München an Phia Rilke:

*Dass wir uns von Herzen freuen, wenn Du für eine Woche
kommst, das muss ich Dir nicht erst versichern, aber wir würden Dich, beim herzlichsten Willen, sehr, sehr viel allein lassen
müssen, der Sonntag wäre wohl der einzige Tag, für den wir einstehen könnten, sonst käme es auf kurze Besuche hinaus, selbst
Ruth könnte ich Dir momentweise, dann und wann, versprechen.
Ihre Schule hat eben begonnen, die ersten Tage bringen natürlich
vielerlei Scherereien und Anpassungen mit sich, alle Vormittage
hat sie fünf Stunden, nachmittags muss sie beim Einrichten der
Wohnung helfen, Aufgaben machen, und es soll auch noch Zeit
da sein, sich an der Luft zu bewegen, was nach fünf versessenen
Schulstunden dringend nötig ist. – Was mich betrifft, so weiß ich
nicht, wo mir der Kopf steht, alle Nachmittage und Abende bin
ich fast ganz vergeben, es kommt von allen Seiten alles zusammen. Dienstag trifft wieder jemand ein, mit dem ich viel zu tun
habe; das alles will nicht sagen, dass ich nicht eine Stunde ab und
zu aussparen könnte und in der würde ich natürlich dann mit
aller Aufmerksamkeit für Dich da sein, aber es wäre selten, und
Dein Aufenthalt hier müsste mehr als ein In-unserer-Nähe-sein
sich einstellen, als ein Mit-uns-sein.*

Liebe Mutter!, wendet Rilke sich immer wieder an Phia Rilkes
Familiensinn und bittet sie, an Claras und Ruths Warmher-
zigkeit und innigen Zuneigung nicht zu zweifeln. Er bemühe
sich ebenfalls um eine ungetrübte Stimmung und was Clara
betreffe, so falle es ihr grundsätzlich schwer, sich selbst ihr
nahen und lieben Menschen gegenüber regelmäßig mitzutei-

len: *Du weißt, sie hat es maßlos schwer mit sich selbst, und man kann, wenn man sie kennt, wie ich sie kenne, nicht anders als im Guten an sie denken, und wenn die ganze Welt sie vergäße und im Stich ließe.*

Die gemeinsame Zeit mit der Mutter erweist sich als unerwartet entspannt und herzlich. Phia Rilke hat vorübergehend eine Wohnung nahe der Trogerstraße bezogen. Dort schreibt sie ein »Münchner Tagebuch« für ihren Sohn. Sie wird es ihm – und er freut sich darüber – später nach Paris schicken, wo er ab Mitte Oktober 1913 wieder wohnt.

Es ist Weihnachten, und während sich Mutter und Tochter im Schnee in den Alpen vergnügen und Ski laufen, verbringt Rilke das Fest allein in Paris. Abend für Abend liest er im Schein einer Kerze in einem Buch mit frühchristlichen Gesängen, das ihm Clara geschenkt hat.

Mitte März 1914 ist er in München zurück, an seiner Seite eine junge Pianistin, die er noch nicht lange kennt: In Magda von Hattingberg glaubt er *Benvenuta* gefunden zu haben, die Willkommene, die lang »ersehnte Unbekannte«, eine Frau, an deren Seite, wie er meint, Arbeit und Leben konfliktlos miteinander verbunden werden können.

Doch Rilke wäre nicht Rilke, würde er nach einigen Wochen leidenschaftlicher Hingabe und gemeinsamen Unterwegsseins nicht mit Enttäuschung und Trübsinn darüber reagieren, dass er unfähig ist, die *richtige liebevolle Einstellung zu einem Menschen* und zum Leben zu finden. *Denn daran zweifel ich nun nicht mehr,* gesteht er Lou Andreas-Salomé, die sich von März bis Mai ebenfalls in München aufhält, voller Einsicht, *dass ich krank bin, und meine Krankheit (…) steckt auch in dem, was ich bisher meine Arbeit nannte, so dass dort vor der Hand keine Zuflucht ist.*

In München führt sein erster Weg in die Trogerstraße 50

zu Frau und Tochter. *Ruth und Clara gesund, froh angetroffen, Ruth gestern an der Schule erwartet, – große Freude*, notiert er. Zwar sei dummerweise gerade das Hausmädchen wegen Krankheit ausgefallen, und Clara müsse sich mit einer Zugehfrau zufriedengeben, fährt er fort, doch Ruth beginne bereits, im Haushalt zu helfen, bereite den Nachtisch, spiele Klavier, zeichne, male und lerne bei ihrer Mutter stricken.

An dem kleinen Schreibtisch sitzt Rilke neben seiner Tochter und schreibt Briefe an seine *liebe gute Mama,* zu selten, entschuldigt er sich, sie fehle ihnen, doch München bringe jedes Mal so viel Neues, es gebe Vorträge, Musik, Besuche, darum habe er auch *die beiden guten Kinder im Troger Turm* sehr vernachlässigen müssen. Doch so viel Zeit, dass er sich mit seiner Tochter im Zoo vergnügen oder ihr *zwei Kieler Matrosenkleidchen* kaufen, *ein weißes und ein dunkelblaues,* sie mit neuen Schuhen, einem *lieben Frühjahrshut* und Briefpapier ausrüsten kann, ist immer drin. Es freut ihn, Ruth ein bisschen zu verwöhnen, sie *weiß genau, was sie will und wenn es das Richtige ist, so geht ein Glanz von Zustimmung durch ihr ganz liebes Wesen.*

Ruth freut sich, den Vater bei sich zu haben, doch komplett wäre ihr Glück, wenn auch Großmutter Phia bei ihnen sein könnte. *Liebe Großmama!,* schreibt die 13-Jährige am 19. März 1914 an Pia Rilke, *jetzt ist Väterchen wieder bei uns. Nur es ist immer verkehrt denn wie Du da warst war Väterchen nicht da, und jetzt bist Du nicht da. Hoffentlich geht es Dir gut. Bitte grüße die Urgroßmama herzlich. 1000 Küsse von D. Ruth.*

•

Das erfolgreiche Attentat von Sarajewo des 19-jährigen bosnisch-serbischen Gymnasiasten Gavrilo Princip auf Erzherzog

Franz Ferdinand, Thronfolger des Kaiserreiches Österreich-Ungarn, und seine Frau Sophie am 28. Juni 1914, löst die verhängnisvolle Kettenreaktion aus, die zum Ausbruch des Ersten Weltkriegs führen wird.

Infolge der deutschen Mobilmachung am 1. August 1914 erfasst in rasantem Tempo eine Welle maßlosen Nationalgefühls das Wilhelminische Reich. Vor allem Akademiker, Intellektuelle und Großbürger, aber auch viele Künstler fühlen sich aufgerufen, ihrer Pflicht nachzukommen und für ihr Vaterland zu kämpfen.

So bricht Ernst Ludwig Kirchner seinen Aufenthalt auf der Insel Fehmarn umgehend ab und kehrt nach Berlin zurück, seine Freunde Max Pechstein und Emil Nolde, auf der Suche nach dem »Paradies« in der Südsee unterwegs, reisen sofort heim. Ernst Barlach, Lovis Corinth und Max Liebermann, alle Mitglieder der Berliner Sezession, schließen sich dem wilhelminischen Patriotismus an, Franz Marc und August Macke melden sich als Freiwillige beim Militär und ziehen mit dem Gefühl in den Ersten Weltkrieg, sich einer »positiven Instanz« zu unterwerfen. Karl Schmidt-Rottluff ergreift die Chance, »möglichst Starkes zu schaffen«, um »die Dinge plötzlich in ihrer furchtbaren Gewalt« zu sehen. In ihren Zeichnungen und Radierungen halten Max Beckmann und Otto Dix die mörderische Wirklichkeit des Krieges fest.

Worpswede, Spätsommer 1914. Der 42-jährige Heinrich Vogeler ist schlechter Verfassung und weiß nicht, wie es weitergehen soll, weder persönlich noch künstlerisch.

Martha, die Mutter seiner drei Töchter und sein am häufigsten gemaltes Modell, hat sich in den Studenten Ludwig Bäumer verliebt, einen späteren Aktivisten der Bremer Räterepublik, der bereits zu ihr auf den Barkenhoff gezogen ist.

Schweren Herzens duldet Vogeler die Liaison seiner Frau mit dem 20-Jährigen, doch seiner drei Kinder wegen will er versuchen, die neue Konstellation in freundschaftlichem Miteinander zu ertragen.

Das Leben ging weiter, erinnerte sich der Künstler rückblickend, *sah so normal, so glücklich aus, und doch lagen überall unausgesprochene Dinge wie wucherndes Gestrüpp, dem eine geheime Tendenz innewohnte, sich zu verschlingen und den Lebensweg zu bedrohen. Es war mir, als könne ich keinen Ausweg finden aus meiner inneren Belastung als die Flucht aus diesem Leben.*

Ausgedehnte Reisen in die Schweiz, nach Österreich und Paris unterbrechen die für Heinrich Vogeler irgendwann unerträgliche häusliche Situation. Um wieder an seine künstlerische Entwicklung anknüpfen zu können, mietet er ein Atelier in der Kantstraße in Berlin, malt Porträts und Selbstporträts, verliebt sich in eine Japanerin, trennt sich wieder, kehrt zurück auf den Barkenhoff, arbeitet auf dem Feld und im Garten. Alle Versuche, aus seiner großen Traurigkeit und inneren Leere herauszufinden, bleiben vergeblich.

So empfindet Heinrich Vogeler den Ausbruch des Krieges wie eine Erlösung. *Ich ziehe hinaus, um (...) zu leben,* schreibt er an seine Frau Martha und berichtet ihr, dass er sich freiwillig bei den Oldenburger Dragonern gemeldet habe. *Ich suche das Leben, das an anderer Stelle ungewertet verkümmert.*

Vogelers Beförderung zum Unteroffizier folgen im Februar 1915 der Einsatz in den Karpaten und schließlich die Versetzung in die Nachrichtenabteilung des Generalstabs. Der berühmte Worpsweder Porträt- und Landschaftsmaler soll den Feldzug des deutschen Militärs künstlerisch begleiten. In sicherer Entfernung von der Front hält er seine Beobachtungen von Menschen aus dem Volk in den Kriegsgebieten des Ostens in kleinen Zeichnungen fest.

Kein Ausweg, irgendwie beim Alten anzuknüpfen. Vielleicht letzte Romantik, vielleicht Todessehnsucht führte mich, als Kriegsfreiwilligen, mit 42 Jahren in den Krieg – ich fand das Leben wie es wirklich war. Ich erkannte bald, dass es sich nicht um einen Volkskrieg, sondern um das Werk einer rücksichtslosen Ausbeuterklasse handelte, die die politische Dummheit der Werktätigen benutzte, um aus ihrer Überproduktion heraus neue Märkte und neue menschliche Ausbeutekräfte zu erobern.

Was der überzeugte Pazifist Heinrich Vogeler als Offizier an der Front erlebt, erschüttert ihn und macht ihn zum Rebellen. In seinen Erwartungen enttäuscht, ergriffen vom Grauen, angewidert von Korruption und Profitsucht innerhalb des Stabs und dem oft menschenverachtenden Verhalten der hohen Militärs, zweifelt er zunehmend am Sinn dieses Krieges.

Allein die Entwicklungen in Russland wecken sein Interesse. Von dort hört man, dass sich Soldaten, Arbeiter und Bauern zu Aufständen gegen Zar Nikolaus II. zusammengeschlossen haben und mit seinem Rücktritt den Frieden fordern.

Machte nicht Russland genau jene Entwicklung durch, die auch Vogelers Ansicht nach unerlässlich, gar notwendig war?

Gab nicht die bolschewistische Propaganda die Antwort auf die Frage nach den Zielen dieses Krieges?

Das Land den Bauern, die es bearbeiten, die Häuser, die den reichen Familien gehörten, für die Familien der Arbeiter, die Fabriken den Arbeitern, die sie selbst verwalten! Da war ja an den Grundlagen aller bisherigen Ordnung gerüttelt. Da alles so überzeugend und einfach gesagt war, verlor ich viele Hemmungen, die bisher mein Leben bedrückt hatten. Plötzlich fühlte ich

mich in der alten Welt heimatlos, aber auch, dass ich nicht ver-
lassen war; ich fühlte, dass Millionenmassen wirklich arbeiten-
der Menschen gewillt waren, die Welt zu verändern.

•

Sein Reisegepäck ist ziemlich leicht, Rainer Maria Rilke hat
nur das Nötigste bei sich, als er am 19. Juli 1914 Paris verlässt,
um seinen Verleger Kippenberg in Leipzig zu besuchen.

Die Welt steht, stockt, hält den Atem an, – was soll wer-
den? Der Ausbruch des Ersten Weltkriegs überrascht Rilke
in München. *Unwirksam darf keiner bleiben in diesen Tagen,*
schreibt er an Baronin Nádherný und fragt bei Fürstin Taxis
an, ob sie einen Platz für ihn sehe, an dem man ihn als Schrei-
ber oder Sanitätsgehilfen gebrauchen könne?

Doch schon vier Wochen später bekennt er in einem Brief
an Anna von Münchhausen, dass er allmählich anfange, sich
der großen allgemeinen Strömung zu entziehen und auf sich
selbst, auf mein altes, mein bisheriges Herz zu besinnen. Rilke
entscheidet sich klar für die Seite der Pazifisten und weiß sich
mit Kriegsgegnern wie Karl Kraus, André Gide und Romain
Rolland einig.

Von Ruth hab ich schon mehrmals Nachrichten aus Fischer-
hude gehabt, die alle sehr vergnügt lauten, berichtet Rilke seiner Mutter am 3. August 1915:

Das merkt man doch, dass sie da oben ihre Heimat hat, im
bremischen, sie lebt ganz anders auf, als in dem netten dicken
München, das ja brauchbar und freundlich ist, aber doch wenig
zu Herzen geht. Sie leben wie immer ganz im Freien, baden,
sonnen sich, lesen ein paar schöne Bücher, das ist das Rechte,
ich hoffe, auch an mich kommt im Herbst noch die Reihe zu

solchem erfreuten Nichtstun. Vorläufig sitz ich am Schreibtisch,
jeden Tag sieben Stunden, mindestens.

Fischerhude ist ein kleines, unter hohen Eichen verborgenes Bauerndorf. Es liegt an der Wümme und wird von zahlreichen Flussarmen durchzogen, in deren moorbraunem Wasser sich das Geäst dickstämmiger Weiden und Erlen spiegelt. Im Sommer staken die Bauern auf flachen Holzkähnen zu den üppigen Viehweiden außerhalb des Dorfes, um die Kühe zu melken. Zur Erntezeit rumpeln hochrädrige Wagen über das Kopfsteinpflaster durch das Dorf und füllen die Luft mit Staub und dem satten Geruch nach Heu.

Seit dem ersten Kriegssommer lebt die verwitwete Johanna Westhoff, Claras Mutter, ganz in dem kleinen, strohgedeckten Fachwerkhaus in Fischerhude, das sie dort für sich und ihre Familie bauen ließ. Vom Fischerhuder Ortskern aus kann man das Westhoff'sche Haus »Auf der Wurth« nur über einen schmalen Steg erreichen, der über einen der Wasserarme zu den Weiden jenseits der Wümme führt.

Mitte September 1915 berichtet Rilke seiner Mutter, Clara und Ruth seien am 15. September aus Fischerhude wieder in München eingetroffen, rechtzeitig zum Schulanfang. Er habe sie zwar noch nicht gesehen, *aber heute esse ich bei ihnen und werde Dir dann bald berichten.* Auf einer an sie adressierten Postkarte liest Phia Rilke, wie verwundert Clara und Ruth über Rainer Marias unerwartetes Auftauchen sind. *Zu unserer großen Überraschung ist plötzlich René da und wir denken zu Dritt innigst Deiner, von Herzen.*

Außer seiner Familie und seinem Arzt soll niemand wissen, dass er viel früher nach München gekommen ist, als geplant, und auch länger bleiben wird, nämlich bis Mitte des Jahres. Zufällig seien die Zimmer in der Finkenstraße 2, in denen er schon einmal gewohnt habe, gerade frei geworden, begründet er seine Anwesenheit, sie garantierten ihm Stille und Zurückgezogenheit.

Wieder einmal muss Rilke vor einem Verhältnis zu einer Frau fliehen, das ihm eng und lästig zu werden droht: Im vergangenen Sommer hat er sich in Lulu Albert-Lazard verliebt, eine Malerin aus Lothringen. *Hilfe!*, fleht er aus München Fürstin Taxis an, *es ist wieder ein Verhängnis über mir! Meine Güte!*, antwortet die mütterliche Freundin herzlich ungehalten, *jeder Mensch ist einsam, und muss es bleiben, (…) muß die Hilfe nicht in anderen suchen (…) was brauchen Sie immerfort dumme Gänse (…) Es kommt mir vor, (…) dass der selige Don Juan ein Waisenknabe neben Ihnen war.*

Clara und Rainer Maria Rilke sehen sich nicht oft, aber doch regelmäßig, mal mit, mal ohne Ruth. Ein *schöner Familientag in Nymphenburg*, notiert Rilke, ein ausgiebiges Mittagessen zu dritt in der Stadt. »Hoffmanns Erzählungen« im Hoftheater mit Ruth – *es ist schön, bei ihrem Alter manchmal mit ihr auszugehen* –, ein gemeinsamer Ausflug nach Herrenchiemsee und zur Fraueninsel. Häufig ist Lou Andreas-Salomé mit dabei. Sie und Clara Rilke verbindet ein besonders herzliches Verhältnis, und Lou schiebt die auffallend positive Entwicklung der Bildhauerin in letzter Zeit auf die analytische Behandlung durch Gebsattel:

Eine der strahlendsten Münchener Erinnerungen bleibt für mich Clara als das, was sie aus sich gemacht hat (…) Las man ihre psychoanalytischen Berichte vor ein paar Jahren, dann konnte man daran nicht glauben; (…) Wunderlich seltsam: auf Rainer, der doch unter Claras früherem Wesen (mit und ohne Schuld) so litt, hat ihre Wandlung im Grunde keinen Eindruck gemacht.

Lou bewundert die Art und Weise, wie die Künstlerin auf die Entbehrungen des Krieges reagiert:

Ich denke daran, wie Clara leuchtend und freundlich war. Wie sie bei der Brotknappheit sagte, es sei doch herrlich, dass das Brot jetzt dadurch so zu Ehren und Wert käme; (…) sie sprach nur ihre eigene Freude am Täglichen, die Ehrenrettung des einfachen Erlebens und Genusses darin aus.

Selbst Lulu Albert-Lazard, Rilkes aktuelle Geliebte, wird bald zur Freundin seiner Ehefrau:

Zuweilen kam Clara Rilke, eine hohe herbe Erscheinung, mit der kleinen Ruth. Wir hatten gleich Sympathie füreinander und haben später eine Freundschaft geschlossen, die noch andauert. Clara hat etwas sehr Gerades, Starkes, ist einfach, sensibel und intelligent.

Mit Freude beobachtet Rilke die Entwicklung seiner Tochter. *Bei Ruth und Clara verbringe ich meine besten Stunden, denn beide sind ruhig und tüchtig und wohlauf. Gott erhalte sie so,* schreibt er an seine Mutter und ist dankbar, dass Ruth gerne zur Schule geht, gewissenhaft ihre Hausaufgaben erledigt und gute Noten bekommt. Ein fröhliches, gesundes Mädchen, das mit seinen vierzehn Jahren sogar schon für das Mittagessen sorgt, wenn Clara wegen ihrer künstlerischen Arbeit unterwegs sein oder ihren Dienst bei der Feldpost tun muss.

Die grausigen Kriegsereignisse, ihre materielle Not, die verschärfte Versorgungslage – *ich laufe ja so viel in der Stadt herum auf der Jagd nach Lebensmitteln, dass alle Zeit damit vergeht* – versucht Clara Rilke in den wenigen Stunden vorübergehend zu vergessen, die sie in ihrem Atelier verbringen kann. Zwangsläufig wird ihre künstlerische Produktivität jetzt restlos in den Hintergrund gedrängt. Oft muss sie an die frühen Jahre in Worpswede denken, und manchmal sehnt sie sich in die Gemeinschaft der Künstlerfreunde zurück. Als sie einmal träumt, sie habe den friedlichen Barkenhoff besucht, schreibt sie an Heinrich Vogeler: *Und es war so, als sei Krieg und Unglück eine ferne Vergangenheit!*

Der *Unsicherheit aller äußeren Dinge* setzt die Künstlerin *innere Beziehungen* entgegen. Menschliche Wärme, Vertrauen, Zuversicht. Das sind Kräfte, die aufbauen helfen, daran glaubt sie ganz fest.

In diesem Glauben bestärkt fühlt sie sich durch die Verbindung zu dem esoterischen »Kosmikerkreis« um Ludwig Klages und dem ihm nahestehenden Schriftsteller Alfred Schuler. Gemeinsam besuchen Clara und Rainer Maria Rilke 1915 mehrere Vorträge, die Schuler über die Antike hält. Beide sind beeindruckt. Alfred Schuler kündigt Clara Rilke seinen Besuch in ihrem Atelier an, und so entsteht im Spätsommer 1915 das »Porträt des Archäologen Alfred Schuler«. (Erschüttert durch seinen Tod im April 1923, schafft sie im Frühjahr desselben Jahres, *aus der starken und bewegenden Erinnerung an ihn,* zwei weitere postume Porträts.) Daneben entstehen in diesen Jahren nur einige Porträts aus ihrem Freundes- und Bekanntenkreis.

Was für eine Nachricht, die Rilke am 4. September 1915 in seiner Wohnung in der Finkenstraße erreicht. Aus Paris erfährt er, dass während seiner Abwesenheit alles, was er dort zurückgelassen hat – Möbel, Erbstücke, Manuskripte, Briefe, Notizen und Entwürfe –, zur Deckung seiner Mietschuld versteigert worden ist, *ungefähr mein ganzes Eigentum, das sich seit zwölf Jahren um mich angesetzt hat.* Unfassbar, allein der Gedanke daran: *Ich komme mir jetzt vor wie ein Brunnen, dem man alles angesetzte Grüne abgesäubert hat.* Seit dieser erschütternden Nachricht gehe er, vertraut er Marie Taxis an, wie einer herum, *der einen Sturz getan hat, schmerzlos aufgestanden ist und doch irgendwie den Verdacht nicht los wird, es könne plötzlich in seinen Eingeweiden ein nachträglicher Schmerz ausbrechen und ihn zum Schreien bringen.*

Wieder einmal mehr spürt der Österreicher Rilke seine Heimatlosigkeit. Aus Schloss Duino, dort, *wo meine großen, vielleicht größten und entscheidendsten Arbeiten* entstanden, die Elegien, hat der Krieg einen Trümmerhaufen gemacht, jetzt hat er in Paris alles verloren. Als immer unerträglicher empfindet er die Last, in den vergangenen Jahren nirgends richtig zum Arbeiten gekommen zu sein. Wo wird er ein zweites Duino finden, die *geschützte Stelle*, wann zur Ruhe kommen und schreiben? Rilke an die Fürstin Taxis: *Wie groß meine Sehnsucht ist, irgendwo stabilere Verhältnisse zu gründen, die nicht erst wieder geliehene, vorläufige, ungefähr angepasste sind, sondern genau meine und für unabgegrenzte Zeit vorhandene, das vermöchte ich Ihnen kaum der Wahrheit nach darzustellen.*

•

Schon seit einigen Wochen machen Clara Rilke Schwellungen der Lymphe zu schaffen, die *sehr arg und schmerzlich* sind, täglich schlimmer werden und schließlich zu Hause nicht mehr zu behandeln sind. *Wir haben Clara,* informiert Rilke seine Mutter am 24. September, *in eine gute Klinik gebracht, wo sie sich nun schnell erholen wird.* Ende September 1915 schreibt er an Phia Rilke:

Clara hat Deinen langen Brief erhalten und ich bin mit vielen Grüßen beauftragt. Sie wird noch bis Anfang oder Mitte nächster Woche draußen in der Klinik bleiben müssen, denn die Wunde ist sehr tief und heilt langsam, auch hat sie ja nur draußen die dazu erforderliche Pflege, zumal auch ihr neues Mädchen noch nicht gekommen ist. Sie hat, die Arme, nicht wenig durchzumachen gehabt. Du weißt, dass Großmama Westhoff nicht erfahren soll, dass ein operativer Eingriff erfolgt ist; sie ist so sehr für Naturheilweise eingenommen und so überzeugt von ihr, als dem einzig Richtigen, dass sie sich über diese Abweichung von der naturheilmäßigen Regel nur unnütz aufregen würde. Ich sage das nur, damit Du ihr nicht etwa davon schreibst. Es war in diesem Falle gewiss recht, einen Chirurgen zu Rate zu ziehen, die Sache hätte sonst dreimal so lang dauern können und wer weiß, ob sie sich nicht kompliziert hätte! Nun verläuft alles normal, Clara ist von guter Stimmung und hat es draußen so freundlich als eben in einer Klinik sein kann. Es ist weit draußen, in der Nähe von Nymphenburg, aber Ruth und ich richten uns ein, mindestens jeden zweiten Tag hinauszufahren; die anderen Tage hat sie vielfach anderen Besuch, und mit Büchern und Blumen hat sie alles von allen Seiten umgeben; so wird die Zeit jedenfalls nicht unerträglich lang.

Doch bald schon erfährt Phia Rilke von ihrem Sohn, dass Clara wieder zu Hause sei und er beide, sie und Ruth, zum Mittagessen eingeladen habe, *in meinem eigenen kleinen Esszimmer*, wo sie über die gemeinsame Teestunde hinaus noch bis in den Abend blieben. Am Tag darauf habe Ruth ihm geschrieben, solange sie denken könne, habe sie nicht einen so »gemütlichen« Sonntagnachmittag erlebt.

Am 24. November 1915 dann plötzlich eine bittere Nachricht, die alles überschattet. Aus Wien erreicht Rilke der Gestellungsbefehl. Bei der erneuten Musterung sei er als tauglich zum Landsturmdienst mit der Waffe befunden worden

und solle am 4. Januar 1916 seinen Dienst in Österreich an-
treten. Rilke ist entsetzt und fühlt sich wie betäubt. Wer kann
ihn vor dem Militärdienst retten? Seine Hilfsgesuche gehen
in alle Richtungen. Alle Freunde, vor allem Clara, setzen sich
für ihn ein und können schließlich erreichen, dass er nach
nur dreiwöchiger Grundausbildung am Gewehr in das Wiener Kriegsarchiv abkommandiert wird.

Er sei jetzt *Büromensch, der täglich um 9 Uhr an seinem
Schreibtisch zu sein hat*, berichtet Rilke der Mutter. Sein Zim-
mernachbar ist Stefan Zweig. Zu den Menschen, die während
der kommenden Monate Verbindung zu ihm haben, zählen
Karl Kraus, Oskar Kokoschka und der Architekt Adolf Loos.

Er müsse dringend noch einmal nach München zurückkehren, seine Sachen seien in größter Unordnung, alles
müsste versorgt und verwahrt und die Wohnung aufgegeben werden. Rilke bittet um eine kurzfristige Beurlaubung.
Am 12. Dezember, Ruths 14. Geburtstag, einem Sonntag, ist er
in München. Ein vergnüglicher Augenblick für Ruth, als sie
ihren Vater zum ersten Mal in Dienstuniform sieht. Es gibt
Torte, Gebäck und allerlei Schokoladen. Bei der Geburtstags-
feier setzt sich Rilke *schließlich ganz mit zur jungen Welt*. Das
Zusammensein ist liebevoll und warmherzig. *Väterchen* freut
sich über das unaufgeregte, kluge Verhalten seiner Tochter.
*Natürlich gehörten die meisten Stunden, soweit ich solche ver-
fügbar hatte, Ruth.*

An seine Mutter schreibt Rilke am 18. Februar 1916:

*Clara wird Dir erzählt haben, dass ich in dringenden Sachen
in Berlin war, dann aber vorigen Sonntag zu Ruths vierzehn-
tem Geburtstag pünktlich nach München kam. Das freute sie
sehr, vormittag war ich beschäftigt, aber Mittag aß ich in der*

Trogerstraße ein gutes Geburtstagsessen, nachdem ich meine kleinen Geschenke auf dem sehr festlichen Geburtstagstisch an den Rand der vierzehnlichterigen Torte niedergelegt hatte. Das war ein verschließbares Tagebuch aus Leder und eine schöne Ausgabe von Körners Werken. Da lagen schon recht liebe Dinge beisammen, obenan die schönen von Dir gestifteten Bücher, die Ruth überaus freuten und befriedigten. Um vier fand sich nach und nach eine Kindergesellschaft zusammen, die sich sehr froh und angeregt anließ (…) wir probierten zwei Gesellschaftsspiele aus.

Am 5. April 1916 schreibt Rilke an Phia Rilke aus Wien:

Ruths Konfirmation. Es war ihr großer Wunsch, dass die heuer schon stattfinde, wir wollten ihr nicht entgegen sein. Sie nimmt die Vorbereitung dafür sehr ernst und feierlich, und so wie ich mir von ihr erzählen ließ, ist der alte Pastor, bei dem sie vorbereitet wird, ein würdiger und einfacher Geistlicher, der ihr die Bedeutung des Festes ihres Erwachsenenseins sowohl groß als auch vertraut zu machen versteht. (…)

Es tut mir sehr leid, dass ich an diesem Tag nicht bei unserem guten Kind sein kann, – nur Clara wird schon das Ihre dafür tun, dass es ein guter schöner Tag wird für Ruth und sie selbst nimmt ja ihr Leben einfach und feierlich auf: man darf sie nur gewähren lassen. –

Vor allem genießt die Ruth ihre langen Sommerferien im Haus der Großmutter im norddeutschen Fischerhude, von dem sie als »Zuhause« spricht.

In letzter Zeit war es ihr nicht so gut gegangen. Schwindel, Migräne, Kopfschmerzen. Eine klimatische Veränderung sei jetzt genau das Richtige, hatte der Arzt gesagt und den

Eltern beigepflichtet, dass die ländliche Luft, mehr Milch als üblich und eine kräftige Nahrung Ruths jungem Organismus gewiss wohl täten. *Von Clara und Ruth hab ich gute Nachrichten.* Rilke freut sich und teilt die beruhigende Meldung sogleich seiner Mutter mit.

Für Ruth gehen die Ferien in Fischerhude zu Ende. Es wird Zeit für Clara, mit ihr nach München zurückzufahren, doch ein heftiger Hexenschuss quält sie plötzlich so heftig, dass ans Reisen nicht zu denken ist. Die Eltern beraten sich, erwägen alle Möglichkeiten. Ruth fährt schließlich allein, doch weil der Nachtzug von Bremen mit Verspätung in Nürnberg ankommt und den Anschlusszug nach München verpasst, muss sie für den Rest der Nacht in Nürnberg bleiben. So kann Rilke seine 14-jährige Tochter erst am Morgen des 19. September 1916 am Münchener Hauptbahnhof in Empfang nehmen, überaus stolz, dass *unser großes Mädchen* nicht nur allein gereist ist, sondern sogar *ruhig und selbständig in Nürnberg übernachtet* hat *und alles gut, ja glänzend abgelaufen* ist.

Noch am Tag ihrer Ankunft in München schreibt Ruth einen Gruß an Phia Rilke:

Meine liebe Großmama!

Ich bin nun also ganz allein angekommen und freue mich sehr Väterchen hier zu haben.

1000 Küsse bald mehr Deine Ruth

Am 4. Dezember 1916, Rilkes Geburtstag, gibt es, *wie immer, ein gemeinsames Essen bei Clara, die mir, mit Ruth zusammen, einen freundlichen kleinen Geburtstagstisch angerichtet hat. Torte, Kuchen und kleine gefüllte Schokoladen, lauter Kostbarkeiten jetzt, die mir sehr willkommen waren. Das Schönste war Ruths Herzlichkeit selbst; Nachmittag musste Ruth eine Verab-*

311

redung einhalten, aber Clara kam zum Tee zu mir, es war ein ruhiger guter Geburtstag, durch den ich nun einundvierzig geworden bin.

Wenige Tage später, am 12. Dezember, feiert Ruth ihren fünfzehnten Geburtstag. *Heute gehe ich mit ihrem Wunschzettel Besorgungen machen,* notiert Rilke wenige Tage zuvor: *da steht Goethe drauf und Matthias Claudius und eine gewisse kleine Porzellantasse mit Rosen ... Ich sehe das gute Kind meistens Sonntags, sie will dann viel erzählt haben.*

Man genießt das familiäre Zusammensein, auch wenn Phia Rilke zum Bedauern aller nicht dabei sein kann. Clara Rilke bringt dies zum Ausdruck, im Januar 1907 schreibt sie an die Schwiegermutter:

M.l. Mama, wir denken Deiner von Herzen – ich höre mit Bedauern, dass Dein Weg Dich heuer nicht über München führt – in Gedanken haben wir Dich unter uns und hoffen auf bessere Zeiten.
Freuen uns mit René in unseren Dir bekannten Räumen beisammen zu sein. Alles Herzliche für Dich
es umarmt Dich in Liebe Deine Clara

Es ist Krieg, die Wirtschaft liegt danieder, kein Mensch weiß, wie es weitergehen wird – wer denkt in solchen Zeiten schon daran, sich porträtieren zu lassen oder eine Büste in Auftrag zu geben?

Clara Rilke überlegt, ob es in dieser Situation nicht sinnvoll wäre, sich um eine Lehrtätigkeit im Staatsdienst zu bemühen. Sie bespricht die Angelegenheit mit ihrem Mann, und da Rilke den Verleger Kurt Wolff kennt und von seinen Verbindungen zur großherzoglichen Kunstschule in Darmstadt weiß, wendet er sich am 10. Februar 1917 an ihn mit der Bitte, seiner Frau bei der Suche nach einer Lehrtätigkeit behilflich zu sein.

Doch nicht Kurt Wolff kann über eine Anstellung an der großherzoglichen Kunstschule entscheiden, sondern Großherzog E. Ludwig von Hessen-Darmstadt und Gründer der Darmstädter Künstlerkolonie ist die eigentliche Instanz. Rilke betont die künstlerischen Fähigkeiten seiner Frau, dieser *ernstesten deutschen Schülerin Rodins,* und bietet all seine diplomatischen Künste auf, um das Herz des Herzogs zu gewinnen. Doch alle Vermittlungsversuche scheitern.

Würde sich Gustav Pauli, seit 1914 Direktor der Hamburger Kunsthalle, eventuell interessieren? Im Frühjahr 1917 reist Clara Rilke nach Norddeutschland, einen Auftrag von Pauli, seine Büste zu modellieren, in der Tasche und mehrere Projekte in Aussicht. Von ihrem »Porträt Gustav Pauli« gibt es zwei Bronze-Fassungen. Eine von ihnen befindet sich in der Kunsthalle Bremen, die Pauli von 1905 bis 1914 leitete.

Rainer Maria Rilke an Phia Rilke, Berlin, 6. Oktober 1917:

Ich hoffe nächste Woche Clara und Ruth in Hannover zu treffen; dort ist eine große Ausstellung von Bildern unserer vor zehn Jahren verstorbenen Freundin Paula Modersohn-Becker, die wir gerade gemeinsam sehen wollten, ob ich von dort für zwei Tage nach Fischerhude kann, ist noch ungewiss, – ich würde ja das dortige kleine Haus umso lieber kennen lernen, als Clara und Ruth nun den ganzen Winter dort verbringen werden – andererseits aber sollte ich ja schon lange in München sein! Die Keferstraßenwohnung ist aufgegeben, aber als Postadresse immer noch gültig; sie war mir zu teuer und wäre diesen Winter nicht zu erheizen gewesen –, ich weiß noch gar nicht, wie ich mich dort einrichten werde. Dass Clara und Ruth in Fischerhude bleiben, scheint mir ein sehr guter Entschluss, in München wären sie nicht zur Arbeit und Ruhe gekommen, denn alle Kraft und Zeit, wenn man einen Haushalt hat, geht damit drauf, sich das Nötigste zu schaffen.(…) Die Morgenstunden gehören mir, die verbringe ich auf etwas tröstliche Weise in den Museen, sonst ist natürlich auch hier alles Schwere überaus drückend und fühlbar. Gott helfe uns durch diesen unabsehlichen Winter.

•

Der Tod von Auguste Rodin am 17. November 1917 erschüttert beide Rilkes gleichermaßen.

Clara Rilke an Rainer Maria Rilke, Fischerhude, 18. November 1917:

Als ich Sonnabend Mittag aus Bremen zurückkam fand ich hier Deinen Eilbrief vor… und freute mich sehr, ausführlich von Dir zu hören. Heute Sonntag lese ich Rodins Tod in der Zeitung… Paris scheint mir ganz verödet ohne ihn. Ich sehe ihn mit seinem großen schönen Gesicht, wie ein gotisches Grabmal auf seinem Bett liegen. Und dabei kommt mir ein Gefühl von Ruhe…

Ob man einmal später wieder in Paris gehen wird und die Omnibusse fahren und das Leben geht seinen Gang? und ob man wieder wie früher am Quai gehen kann und da findet man vielleicht unter vielem Rodins Totenmaske?… Jetzt greifen wir mit leeren Händen all den versinkenden Dingen nach und langen in die Luft. Wo gehen sie hin?

Rainer Maria Rilke an Clara Rilke, 19. November 1917:

gestern wollte ich Dir eben einen kleinen Geburtstagsbrief schreiben, da traf mich die Nachricht vom Tode Rodins, und nun war alles, kannst Du Dir denken, dorthin bezogen und umgestellt. Meine Wünsche stehen nun vor diesem Hintergrund, der ja aber auch ein unendlich gemeinsamer für uns ist, – Du wirst ähnlich in Erinnerung und Trauer sein und mit Paris und allem in ihm Verlorenen diesen nun so endgültigen Verlust durchzumachen haben.

Zum Weihnachtsfest 1917 schenkt Rilke seiner Frau das Buch »Die Kathedralen Frankreichs« von Auguste Rodin, das 1914 in Frankreich erschien, und widmet es ihr: *Meiner lieben Clara, Rainer Maria, 1917 Weihnachten, im Gedächtnis Rodins.*

KAPITEL XIII

Jetzt wird mir langsam wieder freier und froher

Mir ist mein Schaffen nichts anderes
als ein selbstverständliches Müssen.
Renée Sintenis

Endlich! Endlich zurück in die norddeutsche Heimat. Von einer weiten Wiesenlandschaft umgeben sein, der sie von Kindheit an verbunden ist. Das ist Clara Rilkes inniger Wunsch in diesem letzten Kriegsjahr 1918.

Wieder gilt es, Abschied zu nehmen. Koffer zu packen, ihr gesamtes Arbeitsmaterial in Kisten zu verstauen, die Wohnung in der Trogerstraße aufzulösen. Es gibt noch viel zu tun während der letzten Wochen in München, bevor sie Mitte März endgültig mit Ruth *hinter dem Möbelwagen her* nach Fischerhude in das Haus ihrer Mutter übersiedelt.

Fischerhude ist ein abgeschiedenes Dorf, schwer erreichbar und nahezu unbekannt. Hin und wieder kommen Besucher aus dem nahen Bremen zum Spazierengehen oder Kahnfahren, manch ein Hanseat besitzt ein kleines Sommerhaus an der Wümme.

Clara Rilke kann sich gut an die begeisterten Erzählungen ihrer Freundin Paula erinnern, die während der frühen Worpsweder Jahre gemeinsam mit Otto Modersohn und Heinrich Vogeler zwei, drei Ausflüge nach Fischerhude machte, in der Wümme badete und anschließend »im Akt« das Frühstück auf der grünen Wiese genoss.

Paulas erster Kunstlehrer, der Bremer Kirchen- und Theatermaler Bernhard Wiegand, siedelte sich hier an, 1904 baute Wilhelm Heinrich Rohmeyer, ein Malschüler Fritz Mackensens, an einem der Streeke im Ortskern ein Haus, sein Freund Franz Harthog folgte, und nach dem plötzlichen Tod Paula Modersohns lebte Otto Modersohn hier. 1909 wurde die Sängerin Louise Breling aus Fischerhude seine dritte Frau.

•

Clara Rilke macht häufig lange Spaziergänge durch das kleine Wümmedorf. Wenn man den Ortskern verlässt und ein, zwei Kilometer in Richtung Osten geht, kommt man in den Ortsteil Bredenau. Vereinzelt liegen ein paar Höfe rechts und links des schmalen Weges, hier und da steht ein Haus, darunter auch das Heinrich Brelings und seiner Familie.

Ihr gefällt diese einsame Gegend. Herrlich, der Streifen Grün, der sich zwischen der Straße und dem nördlichen Arm der Wümme erstreckt. Hier, im Schatten mächtiger Eichen, ein Grundstück erwerben. Direkt am Wasser, mit Blick auf den Deich und die weite Wiesenlandschaft. Hier für sich und Ruth ein Zuhause gründen. Mit Bibliothek, Atelier und Veranda. In jedem Fall auch ein Zimmer für Rainer Maria einrichten, wenn er seine Familie in Fischerhude besucht. Es muss ja nicht viel größer als drei Mal drei Meter sein, mit Schreibtisch und Bett, und könnte im Giebel liegen. Die Künstlerin macht Pläne und weiß bald, wo sie ihr zukünftiges Leben verbringen möchte.

Im Mai 1918 reicht sie bei der Kriegsamtstelle in Hamburg ihr Gesuch um Genehmigung eines Neubaus in Fischerhude ein, der als »Arbeitsatelier zur Ausübung des Bildhauerberufs; landwirtschaftliche Ausnutzung des Grundstückes« bezeichnet wird. In der Begründung heißt es: *Aufgabe der Stadtwohnung München, Nichtvorhandensein einer geeigneten Wohnung und Arbeitsstätte in Fischerhude; notwendige Unterbringung der Möbel, die jetzt auf einem Boden stehen und Schaden erleiden.* Angaben zur Art des Baus: *Fachwerkbau; Ausfüllung der Wände z.Teil aus Steinen, soweit Vorrat reicht, sonst aus Lehm und Wickelstaken. Bedachung aus Rohr (beschlagnahmefrei), feuersichere Eindeckungsart. Fundamente z.T. aus Feldsteinen.*

Es ist immer noch Krieg. In Fischerhude herrscht arge Wohnungsnot. Ein Neubau zu ausschließlich privaten Zwecken würde diese Not nicht lindern – nein, das Kriegsamt in Hamburg will Clara Rilkes Antrag nicht bewilligen. Es sei denn, es lägen *besonders zwingende Gründe* vor. Die Künstlerin wohne schon seit längerer Zeit in Fischerhude, erwidert das zuständige Landratsamt, zudem seien alle für den Bau benötigten Materialien vorhanden, die man durch den Abbruch eines alten Bauernhauses gewonnen habe. Arbeitskräfte würden ebenfalls nicht entzogen, da Maurer und Zimmermann das Hilfsdienstpflichtalter bereits überschritten hätten. Das Kriegsamt lässt sich Zeit.

Aus Sorge, *dass mein Haus nicht mehr unter Dach kommt vor dem Winter*, beauftragt Clara Rilke ihren Architekten, sich zu kümmern, und so wird der Bau am 25. Juli 1918 »genehmigt unter Verwendung der an Ort und Stelle vorhandenen Baustoffe. Die Arbeiten müssen bis spätestens am 31. Oktober 1918 beendet sein; nach diesem Zeitpunkt darf auf dem Bau nicht mehr gearbeitet werden«.

Bis das Grundstück vermessen, der Lageplan mehrfach verändert, beim Landratsamt eingereicht und an die militärische Verwaltung zur Genehmigung weitergeleitet wird, vergehen Monate. Schließlich kann der aus dem oberschlesischen Beuthen stammende und in Worpswede lebende Architekt Alfred Schulze, der sich auf den Bau von Fachwerkhäusern spezialisiert hat, mit seiner Arbeit beginnen und der Bauherrin 1919 den Hausschlüssel überreichen. Unverzüglich lässt sich Rilke im fernen München einen Hausspruch für den Eichenbalken über der Eingangstür einfallen: *Da vieles fiel, fing Zuversicht mich an, die Zukunft gebe, dass ich darf, ich kann*, dichtet er Ende Oktober, ebenso froh über die *Gründung einer neuen eigenen Hausständigkeit* wie seine Frau und entschlossen, *gerade in dieser zuversichtlichen Werdezeit ihrer sesshaft-sichtbaren Zukunft die geldlich betonten Sorgen aus dem unmittelbar täglichen Umkreis der beiden Menschen fortrücken* zu helfen.

Was für ein glücklicher Umstand, dass sein Verleger Anton Kippenberg Rilke aus Leipzig mitteilen kann, der Absatz seiner Bücher laufe in letzter Zeit hervorragend, Auflage um Auflage werde gedruckt, ein erhebliches Guthaben sammele sich auf seinem Konto an.

Neben der monatlichen Zahlung lässt Rilke vom Insel-Verlag mehrfach Summen an seine Frau überweisen, die ihr beim Hausbau helfen sollen. Allerdings sträubt er sich, als es im Spätsommer 1919 um die Aufnahme einer Hypothek auf das Haus geht. Rilke teilt am 31. Oktober 1919 Kippenberg mit, er wolle die Hypothek nicht übernehmen, Clara jedoch noch einmal mit 3219,- Mark *beistehen*; er betrachte sich dabei *nur als ›Freund‹ Clara Rilkes und keineswegs als verpflichtet.*

•

Rainer Maria hält seine Mutter Phia kontinuierlich auf dem Laufenden. Aus Fischerhude höre er viel Gutes, trotz der widrigen Umstände bewältigten Mutter und Tochter diese schwere Zeit voller Zuversicht. *Ruth ist ja in ihrer Natur so wunderbar ruhig und sicher, das wirkt auf Clara ungemein wohltätig, sie hat Lust und Freude zur Arbeit, was bei ihr immer ein Beweis einer auch körperlich befestigteren Verfassung ist.*

Auch Ruth habe viel zu tun, müsse sich auf ihr letztes Schuljahr vorbereiten und eine Aufnahmeprüfung für die öffentliche Schule machen, der *Direktor dieser Schule ist ein Bruder des Professor Kippenberg, meines wohlgesinnten Verlegers.* Eine Beziehung, die hilfreich ist.

Nein, nein, grundsätzlich verändert habe Ruth sich nicht, äußerlich schon gar nicht, doch sie sei reifer, ruhiger, interessierter geworden, kein *Backfisch* mehr. Das merke man auch daran, dass er kürzlich das Abonnement für das »Kränzchen«, eine Zeitschrift für junge Mädchen, habe kündigen und dafür den »Kosmos« abonnieren müssen, ein naturwissenschaftliches Magazin. *Es scheint, dass Ruth nach dieser Seite hin immer entschiedener interessiert ist, wie auch der Gedanke, nach der Schulzeit, eine land- und hauswirtschaftliche Schule zu besuchen, in ihr ziemlich Wurzel gefasst hat.*

Wie sich ihr Leben in Fischerhude gestalte, hänge vorrangig von den räumlichen Möglichkeiten und ihrer Arbeitslust ab, merkt Rilke an, froh, dass seine Tochter auf dem Land leben und hier neben der Arbeit für die Schule auch praktische Dinge lernen und im Garten tun kann, die ihr Freude machen: *Wie der lange Krieg die Welt auch umdreht und ändert, dieses métier wird nie aufhören, nötig und brauchbar zu sein, während das unsere (Claras und meins) immer mehr in Frage kommt.*

Er leide *unter dem fürchterlichen Druck der Verhältnisse,* gesteht er seiner Mutter am 15. Dezember 1918 und dankt ihr mit einer Umarmung, dass sie ihn für seine mangelnde Mitteilsamkeit so lange nicht gerügt hat. Jeder Vorwurf habe nämlich eine *Gemütslähmung* zur Folge, eine *Apathie,* die es ihm unmöglich mache, wirklich aus vollem Herzen an irgendetwas teilzunehmen. Auch Clara und Ruth hätten darunter gelitten, wenn sie bei ihm waren. *Ruth war, in allen Fällen, die Brauchbarste von uns, ihr kommt die Jugend zu Hilfe, dass sie zuweilen mit einem leichten Anlauf die arge Gegenwart überspringt; die Zukunft ist ihre Sache und die muss ja besser und lebensmöglicher werden, wenngleich nicht die allernächste.*

Am 7. November 1918, das alte Regime ist zusammengebrochen, der mörderische Krieg beendet, schildert Rilke seinen *Lieben* in Fischerhude die Stimmung in München: *Überall große Versammlungen in den Brauhaussälen, fast jeden Abend, überall Redner (…), und wo die Säle nicht ausreichen, Versammlungen unter freiem Himmel nach Tausenden. Unter Tausenden auch war ich.* Als sich der Soldaten-, Arbeiter- und Bauernrat zu seiner Revolutionsfeier im Mathäserbräu konstituiert, ist Rilke ebenso dabei und stimmt in den Gesang der Friedenshymne ein.

In seiner Wohnung in der Ainmillerstraße 34, die er Anfang Mai bezogen hat, nur ein paar Schritte von Oskar Maria Grafs Wohnung in der Barer Straße entfernt, trifft sich die Schwabinger Linke, *Schriftsteller und bürgerliche Männer,* die politisch denken, sich für die revolutionäre Veränderung der Gesellschaft engagieren und an den Lippen von Kurt Eisner hängen. Die Monarchie ist besiegt, Eisner der Mann der Stunde. Ein neuer, ungewöhnlicher Politiker. Ein intellektueller, philosophisch gebildeter Sozialist jüdischer Abstammung, der davon träumt, Marx mit Kant zu versöhnen. Bis der bayerische Ministerpräsident ermordet, die Räterepublik zerschlagen, der Traum von einer besseren Welt geplatzt ist.

Rilke ist erschüttert, als ihn die Nachricht von Eisners Tod erreicht. Schon seit geraumer Zeit hat er sich gedanklich mit seinem Abschied von Deutschland befasst. Dort weiterhin zu leben ist ihm ebenso wenig vorstellbar wie es ihm *unausdenkbar und undurchführbar* ist, vollends im *Österreichischen ein Zuhause zu haben.* Als im Mai 1919, nach der sogenannten Rätezeit, in München eines Morgens um fünf Kolben und Kommissstiefel an seine Wohnungstür schlagen und jemand brüllt, er sei ein Bolschewist, ist dies ein Ereignis, das ihn endgültig aus Deutschland vertreibt.

Am 21. März 1919 schreibt er an die Schriftstellerin Anette Kolb: *München ist so sehr zu Ende für mich, wie ein Buch, das ich zwanzigmal im Gefängnis vom Anfang bis zum Schluss durchgelesen hätte; es ist so völlig aufgebraucht, dass nicht einmal Wind, Himmel oder die kleinen Frühlingsversuche der Büsche des Englischen Gartens mir das Mindeste zu sagen haben.*

•

Wenn Clara Rilke mit ihrer neuen Situation grundsätzlich auch zufrieden sein kann – das alltägliche Leben im wirtschaftlich daniederliegenden Nachkriegsdeutschland ist hart und entbehrungsreich. Außerdem geht es ihr gesundheitlich nicht gut. Es ist das alte Darmleiden, das sie quält. Der Arzt rät zu einer Operation. Sie übersteht den Eingriff gut und kann sich dank häuslicher Pflege schnell wieder erholen.

An private Aufträge, größere öffentliche gar, ist schwer zu kommen. So kann sie sich freuen, als die Handelskammer

Bremen sie 1920 bittet, das postume Marmormedaillon von Dr. Heinrich Wiegand, Generaldirektor des Norddeutschen Lloyd in Bremen, für den Bremer Börsensaal zu schaffen. (Es befindet sich heute im Bremer Focke-Museum.)

Beendet die Bildhauerin das Porträt der Malerin Edith von Bonin, das sie im Sommer 1918 in München begann und unterbrechen musste, weil es zwischen ihr und ihrem Modell unterschiedliche Preisvorstellungen gab? Konnte sie diese Arbeit im Mai 1919 fortsetzen, wie einem Brief Rilkes an Edith von Bonin zu entnehmen ist? Wenn ja, wurde die Büste jemals in Bronze gegossen? Sie gilt als verschollen, ebenso wie die Kleinplastik »Sitzender weiblicher Akt«, der Anfang der zwanziger Jahre entstand: Eine sitzende nackte Frau stützt sich, ihren Oberkörper leicht nach hinten geneigt, auf die Hand ihres rechten, ausgestreckten Armes; ihr leicht zur Seite gewendeter Kopf ruht entspannt auf der rechten Schulter, die Augen sind geschlossen, ein verträumtes Lächeln liegt auf ihren Lippen. Von dem Gipsmodell und der Bronzefassung sind nur Fotografien geblieben, die in den zwanziger Jahren im Graphischen Kabinett in Bremen ausgestellt wurden.

Es beglückt sie offenbar sehr, nicht mehr Schulmädchen zu sein, sondern leistend und arbeitend im Leben selbst zu stehen und zu sehen, wie man sie dort braucht und gelten lässt. Rilke überrascht zwar die Geschwindigkeit, mit der sich seine Tochter nach dem Ende ihrer Schulzeit für ein landwirtschaftliches Praktikum auf einem Bauernhof entscheidet, doch ihre *Aktivität und Freude* überzeugen ihn. Clara hingegen betrübt der Gedanke an den Auszug von Ruth. Ihr gemeinsames Zuhause in Fischerhude ist doch endlich gerade fertig geworden. Als Ruth den Eltern kurze Zeit später ihre Verlobung mit dem Bremer Kaufmannssohn Otto Bünemann verkündet, dessen Eltern mit Clara Rilke eng befreundet sind und die ihr beim Hausbau mit Rat und Tat zur Seite gestanden haben, muss vor allem Rilke kurz schlucken. Doch das Glück des jungen Paares währt nur kurz. Bald löst Ruth Rilke ihre Verlobung mit Otto Bünemann auf und lernt Dr. jur. Carl Sieber kennen, dessen Mutter Elisabeth, geb. Hartung, eine Schwester von Clara Rilkes Mutter Johanna war.

31. Oktober 1921: *Die Verlobung ihrer Tochter Ruth mit Herrn Referendar Carl Sieber beehren sich anzuzeigen. R.M.R. Rilke: Château de Muzot sur Sierre. Valais. Schweiz / Clara Rilke geb. Westhoff. Bredenau. Fischerhude. Bez. Bremen.* Das Verlobungsfest findet auf Alt-Jocketa bei Liebau im Vogtland statt, einem ehrwürdigen, von Kastanien umgebenen Gut, wo das Paar wohnen und als Verwalter wirtschaften wird.

Monate später, am 25. November 1921, legt Rilke in einem Brief an Dr. Kippenberg seine Gedanken über Ruths Aussteuer dar. Außerdem geht es ihm um die Klärung seiner Beziehung zu Clara:

Sie erinnern, lieber teilnehmender Freund, jenen Brief, den ich Clara Rilke in den Weihnachtstagen vor nun bald zwei Jahren geschrieben habe, betreffend eine mögliche Scheidung und entsprechende Feststellung unserer allzu schwebenden Verhältnisse, zuletzt auch im praktischen, geldlichen Sinn. Obgleich nun die neue Wendung der Dinge, die die ernst und redlich mit sich ringende Frau mit einer neuen Verlassenheit bedroht, jenen Absichten der Sonderung eine eigentümliche Vorsicht auferlegt, – so sei doch immerhin ausgesprochen, dass meine damals beschriebene Stellung sich in keiner Weise wird ändern können. Wir müssen nach und nach dazu kommen, der Wahrhaftigkeit meines, nicht leichten und andererseits so notwendigen Alleinseins (nachdem es schon so lange als Wirklichkeit sich konstituiert hat) Bedingungen zu schaffen, die es ganz der Ar-

beit meines Lebens zueignen und es sichern vor jedem Hinein-
gerissen-werden in ein anderes, oft nur der eigenen Schwere
nachgebendes Schicksal.

An seine Mutter schreibt er am 1. Dezember 1921:

*Natürlich ist Ruth's Verlobung auch für mich das fühlbarste
Ereignis, das sich mir, soweit ich's überblicke, immer mehr
als ein ganze und gar zuversichtliches herausstellt. Es ist ja
schwer, sich auf die Ferne hin ein deutliches Bild zu machen –
besonders da ich Ruth so lange nicht gesehen habe –, aber ihre
Briefe atmen ein so volles, zuverlässiges Glück, dass es ungerecht wäre, ihnen nicht das freudigste Vertrauen entgegenzu-
bringen. Die jungen Leute sind eben dabei, ihre Installierung
in dem Gutshause zu Alt-Jocketa , einem ehemaligen »Vor-
werk« des Gutes Liebau, zu bedenken, und diese Pläne sind
natürlich ein Anlaß herzlicher gemeinsamer Freuden und
Vorfreuden für sie. – Ich bekomme eben, während ich Dir dies
schreibe, einen sehr lieben und sympathischen Brief von Carl
Sieber, der mir so gut gefällt und für seine gute Einstellung so
charakteristisch scheint, das ich ihn Dir, sobald ich etwas Zeit
finde... zusenden werde.*

(....)

*Sollte es mir gelingen, den Winter in meiner retraîte recht
fleißig zuzubringen und einige der Rückstände aufzuarbeiten,
die der Krieg in meinen wichtigsten Beschäftigungen angestif-
tet hat und die sich noch lange nicht ausgeglichen haben, sollte
mir das, bei strengster Konzentration, so gut gelingen, dass ich
auf das Frühjahr zu ein bisschen aufatmen dürfte, so würde
ich dann Ruth für ein paar schöne Wochen nach Muzot einladen, so dass sie noch einmal, am Ausgang ihrer Mädchenzeit,
still mit mir beisammen sein könnte. Das wäre sehr lieb für uns*

*beide und besonders beglückend inmitten dieser wunderbaren
Landschaft, von deren Schönheit einen Begriff zu geben, fast
undenkbar ist.*

•

Rilkes *retraîte*, sein Rückzugsort, ist seit dem Sommer 1921
das »Château Muzot« oberhalb des Walliser Städtchens Sierre
im Rhonetal, ein hellgrauer steinerner Turm aus dem 13. Jahrhundert am Rand einiger Weinbergterrassen.

In dem kargen Gemäuer mit den niedrigen Balkendecken,
steilen Treppen, winzigen Fenstern und sechs kleinen Zimmern gibt es weder fließend Wasser noch elektrisches Licht,
dafür Kerzen, Öfen aus Stein und eine Pumpe im Hof.

Beeindruckt, *dass in der hiesigen landschaftlichen Erscheinung Spanien und die Provence so seltsam ineinander wirken,*
hatte Rilke während seines Aufenthaltes im Hotel Bellevue
in Sierre mehrere Immobilienmakler beauftragt, in dieser
Gegend eine geeignete Unterkunft für ihn zu finden, doch
ohne Erfolg. Bis er bei einem seiner Spaziergänge durch den
Ort in Begleitung seiner Pariser Freundin, der Malerin Baladine Klossowska, zufällig auf eine Annonce »Zu verkaufen
oder zu vermieten« stieß – dazu das Foto des Walliser Turms.
Das war es! Einsam, eigentlich unbewohnbar, doch *wie ein
Zauber.* Dort den Winter verbringen, endlich seine Schreib-
blockade überwinden und an den Elegien weiter arbeiten!
Diese Vorstellung beglückte Rilke auf Anhieb.

Und wieder einmal konnte der Dichter auf sein vorzüglich
funktionierendes Netzwerk zurückgreifen. In Werner Reinhart, dem Industriellen und Mäzen aus Winterthur, der mit
zahlreichen Musikern, Literaten und Künstlern korrespon-
dierte, war schnell ein Freund gefunden, der ihm finanziell

unter die Arme griff und den Turm für ihn mietete. *Im übrigen tret' ich jetzt endlich mein heiles Allein- und Innensein an, sowie das Haus winterfest um mich steht,* schreibt Rilke am 9. November 1921 an Katharina Kippenberg nach Berlin.

Doch ehe es so weit und der karge Bau auch *brauchbar* ist, muss noch viel getan werden. In der ersten Etage, mit Blick zum sonnigen Westen, Schlaf- und Arbeitszimmer, im Erdgeschoss das Esszimmer und ein winziger Raum für Logierbesuch, im Anbau die Küche.

Was für ein Segen, dass Baladine Klossowska bei der Einrichtung hilft und ihm so lange den Haushalt führt, bis er mit der 26-jährigen Frieda Baumgartner eine Hilfe gefunden hat, die ihn mit gesunder Kost versorgt, seine silbernen Leuchter putzt und im Garten jätet. Aber damit nicht genug. In den kommenden Sommern sollen auf Rilkes dringenden Wunsch Rosen im Garten von Muzot blühen. *Rosen! Ich werde einmal Rosen haben. Ich werde an die fünfzig Rosen haben, mit den hiesigen, alten 3, 54, die Rosenbogen nicht mitgerechnet. Eine Rosenschar, ein Volk von Rosen,* ausgesucht und herbeigeschafft von Werner Reinhart und Rilkes Schweizer Vertrauten Nanny Wunderly-Volkart, ein wahres *Rosenwunder*, um das sich der Hausherr, ausgestattet mit Sonnenhut, Handschuhen und Rosenschere, schließlich selbst kümmert und in dem Gedichtkreis »Les Roses« feiert.

Wenn er nicht am Schreibtisch seines Arbeitszimmers sitzt und dichtet oder Briefe nach Capri und Leipzig, an Clara, Ruth und seine Fernbeziehung Baladine Klossowska schreibt, die inzwischen wieder in Paris bei Mann und Sohn Balthasar ist (später als der französische Maler Balthus berühmt), macht der neue Bewohner von Muzot lange Spaziergänge durch die arkadische Umgebung, bringt seine Post nach Sierre oder holt Besucher vom Bahnhof ab.

Bald ist der kleine zierliche Herr mit Spazierstock und weißen Gamaschen über den schwarzen Schuhen im ganzen Ort bekannt. Wie entrückt er manchmal wirkt. Tief in Gedanken. Dass ihn bei aller Zurückgezogenheit aber auch ganz lebensnahe Fragen beschäftigen, geht aus seiner regen Korrespondenz mit der Familie hervor, besonders aus den Briefen an seine Mutter.

Sie solle es Ruth bitte nicht verübeln, wenn sie nach dem ein oder anderen Möbelstück aus dem Prager Erbe frage, legt er Phia Rilke am 8. Dezember 1921 freundlich nahe und bedankt sich herzlich für eine Fotografie, das die Eltern als Verlobte zeigt. *Ein sehr lieber Einfall –, ich liebe dieses Bild, wie Du weißt, sehr, und dass es so wenige von Euch gibt, von Dir ja fast keine – macht es noch kostbarer.*

Zwei Tage lang habe diese Fotografie vor ihm auf dem Schreibtisch gestanden. Wenngleich schweren Herzens, so habe er jetzt doch beschlossen, es Ruth zum Geburtstag zu schenken: *Ich hatte nichts für sie, und was könnte ihr zu diesem Geburtstag, den sie als Verlobte in Liebau begeht, passender und rührender sein, als gerade dieses Bild!* Nicht nur, dass es eine große Überraschung für Ruth wäre! Es würde auch der erste persönliche Gegenstand für ihr zukünftiges Zuhause in Liebau sein. Sorgfältig verpackt Rilke das Foto, schickt es weiter an Frau Kippenberg nach Leipzig und bittet sie, *einen glatten, echt silbernen Rahmen dafür zu besorgen, und das so vervollständigte Bild, rechtzeitig zum 12ten, in meinem Auftrag (mit einer schönen Torte) an Ruth gelangen zu lassen.*

Mach' Dir nicht zu viele Gedanken um die finanzielle Seite!, legt Rilke seiner besorgten Mutter ans Herz, die sich fragt, wie es wohl um den materiellen Hintergrund von Carl Sieber stehe. *Diese praktischen Fragen ins rechte Geleis zu bringen*, müsse man eher Clara und Ruth überlassen. *Sollte*

*eine schriftliche Abmachung ratsam sein, worüber ich mich
mit Clara ganz sorgfältig verständigen werde, so müsste mein
chargé d'affaires dergleichen für mich in Ordnung bringen: ich
bin praktisch zu unerfahren, um dies richtig und rechtsgültig
zu bewältigen.* In jedem Falle könne er ihr mitteilen, dass er
zu seiner *schönsten Freude* und in Übereinstimmung mit dem
Insel-Verlag, *unserer lieben Ruth* einen bedeutenden Beitrag
für ihre Anschaffungen und Einrichtungen habe zur Verfügung stellen können, *und sie ist dann auch, wie mir Clara
schreibt, in voller glücklicher Aktion.*

Carl Sieber hatte auf eine freundliche Aufnahme von Seiten Rilkes gehofft, war sich dieser aber nicht sicher gewesen,
wohl auch in Anbetracht der Berühmtheit des Dichters. In
seinem Brief an den Schwiegervater vom 27. November 1921
bringt er seine Freude darüber zum Ausdruck, dass seine
Ängste unbegründet gewesen seien, und mehr noch, dass er
einen väterlichen Freund als Ersatz für den viel zu früh verstorbenen Vater gefunden habe. So ist der Tenor des Briefes
sehr persönlich und warmherzig.

Liebes Väterchen!

*Nun fällt es mir schon ganz leicht, diese Anrede zu gebrau-
chen nach Deinem herzlichen Willkommensgruß, der mich
sehr beglückt hat und für den ich Dir von Herzen danke. Ich
muß ganz offen gestehen, dass trotz Ruths Liebe und Verehrung, mit der sie immer von Dir spricht, ich ein leichtes Gefühl der Bangigkeit hatte, wie Du mich aufnehmen würdest,
einen ganz Fremden. Und dabei hatte ich doch so das innige
Bedürfnis, dass diese Aufnahme herzlich sein möchte, einmal
Ruths wegen, aber dann auch ganz sehr meinetwegen, – doch
das Beides hängt ja schließlich jetzt ganz zusammen. Ich habe
meinen sehr geliebten und verehrten Vater ganz plötzlich verlo-*

ren, als ich 13 Jahre alt war und habe oft sehr darunter gelitten,
dass mir der väterliche Freund fehlte, den ich sonst nicht finden
konnte und den weder gleichaltrige Freunde noch die reizendste
Mutter ersetzen konnten. Deshalb hat für mich schon der Name
»Väterchen« etwas mich tief Ergreifendes, und das Bewusstsein,
wieder ein Väterchen zu haben – so nannte auch ich meinen
Vater – etwas Beglückendes. Das wird für mich noch viel stär-
ker, wenn ich daran denke, dass Du nun meiner Ruth und mein
Väterchen zugleich bist, es ist so schön, dass wir auch das beide
gemeinsam haben. Dass wir uns vorläufig nicht persönlich ken-
nen lernen, bedaure ich sehr und hoffe nun mit Ruth auf das
Frühjahr. Und doch hat auch dieses Denken an das Väterchen in
der Ferne für uns Beide viel Schönes und wir malen uns oft aus
wie wir Dich in unserem gemeinsamen Heim empfangen wollen.
Vielleicht ist ja gerade die Beziehung zwischen uns darum umso
schöner und zarter, weil sie nicht so den Zwang des Alltags hat,
sondern es freiwilligere feinere Beziehungen sind. Es tut mir so
leid nicht in Worte fassen zu können, wie ich möchte, aber ich
glaube, Du wirst fühlen, wie ich es meine.

Sieber freut sich auch auf das zukünftige Leben mit Ruth auf
dem Land in Alt-Jocketa. Dort werde sie sich in ihrer boden-
ständigen und zupackenden Art sicher wohler fühlen als in
der Stadt.

Gestern Nachmittag, ich komme sonnabends bereits mit-
tags nach Liebau zurück, war ich wieder mal mit Ruth in Alt-
Jocketa, unserem künftigen Heim, das, so bescheiden es ist, uns
beiden etwas ganz Köstliches erscheint, dass wir nicht müde
werden, in Gedanken auszuschmücken und uns da hinein zu
versetzen. Ich bin so froh, Ruth nicht zumuten zu müssen, in
irgendeiner Mietwohnung zu wohnen, denn sie ist ja doch ein

Landkind und würde sicher alle die reich und froh machenden Schönheiten des Lebens draußen ebenso vermissen wie ich. Und dann hab ich ja auch in Bredenau gefühlt, wie stolz und glücklich sie war, auf ihrem eigenen Boden zu stehen und ich glaube auch, dass sie, die in Allem so ganz ist, den Zwiespalt des eigenen Heims und doch nicht eigenen Hauses sehr empfinden würde. Es ist so ermutigend und erholend für mich zu sehen, wie energisch Ruth jetzt unsere gemeinsame Zukunft mit ihren festen kleinen Händchen aufzubauen bemüht ist. Das gibt mir auch in diesen Gedanken so völlige Ruhe, wie ich sie von dem Suchen nach einem Menschen, der mir ganz gehörte, fand. Ich freu mich so später von Dir, wie Du mir versprichst, von Ruths Kindheit zu hören und mir das Bild zu vervollständigen, das ich aus Claras und Ruths eigenen Erzählungen gewonnen habe. Ich freue mich überhaupt so sehr, besonders Dich mal bei uns zu sehen und Mutter, die eben bei mir war, hat mir aufgetragen, Dich sehr herzlich einzuladen und mich gebeten Dich zu grüßen.

Sei nun auch von mir herzlich gegrüßt mit vielen guten Wünschen als von Deinem Sohn Carl (…)

In der winterlichen, nahezu mönchischen Abgeschlossenheit von Muzot gelingt Rilke *nach einigen Tagen ungeheuren Gehorsams im Geiste* in einem einzigartigen Kraftakt und Arbeitsrausch zwischen dem 7. Februar 1922, an dem die »Siebente Elegie« entstand, und dem 14. Februar, die Vollendung seines lyrischen Werks.

Ich bin überm Berg! Endlich! Die ›Elegien‹ sind da, telegrafiert er am 9. Februar 1922 in freudiger Erregung an seinen Verleger Kippenberg:

Und können heuer (oder wann sonst es Ihnen recht sein mag) erscheinen. Neun große, vom Umfang etwa der Ihnen schon bekannten (…) Ich bin hinausgegangen, in den kalten Mondschein und habe das kleine Muzot gestreichelt wie ein großes Tier –, die alten Mauern, die mir's gewährt haben. Und das zerstörte Duino. – Und: mein lieber Freund: dies: dass Sie mirs gewährt haben, mirs geduldet haben: zehn Jahre! Dank!

Am Abend des 11. Februar meldet Rilke der Fürstin Taxis: *Endlich, Fürstin, endlich, der gesegnete, wie gesegnete Tag, da ich Ihnen den Abschluss – soweit ich sehe – der Elegien anzeigen kann: Zehn! (…) Das Ganze ist Ihr's, Fürstin, wie sollts nicht! Wird heißen: ›Die Duineser Elegien‹.* Am selben Abend geht die Nachricht vom vollendeten Elegien-Werk auch an Lou Andreas-Salomé: *Denk! Ich habe überstehen dürfen bis dazu hin. Durch alles. Wunder. Gnade. – Alles in ein paar Tagen. Es war ein Orkan, wie auf Duino damals: alles, was in mir Faser, Geweb war, Rahmenwerk, hat gekracht und sich gebogen. An Essen war nicht zu denken.* In diesen Walliser Wintertagen schreibt Rilke neben den Elegien noch ein zweites Werk, das in die Weltliteratur eingeht. Am 11. Februar 1922 sind die ersten 26 der »Sonette an Orpheus« fertig, am 23. Februar die 29 Sonette des zweiten Teils. Im März werden sie im Insel-Verlag veröffentlicht, und Rilke schickt sie mit der Widmung an seine Frau: *Für Clara, ist nicht, was früher in dem ›Requiem‹ noch Klang war und vorüberging, hier ganz Dauer und Denkmal geworden? Rainer Maria. Muzot, Anfang April 1923.*

Im Juli 1923 sendet Rilke ihr die »Duineser Elegien« mit der Widmung: *Dieser (langsam geschlossene) größere Herz-Kreis um Malte und Stundenbuch/ Rainer Maria (Muzot, July 1923).*

Als Antwort auf ihren Dankesbrief schreibt er am 10. September 1923 an seine Frau:

Dein reiner und großer Brief hat mir die fühlbarste Freude bereitet, ich habe ihn wieder und wieder gelesen … Du wirst ja selbst verstehen, welch tiefe Genugtuung, ja, Beglückung ich mir daraus hole, dass Du imstande warst, die Elegien so aufzunehmen und sie, ohne weiteres, als einen Einklang und eine Eintracht empfandest.

Was für ein Jahr! In den Wochen vor Ruths Hochzeit am 18. Mai 1922, die Clara ihrer Tochter in ihrem Haus in der Bredenau ausrichtet, verleiht Rilke seiner Freude über dieses Ereignis mehrfach Ausdruck, und dass es *so überaus schön für* ihn sei, *dass dieses durch Ruths Feier und Wendung denkwürdige ›1922‹ auch mir, außerdem noch durch den Abschluss meiner großen Arbeit – der Elegien – ausgezeichnet und bedeutend bleibt für alle Zeit.*

Die bedauerliche Tatsache, dass er dem Festtag selbst fernbleiben müsse, hatte er seiner Mutter bereits Ende April mitgeteilt: *Die Reise wäre jetzt unmöglich für mich und würde mich zu sehr aus meinen Beschäftigungen herausreißen. Dafür hab ich Ruth versprochen, sie bald einmal in ihrem Heim … zu besuchen.*

Dabei wissen nur die wenigsten, wie schlecht es um Rilkes körperliche Verfassung steht. Er sagt alle Einladungen ab. Gesundheitliche Probleme hielten ihn in Muzot fest, außerdem müsse er sich um seinen Rosengarten kümmern, gibt er als Begründung an.

Doch grundsätzlich ist es ein Frühjahr guter Nachrichten: Der Insel-Verlag teilt ihm mit, dass Clara ab dem 1. April 1922 monatlich 3000,– Mark erhält und darüber hinaus einmalige 15 000,– Mark zu ihrer freien Verfügung.

Anfang Mai hört er von Werner Reinhart aus Winterthur, dass es diesem nach zähen Verhandlungen mit der Besitzerin gelungen ist, das Château Muzot für Rilke zu erwerben, und wenige Tage darauf, am 18. Mai 1922, heiratet Ruth im Haus ihrer Mutter in Fischerhude Carl Sieber. *Ich bin recht unge-*

duldig, Dich, Euch, alles zu sehen, schreibt Rilke am 17. Juli an seine Tochter nach ihrer Übersiedlung in das neue Zuhause im Vogtland.

Am 23. November 1923 wird dort die Tochter Christine Sieber-Rilke geboren, Clara und Rainer Maria Rilkes erstes Enkelkind.

Rainer Maria an Phia Rilke, Muzot, 17. Dezember 1923:

Ich bin recht froh, dass auch Dir der Name unseres (Ur-) Enkelchens zusagt, ich weiß nicht wie Ruth darauf gekommen ist, ihn zu wählen und ob irgendeine Beziehung damit angedeutet ist. Ich gestehe, dass auch ich Carl oder Caroline weniger goutiert haben würde, an sich, dann aber auch weil der Zusammenklang mit den Namen Sieber nicht der glücklichste gewesen wäre. Die große Versammlung von »I«, die Christine Sieber ergibt, hat etwas sehr Liebes und Silbernes, – und ich bin es sehr zufrieden, wenn unser kleines Christinchen sich so entfalten sollte, dass die vielen »I«, diese hellen, silbernen Vokale, an ihr in Erfüllung gehen. Im Übrigen werden wir wohl gleich viel von dem kleinen Geschöpfchen bisher erfahren haben. Dass es lieb und wohl ist und sich rasch und glücklich an das Hiesige anpasse, ist ja das Beste und Glücklichste, was sich zunächst von ihm erwarten lässt. Nur so fort! Christinchen wird den Vorzug haben, dass es an seinem ersten Weihnachten schon um mehr als einen Monat weiter und auffassender sein kann, als Ruth es vor ihrem ersten Christbaum gewesen ist, den wir ihr gleichwohl so sorgfältig und mächtig auf der großen »Diele« des Westerweder Hauses vorbereitet und geschmückt hatten. Und dass nun schon ihr Töchterchen in der Lage ist, sich mit alldem einzulassen! Ists glaublich? Ists nicht wie ein Wunder?! –

•

In den ersten Wochen nach der Geburt ihrer Enkelin hält sich Clara Rilke vorwiegend in Alt-Jocketa auf, um Ruth im Haushalt und bei der Versorgung der Familie zu helfen, denn Carl Sieber ist viel unterwegs und hat von früh bis spät auf dem Forstamt zu tun. Doch zieht es die Künstlerin auch ganz schnell wieder nach Fischerhude, zurück in ihr Zuhause und ihr Atelier.

Seit einiger Zeit hat sich der kleine Ort im Schatten der Künstlerkolonie Worpswede immer mehr zum Reiseziel und Refugium für Künstler und Intellektuelle entwickelt. So hält sich dort im Frühsommer 1922 eine Gruppe Malerinnen und Maler auf, die schnell Kontakt zu einigen der ansässigen Künstler finden und sich mit ihnen anfreunden. Der Kreis trifft sich zum gemeinsamen Arbeiten und zu gegenseitiger Kritik, man nimmt die Mahlzeiten miteinander ein und versammelt sich bei Regenwetter zum Zeichnen und Malen in der Atelierwohnung von Otto und Louise Modersohn im Haus Freese in Wilhelmshausen, der »Akademie Modersohn«, wie liebevoll gespöttelt wird. Aus Hamburg kommen der Maler Friedrich Ahlers-Heestermann und seine russische Frau Alexandra Povorina, die er in Paris kennen lernte, aus Berlin der aus großbürgerlich-jüdischer Familie stammende Maler Fritz Mühsam. Häufig bleibt er viele Wochen in Fischerhude und arbeitet in einem kleinen Atelier in der Dorfmitte.

Clara Rilke muss nur wenige Schritte gehen, bis sie bei den Brelings ist. Sie mag die anregende Stimmung in dem Fachwerkhaus unter den mächtigen Eichen, in dem immer ein heißer Tee auf dem eisernen Herd in der Küche steht und Zeit für ein Gespräch ist. Häufig scharen sich Familie und Gäste gemeinsam um den kleinen Tisch, mal ist der Bildhauer Bernhard Hoetger dabei, mal der jüdische Schriftsteller und Philosoph Theodor Lessing, und manchmal hört man

Walter Gieseking auf dem Flügel nebenan im Wohnzimmer spielen. Dort hängen die Wände voller Gemälde von Heinrich Breling in schweren goldenen Rahmen: Szenen des dörflichen Lebens, die Kornernte und der Hochzeitsbitter, ein Tischler bei der Arbeit und das Interieur eines Stuhlflechters, Selbstbildnisse.

Seit Heinrich Brelings Tod ist seine Tochter Olga, Ausdruckstänzerin und Malerin, der Mittelpunkt der weit verzweigten Familie. Sie ist mit dem Keramiker Jan Bontjes van Beek verheiratet, gemeinsam haben sie drei Kinder, Cato, Mietje und Tim. Olgas Schwester, die Bildhauerin Amelie Breling, die vorübergehend bei Maillol in Paris studierte, lebt ebenfalls im elterlichen Haus und hat dort ihre Werkstatt. Hier führt sie gemeinsam mit ihrem Schwager Jan Bontjes van Beek seit 1921 die »Fischerhuder Kunstkeramik«.

Wer von den Künstlern es irgendwie möglich machen kann, reist in diesen Jahren nach Den Haag, Lange Voorhut 1, denn dort gibt es seit neuestem Helene Kröller-Müllers Privatsammlung mit Bildern van Goghs anzuschauen. Um 1921 ist sie bereits die größte aller privaten modernen Kunstsammlungen in den Niederlanden und kann nach schriftlicher Anmeldung täglich besichtigt werden.

Clara Rilke fährt im März 1924 nach Holland und besucht die Kröller-Müller-Sammlung. Im Anschluss daran schreibt sie ihrem Mann von ihrer beeindruckenden Begegnung mit dem Werk van Goghs. *Auch mir ist das oft nachgegangen, wie in Museen und Privatsammlungen die Kunst-Dinge erst recht jenem Kreislauf des Lebens entrückt scheinen, in den hineinzuwirken sie bestimmt wären,* antwortet Rilke ihr am 5. April 1924.

Was für ein Frühling! Genau die richtige Jahreszeit, um an eine Reise in die Schweiz zu denken, und nachdem Rilke die Geschwister Clara und Helmuth Westhoff zum wiederholten Mal eingeladen hat, in sein »Schloss« nach Muzot zu kommen und seine Gäste zu sein, ist der Beschluss gefasst. Er würde sie im schönen Schlosshotel Bellevue in Sierre einquartieren, hatte Rilke ihnen geschrieben, dort könne man unter breit ausladenden Platanen und Fliederbüschen auf der Terrasse sitzen, mit Blick in den weiten Garten, und habe sogar die Möglichkeit, zu baden. Sollte sie, Clara, länger bleiben wollen, könne sie noch für ein paar Tage hinauf zu ihm in sein Château ziehen, in jedem Fall solle es eine heitere und erholsame Zeit für sie werden.

Im Mai 1924 verbringen Clara und Helmuth Westhoff zehn gemeinsame Tage in den Walliser Bergen, von Rilke mit dem alten Muzot vertraut gemacht und durch die herrliche Landschaft geführt, in der Ferne die glitzernden Schneehäupter der hohen Berge vor dem pastellblau getönten Himmel. Bedauerlicherweise schlägt in den letzten Tagen das Wetter um, es wird sogar kalt, so dass man am Abend um den geheizten Ofen sitzt; doch immerhin ist im Garten schon die erste Rose aufgegangen, eine Pfingstrose blüht, und ein ganzes Beet steht voller Akeley. *Clara Rilke ist hier, die ich seit 1918 nicht gesehen habe; sie ist gekommen, mir von ihren Arbeiten zu erzählen, besonders aber spricht sie mir von Tochter und Enkelin, und ich empfange eine Art Elementarunterricht in der ›Kunst, Großvater zu sein‹*, berichtet Rilke der Fürstin Taxis am 24. Mai und erwähnt Kippenberg gegenüber vier Tage später:

Clara Rilke hat mir viel von ihren Arbeiten erzählt, mir auch Abbildungen vorgelegt (besonders bedeutend war mir die, aus dem Gedächtnis und aus zusammenfassender innerer Erfahrung, so seltsam gültig gestaltete Schuler-Büste); am meisten aber ließ ich mir von Ruth berichten und von Christinchen, und wir haben uns in den einfachsten und elementarsten Übungen der Großelterlichkeit gegenseitig nach Kräften unterstützt und gefördert.

In seinen Gesprächen mit Clara muss es auch um Rilkes kürzliche Lektüre der »Briefe und Tagebuchblätter« von Paula Modersohn-Becker gegangen sein, die 1917 erstmals publiziert worden waren. Offenbar hatte das Buch Rilke ein *so viel geschlosseneres und tiefer zusammenhängendes Bild ihres erwachsenen Wesens* vermittelt und Clara gegenüber betonte er, wie ergriffen er sei.

Meine liebe gute Mama, schreibt Clara Rilke aus dem Grand Hotel Château Bellevue in Sierre am 27. Mai 1924 an ihre Schwiegermutter:

Aus den schönen glücklichen Tagen in Sierre sende ich Dir noch kurz vor dem Abschied die allerherzlichsten Grüße – wie schnell ist die schöne Zeit vorüber gegangen. Nun müssen wir auf dem Heimweg Ruth berichten – denken nächsten Sonntag in Alt-Jocketa – und zu Pfingsten in Fischerhude zu sein. Sei in lieben und treuem Gedenken innigst umarmt von Deiner Clara

Am 27. Mai geht die Reise der beiden Geschwister über Bern, Zürich und den Bodensee zurück nach Fischerhude.

Trotz ihrer finanziell gesicherten Lebensverhältnisse, trotz eines eigenen Hauses in ihrer alten Heimat und einer persönlichen Freiheit, auf die sie so lange hoffte – in letzter Zeit will Clara Rilke keine ihrer plastischen Arbeiten gelingen. Die wenigen Porträts, die sie macht, gefallen ihr nicht. Selbstkritisch muss sie feststellen, dass sie zu beiläufig entstehen und keine neuen künstlerischen Ansätze zeigen.

Überdies hat sie immer häufiger das Gefühl, dass ihre

Kräfte mit zunehmendem Alter schwinden. Ständig die feuchte Modelliermasse! Das kalte Wasser. Die schweren Büsten. Sie mag das alles nicht mehr. Ebenso wenig fühlt sie sich noch länger motiviert, ständig unterwegs sein und nach Auftraggebern suchen zu müssen.

Sie will *frei* vom äußeren Druck des Mediums Bildhauerei sein und beschäftigt sich jetzt intensiv mit Malerei, die unabhängiges Arbeiten im warmen Atelier, eine freie Wahl der Motive und vielfältiges Ausprobieren verspricht.

Bilder in Tempera entstehen, Gouachen und Pastelle, hin und wieder auch ein Ölgemälde. *Mir fiel dieser Tage ein,* notiert die Künstlerin am 6. Juni 1925 in ihr Tagebuch und hinterfragt zwischen den Zeilen die Ausschließlichkeit des plastischen Arbeitens:

Wie viel mehr ich von Rodin hätte haben können und wie viel mehr ich ihm hätte sein können, wenn ich nur ein wenig näher der heutigen Verfassung und den heutigen Einsichten gewesen wäre.

Am 19. Juni 1925 notiert sie:

Jetzt wird mir langsam wieder freier und froher, weil ich mir sage: auch wenn ich modelliere – habe ich Zeit – kann es von mir abrücken – kann warten – kann es anders probieren – warum macht das Malen so glücklich? Warum sitze ich stundenlang vor der kleinsten dummsten Sache – in dem Gefühl vor der ganzen Weite der Zukunft zu sitzen? Ich bin so ungeschickt im Malen und doch bedeutet jeder Pinselstrich einen Fortschritt – auch wenn er ganz missglückt ist.

KAPITEL XIV

Einliegend zwei Fotos von einer Büste

FISCHERHUDE 1926–1954

Ich habe eigentlich mein ganzes Leben gearbeitet,
schwer gearbeitet und nur gearbeitet –
warum eigentlich, wozu eigentlich?
Lou Andreas-Salomé

Seit langem wird in der kleinen Kapelle Sainte-Anne de Muzot auf dem hoch gelegenen Felsfriedhof von Raron schon keine Messe mehr gelesen. Es regnet durch das Dach, in den meisten der Fenster fehlen die Scheiben. Nur hin und wieder machen sich noch ein paar andächtige Bauern mit ihren Familien aus der nahen Umgebung auf den steil ansteigenden Weg zur Kirche, um zu beten.

Was für ein sublimer Ort! Seitdem Rilke zum ersten Mal durch die niedrige Holztür in das Innere der Kapelle trat und sah, wie sehr der Verfall sie bedroht, fühlt er sich immer mehr dorthin gezogen und macht sich Gedanken, wie dieses Kleinod unter dem hohen Schweizer Himmel zu retten sei.

Der Entschluss, Sainte-Anne de Muzot – selbstverständlich mit Kippenbergs Einverständnis – auf eigene Kosten restaurieren zu lassen, ist bald gefasst, auch *um meinem 50sten*

Kapelle Muzot

Geburtstag ein dauerndes Andenken zu setzen, wie er seiner
Mutter in einem Brief vom 29. März 1926 mitteilt. So kann die
kleine Kirche rechtzeitig zum Osterfest 1926 wieder in ihrem
alten Glanz erstrahlen und die erste Messe gelesen werden:
*Das ist mir eine große österliche Freude und ich weiß, dass ich
sie allen den vielen Andächtigen bereite.*

Seinen 50. Geburtstag am 4. Dezember 1925 hatte Rilke
allein auf Muzot verlebt. Ein stiller Tag, wie Phia Rilke den
Zeilen des Sohnes entnehmen konnte, an dem er die *über-
müdete Feder* ruhen ließ und einen langen Spaziergang durch
die tief verschneite Bergwelt machte. Viel Post war gekommen, Berge von Briefen und Glückwunschtelegrammen,

darunter Grüße von seinen französischen Freunden, allen voran Paul Valéry, dessen Gedichte Rilke ins Deutsche übersetzte. Valéry kannte Muzot, er hatte Rilke dort schon einmal besucht und anschließend geschrieben: *Rilke, mein lieber Rilke, dank dem meine Verse in einer Sprache erklingen, die ich nicht kenne.*

Anlässlich seines Geburtstags waren in zahlreichen Zeitungen und Zeitschriften Artikel erschienen, voll des Lobes für Rilkes Werk und seine Dichterpersönlichkeit. Clara hatte geschrieben, und von Ruth war eine Porträtzeichnung gekommen, die Helmuth Westhoff von ihr gemacht hatte. In seinem Geburtstagsbrief an Ruth bedankt sich *Dein armes und mit diesen fünfzig Jahren beladenes und geschmücktes Väterchen* innig für das Bildnis seiner Tochter.

Über *Väterchens* Gesundheitszustand gibt es wenig Gutes zu berichten. Der Arzt habe zahlreiche Schwellungen in seinem Mund entdeckt, kleine Verhärtungen an den Innenseiten der Lippen. Er fühle sich häufig kraftlos, schreibt Rilke nach längerem Schweigen an seine Familie, es bestehe allerdings kein Grund zur Beunruhigung. Im schweizerischen Bad Ragaz, wo er im Sommer 1926 zum dritten Mal kurt, würden sich die Beschwerden gewiss bald wieder legen.

Doch mit Beginn des Spätherbstes setzen nicht nur heftige Fieberschübe ein, sondern auch unerträgliche Schmerzen, und am 27. November lässt Rilke schließlich einen Arzt nach Muzot kommen. Was sich hinter den körperlichen Torturen verbirgt, wird schnell als Leukämie diagnostiziert. Einen Tag, bevor er sich in das Sanatorium von Valmont sur Territet oberhalb von Montreux am Genfer See bringen lässt, schreibt der Todkranke auf ein Blatt hellblauen Papiers mit dunkelblauer Tinte seinen letzten Brief an seine *liebe arme Mama* in Prag. Es ist der 29. November 1926:

Ich bin in der Tat immer noch recht leidend und lebe zwischen Bett und Fauteuil alle diese Wochen: nachdem ich schon ein wenig ausgegangen war, kamen neue Krankheitserscheinungen hinzu, die mich wieder ans Bett fesselten; leider Erscheinungen von der schmerzlichsten Art! Die aber weiter zu Beunruhigungen keinen Grund geben, so peinlich und voraussichtlich langwierig sie auch sein mögen. Du siehst, ich erzähle das alles ganz genau und aufrichtig, weil ich Dich damit eher zu beruhigen meine, als wenn ich etwas verbergen wollte.

Selbst die ihn behandelnden Ärzte erschrecken jedes Mal von neuem, wenn sie in sein Zimmer kommen: Rilke sieht erschütternd aus. Inzwischen lässt er auch engen Freunden, die er eben noch gebeten hat, ihn zu besuchen, mit der Bitte absagen, sich auf keinen Fall auf den Weg zu ihm zu machen, sein Zimmer sitze *voller Dämonen*. Nur seiner Schweizer Vertrauten Nanny Wunderly-Volkart erlaubt er, sich an seinem Krankenbett aufzuhalten.

Ich denke an Euch, an Christine, an Carl, umarme Dich weihnachtlich. Seid froh, freudig zuversichtlich, das Leben ist immer das Gleiche, Gute, schreibt er bei 40 Grad hohem Fieber und kaum noch in der Lage, den Stift zu halten, am 20. Dezember 1926 an Ruth Sieber-Rilke, besorgt zu hören, dass sie mit ihrer Familie das Gut Alt-Jocketa aus wirtschaftlichen Gründen verlassen muss und jetzt vor einer neuen, noch ganz offenen Lebenssituation steht.

Clara Rilke erfährt über Frau Wunderly-Volkart von der schweren Erkrankung ihres Mannes. Unverzüglich nimmt sie den Zug ab Bremen und reist in die Schweiz. Es ist der 20. Dezember 1926. Doch die Tür zum Krankenzimmer bleibt auch ihr verschlossen. Rilke will sie in seinem erbärmlichen Zustand genauso wenig empfangen wie andere Besucher.

Die Nachricht von seinem Tod am 29. Dezember 1926 frühmorgens um halb vier erreicht Clara Rilke, als sie schon wieder zurück in ihrem Atelier in Fischerhude ist.

Sollte er in der Schweiz sterben, hatte er in seinem Testament ein Jahr zuvor festgelegt, wünsche er, auf dem hoch gelegenen Bergfriedhof neben der alten Kapelle Sainte-Anne de Muzot in Raron beigesetzt zu werden, denn dieser Platz gehöre zu den ersten, *von denen aus ich Wind und Licht dieser Landschaft empfangen habe, zusammen mit allen den Versprechungen, die sie mir, mit und in Muzot, später sollte verwirklichen helfen.*

Der 2. Januar 1927 ist ein eisig kalter Tag. Eine kleine Trauergemeinde begleitet den Toten auf den Friedhof von Raron, darunter das Ehepaar Kippenberg und Rilkes enger Freund, der Schriftsteller und Essayist Rudolf Kassner. In der Kapelle wird eine Messe gelesen, die 26-jährige Geigerin Alma Moodie spielt eine Suite von Bach.

Meinen Großvater habe ich nicht gekannt und doch hat er mich mein ganzes Leben begleitet. Als er starb, konnte meine Mutter nicht zu seiner Beerdigung fahren, weil meine Geburt bevorstand, wird Rilkes zweite Enkelin Josepha Beyer, geb. Sieber-Rilke, rückblickend die Abwesenheit von Ruth bei der Trauerfeier für ihren Vater begründen, bei der auch Clara Rilke nicht dabei ist.

Für sein Grab, das an der Außenmauer von Sainte-Anne liegt, hatte sich Rilke einen alten Stein gewünscht und den Grabspruch dafür selbst verfasst:

Rose, oh reiner Widerspruch, Lust
Niemandes Schlaf zu sein
unter so viel Lidern.

•

Heute habe ich den ganzen Tag an dem kleinen Jungen gear-
beitet, den ich jetzt in Wachs geformt habe. Es macht mir sehr
viel Spaß. Schließlich aber wurde ich müde und der Gedanke,
ihn ausstellen zu müssen, freute mich nicht mehr. Ich fing an,
ihn mit Kritik zu betrachten. Dann kam Mutter und sagte, ich
sollte den kleinen Ahlborn doch mit ausstellen, weil gar keine
neue Sache mit ausgestellt würden. Ich besah ihn mir daraufhin
noch einmal und machte ihm einen Sockel. Ich beschloß, ihn
doch nicht auszustellen. War aber auf einmal so entmutigt, dass
ich gar nicht wusste, was los war! Ging in den Garten und be-
schäftigte mich mit Unkrautrausreißen bei den Blumen. Wurde
immer trauriger – ging mit ganz krummem Rücken, fand den
blumenlosen ungepflegten Garten trostlos, die halb ausgegan-
genen Rosen.

Nichts will Clara Rilke so recht gelingen. Wenn sie aus ihrem
oberen Arbeitszimmer über die Wiesen nach der Surheide
blickt, einen mit Kiefern bestandenen Dünenzug am rechten
Ufer der Wümme, fragt sie sich, woher die trübseligen Gedanken kommen, die sich in letzter Zeit immer häufiger ein
schleichen und sie dermaßen lähmen, dass selbst ihr gelieb-
ter Garten mit den Rosenstöcken und Malven immer mehr
verwahrlost.

Ihre Notiz vom 19. Juni 1926 drückt Niedergeschlagenheit
aus. Wo ist die Motivation für ihre künstlerische Arbeit geblieben? Warum schafft sie es immer seltener, eine begon-
nene Skulptur zu vollenden oder an einem Bild vom Vor-
tag weiterzumalen? Arbeiten! Immerzu arbeiten und Geduld
haben! Häufig muss sie an Rodins Worte denken.

Die Beschäftigung mit dem Buddhismus ist kein neuer
Einfall, Clara Rilke befasst sich schon seit ihrer Münchener
Zeit mit der indischen Religion, ebenso wie die Bibel und die

Kirchenlieder von Paul Gerhard zu ihrer Lektüre gehören und philosophische Themen sie interessieren.

Doch neuerdings setzt sie sich immer stärker mit Glaubensfragen auseinander, und kürzlich ist sie auf eine amerikanische Monatszeitschrift gestoßen, der sie fortan ihre ganze Aufmerksamkeit schenkt: »The Herold of Christian Science« erscheint seit 1903 in zahlreichen Sprachen. *Dass ich ein tieferes und gründlicheres Heilmittel gefunden habe, das auch im Denken liegt – das ist die christliche Wissenschaft,* erklärt die Bildhauerin ihren Freunden und fährt jetzt allwöchentlich nach Bremen, um an den seminarähnlichen Veranstaltungen der amerikanischen Glaubensgemeinschaft Christian Science teilzunehmen – der enge Zusammenhang zwischen Glaube und Genesung, Meditation und Überwindung trüber Gedanken, den diese Kirche predigt, kommt ihrer Weltsicht durchaus entgegen.

Zahlreiche Menschen fühlen sich angezogen von Clara Rilkes warmherzigem Wesen, von der Anspruchslosigkeit dieser äußerlich eher herb wirkenden Frau mit den strengen Gesichtszügen und den hellen blauen Augen unter dunklen Lidern, die ihr Haus an der Wümme großzügig jedem Gast öffnet und auch dann noch freundlich bleibt, wenn wieder einmal eine Schar von Rilke-Verehrern an ihre Tür klopft und sie mit Fragen löchert.

Sobald die Künstlerin zu Klavierabenden an ihren Kamin lädt oder ankündigt, sie lese Texte des Heimatdichters Friedrich Speckmann, rezitiere aus den »Duineser Elegien« oder halte einen Vortrag über Rodin, füllt sich ihre kleine Bibliothek im Nu. So mancher Zuhörer kann sich ein Schmunzeln nicht verkneifen, sobald ihre wohllautende Stimme zu sprechen anhebt und sie nach niederdeutscher Art Wörter wie »Stille« oder »Abendstern« mit scharfem »S« ausspricht.

Ebenso wie die Dörfler sich amüsieren können, wenn sie bei einbrechender Dämmerung ein lautes »Hu-hu-huh« sich nähern hören, so, als riefe ein Käuzchen. Dann wissen sie: »Unsere Frau Rilke« ist mit ihrem Fahrrad unterwegs, das weder Licht noch eine Klingel hat.

Eine furchtlose Frau sei sie gewesen, heißt es im Ort. So soll sie eines späten Abends in ihrem Garten sogar ein Pferd eingefangen und zu seinem Besitzer zurückgeführt haben, das ausgebrochen war und sich an ihrem Gemüse sattfraß. Die Bauern befanden daraufhin, dass sich eine wie sie auch im Wilden Westen durchzuschlagen wüsste: »Frau Rilke, de wär got fürn wilden Westen.«

Einzigartig sind die Stimmungen im Sommer, wenn der Garten des Rilke-Hauses, der bis zum Fluss reicht, einem Freilichtatelier gleicht. Dann kann man den Schriftsteller und Architekten Rudolf Alexander Schröder, »Onkel Rudi«, an der Staffelei sitzen sehen, den Aquarell-Pinsel in der Hand, und nur ein paar Meter weiter nehmen Clara und ihre Gäste ein Sonnenbad im Liegestuhl, bei großer Hitze vorzugsweise mit entblößter Brust; manchmal schaut Martha Vogeler aus Worpswede vorbei, mit dem Fahrrad unterwegs, oder Otto Modersohn legt auf einem seiner Nachmittagsspaziergänge eine Pause ein, das schwarze Käppchen auf dem Kopf und sein Skizzenbuch stets in der Tasche. Häufig hört man den jungen Maler Christian Modersohn im Rilke-Haus am Klavier Schubert spielen, und Claras Bruder Helmuth ist eigentlich immer dabei, wenn seine Schwester Gesellschaften gibt. Ihre Freunde und Kenner seiner Kunst mögen den feinsinnigen, stets freundlichen Mann, der so gerne Wilhelm Busch zitiert und alljährlich im Frühjahr voller Ungeduld auf die Ankunft der Störche in der Wiesenlandschaft um Fischerhude und auf den Dächern der Bauernhäuser wartet. Störche sind sein liebstes Motiv, mit ihrem Leben befasst er sich schon seit seiner Knabenzeit. »Störche am Nest« heißt ein frühes seiner Bilder, »Am Storchennest« eines aus dem Jahr 1929. Später hielt Helmuth Westhoff in seinen Storchentagebüchern genaueste Beobachtungen fest und litt sehr darunter, als wenige Jahre vor seinem Tod der Horst auf seinem Fischerhuder Haus verwaist war.

•

Künstlerische Konzeptlosigkeit und Stagnation müssen endlich ein Ende haben. Manchmal bricht Clara Rilkes alter Kampfgeist wieder durch, und sie überlegt, wie sie ihre physische Erschöpfung überwinden und zu neuen Anregungen für ihre Malerei kommen kann. Sie möchte weiterlernen und braucht dringend jemanden, mit dem sie über ihre Arbeit sprechen kann. Einen Lehrer, der sie korrigiert.

Erst kürzlich ist ihr zu Ohren gekommen, dass der rumänische Maler und Bildhauer Arthur Segal, den sie aus ihrer Zeit bei Schmidt/Reutte in München kennt, in Berlin eine Malschule gegründet hat.

So beschließt sie gemeinsam mit ihrem Bruder Helmuth im Herbst 1927, die kommenden drei Winter in Berlin zu verbringen und an Segals Schule Malunterricht zu nehmen. Segals künstlerische Entwicklung hatte ihn vom Impressionismus und Neoimpressionismus über van Gogh und Matisse zu expressionistischen Versuchen und Fragen des Naturalismus geführt. Clara Rilke interessierte besonders seine Auseinandersetzung mit der Goethe'schen Farbenlehre. Keine festen Konturen der Formen mehr, sondern ihre prismatische Auflösung. Ähnlich zu arbeiten war jetzt ihr Ziel.

Nur gelegentlich unter Menschen und ganz auf ihre Malerei konzentriert, schreibt sie am 27. Dezember 1928 an ihre Berliner Freundin Hedwig Fischer:

Ich lebe in Berlin ganz einsiedlerisch, weil ich, wie Sie wissen, noch einmal ganz ernsthaft studiere und das lässt sich so schwer vereinigen mit allem, was man in Berlin sonst noch gerne genießen würde, so dass ich fast lebe, als wär' ich gar nicht in Berlin.

»Clara Rilke-Westhoff« heißt ein Gemälde von Hans Buch, das in den 30er Jahren entsteht: Die Künstlerin sitzt am Fenster in ihrem Atelier, das Profil mit der großen Nase scharfkantig und streng, ihr immer noch leicht gewelltes, inzwischen silbrig-grau gewordenes Haar im Nacken zu einem Knoten gesteckt. Im Hintergrund eine Skulptur und zwei Gläser voller Pinsel. Ein warmes Sonnenlicht fällt auf ihr Gesicht und die helle Kleidung.

Die Begegnung mit dem rund zehn Jahre jüngeren, aus Wiesbaden stammenden Corinth-Schüler Buch, der seit 1930 in Fischerhude lebt, empfindet die Künstlerin als *hilfreich und anregend.* Der Austausch mit ihm über Kunst und seine sachliche Beurteilung ihrer Arbeiten gefallen ihr und wirken motivierend, wenn sie auch einsehen muss, *dass es gerade wichtig ist – es ganz alleine zu tun und zu lernen.*

Vermutlich lernte Clara Rilke den Maler über die mit ihr befreundete Fischerhuder Bildhauerin Amelie Breling kennen, die Buch in Paris begegnet war und ihn auf das norddeutsche Künstlerdorf aufmerksam gemacht hatte.

•

Seit der Ernennung des 43-jährigen österreichischen Gefreiten Adolf Hitler zum deutschen Reichskanzler am 30. Januar 1933 haben die Nationalsozialisten blitzschnell die Macht im Land bis in seine letzten Winkel erobert, und selbst in einem so abgeschiedenen Ort wie Fischerhude herrscht über Nacht ausgelassene Führerbegeisterung.

Mit festem Schritt marschieren Hitlers Männer laut singend über das Kopfsteinpflaster, und wenn Goebbels' Reden durch die großen Lautsprecher auf der Dorfwiese schallen, rufen zahlreiche Bewohner »Heil« und heben den Arm zum Hitlergruß. Schon bald nehmen mehr Fischerhuder Jungen und Mädchen an den Kundgebungen von HJ und BDM teil als am Schulunterricht.

Man muss vorsichtig sein mit seiner Kritik, notiert Otto Modersohn bestürzt, als er eines Tages hört, vermutlich von Clara Rilke darüber informiert, dass Hans Buch wegen einer offenbar kritischen Äußerung beinahe verhaftet worden wäre.

Um in der Einsamkeit ihres Hauses am Rande des Dorfes den Kontakt zur Welt nicht völlig zu verlieren, lässt die Bildhauerin sich regelmäßig bei den Veranstaltungen der Christlichen Wissenschaft in Bremen blicken. Dort trifft sie zahlreiche, inzwischen freundschaftlich mit ihr verbundene Gleichgesinnte und liest, um sich einen Überblick über das Weltgeschehen zu verschaffen, den hauseigenen »Herold«.

Als die glühende Christian-Science-Anhängerin Irmgard Krüger sie eines Tages bittet, eine Büste von ihr zu machen, willigt Clara Rilke nur zögernd ein; zu lange hat sie schon keinen Ton mehr in der Hand gehabt. Wird sie die Arbeit vollenden können? War es ihr in letzter Zeit nicht häufig so ergangen, dass sie keine Lust hatte, weiterzumachen, wenn ihr eine Plastik nicht auf Anhieb gelang?

Im Sommer 1936 sitzt Irmgard Krüger Clara Rilke Modell,

und ihre Büste wird, wahrscheinlich mit noch einigen weiteren, zu Beginn des folgenden Jahres in Berlin gegossen.

Nun muss ich Ihnen aber vor allem schreiben, dass ich nach Berlin gefahren bin, um die Büsten zu sehen, unterrichtet die Bildhauerin das Ehepaar Krüger am 5. Januar 1937 und fährt fort: *Ich fand, dass die Büste von Irmgard ganz herrlich aussieht. Hoffentlich wird nun Ihnen und Ihren Angehörigen die dunkle Patina gefallen. Man kann sie vorsichtig noch etwas reiben und vielleicht in den Haaren noch etwas Gold durchschimmern lassen – und den allzu duffen Stellen noch etwas Glanz geben.*

Ein Erfolg! Wer die Büste sieht, ist positiv überrascht, und am meisten freut sich Clara Rilke über die gelungene Arbeit. In ihrem künstlerischen Selbstbewusstsein gestärkt und von ihrer Tochter Ruth dazu angeregt und ermuntert, wagt sie sich im Herbst 1936, zehn Jahre sind seit Rainer Maria Rilkes Tod vergangen, an seine postume Büste.

Sie sende ihr einliegend 2 Fotos von einer Büste, die sie auf Wunsch von Ruth gemacht habe, schreibt sie im Juni 1937 aus Fischerhude an Hedwig Fischer nach Berlin. Ihnen beiden, Ruth und ihr, habe die Entstehung des Porträts viel Freude gemacht, *weil viel gute Gedanken sich einstellten beim Arbeiten und eine starke Erinnerung.*

Die 38 Zentimeter hohe »Büste Rainer Maria Rilke« zeigt einen introvertierten Dichter: Klare Linien umreißen die große, ruhige Kopfform mit der hohen Stirn und den leicht zusammengezogenen dichten Brauen, unter denen die Augen halb geschlossen liegen.

Seit 1937 gehört die Große Deutsche Kunstausstellung im neu errichteten »Haus der Deutschen Kunst« in München, dem ers-

Rainer Maria Rilke, 1936

ten großen Repräsentationsbau der faschistischen Regierung, zu den wichtigsten kulturellen Ereignissen im Dritten Reich.

Schon Ende 1936 hatte das »Mitteilungsblatt der Reichskammer der Bildenden Künste« alle *deutschstämmigen, im Reiche oder im Auslande lebenden Künstler* aufgerufen, an diesem Ereignis teilzunehmen und ihre Werke zur Durchsicht nach München zu schicken.

Auf diesen Aufruf wurden 25 000 Werke angemeldet, davon sind tatsächlich 15 000 eingesandt worden und von diesen sind rund 900 Werke ausgestellt, erläutert Adolf Wagner, Staatskommissar und Gauleiter von München und Oberbayern, im Vorwort des Ausstellungskatalogs von 1937: *Es ist klar, dass*

die einzige gesamtdeutsche Kunstausstellung – dies ist nach
dem Willen des Führers jetzt und für alle Zeiten die alljährliche
Ausstellung im Haus der Deutschen Kunst zu München – nur
das Vollkommenste, Fertigste und Beste zeigen kann, was deut-
sche Kunst zu vollbringen vermag. Problematisches und Unfer-
tiges hat jetzt und nie im Haus der Deutschen Kunst Aussicht
auf Annahme.

Die Eröffnung der im In- und Ausland viel besprochenen Ausstellung findet im Juni 1936 statt, und Clara Rilkes »Büste Rainer Maria Rilkes« ist eine der rund 900 Arbeiten, die hier zu sehen sind. Die Resonanz auf das Porträt ist verblüffend groß: Eines der beiden Bronze-Exemplare erwirbt die Reichskanzlei im November 1937 und bewahrt es im steinernen Führerbau am Königsplatz auf; eine zweite Büste kauft die Berliner Nationalgalerie Ende März 1938 an.

Der Führer des Dritten Reichs als großer Verehrer des Dichters Rainer Maria Rilke, das war gewiss eine Überraschung.

Auf der Suche nach Gründen für Hitlers unerwartetes Interesse an Rilkes Kopf kommt der französische Schriftsteller und Rilke-Kenner Maurice Betz in einem Ausstellungs-Kommentar zu dem Schluss, dass der aus Prag stammende Poet als Symbolfigur für die kulturelle Zugehörigkeit der Sudetendeutschen zum Deutschen Reich gelten sollte: *Was also hat der Führer am Werk dieses reinen und delikaten Dichters faszinieren können? Die Erklärung für dieses Verhalten muss in einem außerliterarischen Bereich gesehen werden. In Prag geboren, deutschsprachiger Dichter, tschechoslowakischer Staatsbürger, ist Rilke doch einer von diesen Sudetendeutschen, denen die deutsche Regierung seit kurzem große Beachtung schenkt.*

Dabei hatten *die offiziellen Kritiker des Reichs* die Rilke-Büste der Bremer Bildhauerin bereits *als unbedeutend und entartet eingestuft* und sie schon in der Ausstellung »Entartete

Kunst« gesehen, veranstaltet von Josef Goebbels, eröffnet am 29. Juli 1937 im alten Galerietrakt der Hofgartenarkaden in München, pikanterweise nur einen Katzensprung vom Haus der Deutschen Kunst entfernt: Dort befanden sich – neben einer Zeichnung von Paula Modersohn-Becker – unter den zusammengetragenen Werken von rund 120 Künstlern Gemälde von Max Pechstein, Emil Nolde und Käthe Kollwitz, Corinths Walchenseelandschaften, Liebermanns Hamburger Stadtansichten ebenso wie Kokoschkas farbenprächtige Dresdener Gemälde und Skulpturen von Ernst Barlach. Von Barlach hatten die Nazis im Rahmen der Aktion »Entartete Kunst« insgesamt 381 Werke aus öffentlichen Sammlungen konfisziert, die sie als *negroid, pietätlos, roh und bar jeder echten, inneren Formkraft* verurteilten.

Wusste Clara Rilke wohl, dass Barlach bereits diffamiert wurde, als sie ihn im Sommer 1936 in seinem Atelier im mecklenburgischen Güstrow besuchte? Kam die Verbindung über ihren Bruder zustande, der ihr von seinem Atelierbesuch bei Barlach erzählt hatte, als er 1914 seinen Militärdienst in Güstrow absolvierte? Werk und Persönlichkeit des Bildhauers hatten Helmuth Westhoff damals überaus beeindruckt.

Offenbar tragen ihre Fischerhuder Künstlerfreunde der politikfernen Clara Rilke die Einreichung der Porträt-Büste ihres Mannes in eine von den Nazis organisierte Ausstellung nicht nach und deuten die überraschenden Ankäufe eher als eine Anerkennung ihrer künstlerischen Leistung denn als politisches Kalkül. In jedem Fall setzt der Erfolg in München Kräfte frei, die das künstlerische Selbstvertrauen der Bildhauerin stärken und ihr Mut machen, ihre Fischerhuder Abgeschiedenheit vorübergehend aufzugeben und nach Anregungen von außen zu suchen.

So reist sie 1937 mit ihrem Bruder zur Weltausstellung nach Paris und nimmt kurz vor Kriegsausbruch als Mitglied der »Gemeinschaft Deutscher und Österreichischer Künstlerinnenvereine aller Kunstgattungen«, GEDOK, an einer Tagung in Hannover teil. Dort sieht sie die Verlegergattin Elsa Bruckmann wieder, neue Vorsitzende der GEDOK, seit 1932 NSDAP-Mitglied und ihr aus Münchener Jahren gut bekannt.

Die Buchfarter Straße in Weimar, später, noch zu DDR-Zeiten, in Rainer-Maria-Rilke-Straße umbenannt, ist seit den dreißiger Jahren und besonders zur Weihnachtszeit ein weiteres Reiseziel von Clara Rilke, denn dort lebt Ruth mit ihrer Familie. Er wolle sie gerne in der Nähe des Insel-Verlags haben, damit sie das Rilke-Archiv aufbauen könnten, hatte Anton Kippenberg Ruth und Carl Sieber-Rilke nach Rilkes Tod gebeten, und so waren sie mit ihren beiden Töchtern Christine und Josepha nach Weimar gezogen, wo im August 1933 das dritte Kind, Christoph Sieber-Rilke, geboren wurde.

Enkelin Josepha Sieber-Rilke wird sich später noch gut an die Besuche des Verlegers im Elternhaus erinnern, bei denen der Aufbau des Archivs geplant und die Vorgehensweise besprochen wurde. Kippenberg, von ihren Eltern liebevoll »Kippi« gerufen, hielt sich wegen der Verlagsarbeit zwar vorwiegend in Leipzig auf, war aber nach der Bombardierung seines Hauses im Zweiten Weltkrieg ebenfalls nach Weimar gezogen, in das Pogwisch-Haus, ein ehemaliges Weinberghaus aus dem frühen 18. Jahrhundert am Osthang im Park an der Ilm, das neben Goethes Gartenhaus stand.

•

Postkarte an Cato Bontjes van Beek, 1932

Das Atelier von Clara Rilke zählt seit Cato Bontjes van Beeks früher Kindheit zu den Orten, die sie gerne besucht. Die 19-Jährige hat die Bildhauerin im Haus ihrer Mutter Olga Bontjes van Beek kennengelernt und schätzt die warmherzige und gütige Art der nahezu 40 Jahre Älteren. Vor allem ist sie ein Mensch, der jungen Menschen gerne zuhört.

Trotz ihres Altersunterschieds verbindet die beiden Frauen ein herzliches Verhältnis. Wenn Clara und Cato zusammensitzen, kommen sie in der Regel sehr schnell auf »ihr« Thema zu sprechen, auf religiöse und philosophische Fragen, und stellen fest, dass sie in vielem miteinander übereinstimmen. Vor allem in ihrem unerschütterlichen Glauben an eine zukünftige »Weltgemeinschaft«.

Doch im Hinblick auf die Hitler'sche Politik und den Ausgang des Krieges differieren ihre Meinungen ganz erheblich: Während Clara Rilke, gestützt auf ihre Religion, als Reaktion auf die Kriegsgeschehnisse die innere Emigration wählt und dem Führer selbst nach dessen Überfall auf Polen am 1. September 1939 noch Friedensabsichten unterstellt, schätzt die 19-jährige Cato Bontjes van Beek die politisch explosive Lage als höchst gefährlich ein und weiß: So darf es nicht weitergehen.

Seit Wochen wütet jetzt der Krieg, schreibt sie am 24. Oktober 1939 aus Fischerhude an ihre Tante Louise Modersohn, die inzwischen vorwiegend in ihrem Sommerhaus im Allgäu lebt:

Nie wollten die Menschen sich wieder bekämpfen, so schwor man 1918. Alle Feinde lagen sich in den Armen und unter Tränen gelobten sie es sich. 1933 wusste man, dass ein neuer Krieg kommen würde. Er ist nun da. Wie lange er dauern wird, weiß niemand. Alle guten Kräfte und Instinkte werden wieder verloren gehen. Alle bösen Kräfte und Instinkte werden wieder aufkommen.

In diesen Tagen des Spätherbst 1939 entsteht im Atelier von Clara Rilke das Gemälde »Cato Bontjes van Beek«: Vor einem dunkel gemusterten Hintergrund heben sich hell

Hals- und Kopfpartie mit dem fein gezeichneten Gesicht ab. Der Blick des Mädchens aus blauen Augen ist ernst und nachdenklich.

Die beiden Frauen verabschieden sich herzlich voneinander, Cato verspricht der Bildhauerin, sie zu besuchen, sobald sie wieder in Fischerhude sei. Jetzt wird sie erst einmal nach Berlin zu ihrem Vater Jan Bontjes van Beek reisen, der schon seit vielen Jahren von seiner Frau Olga getrennt lebt, um in seiner Keramikwerkstatt ihre Lehre als Keramikerin fortzusetzen.

Wer kann schon ahnen, dass sich Cato, kaum ist sie in Berlin angekommen, der Widerstandsgruppe um Harro Schulze-Boysen und Avid Harnack anschließt, einer Organisation, die zu einem der bedeutendsten Widerstandszentren anwuchs und von den Nationalsozialisten ab 1941 »Rote Kapelle« genannt wurde.

Mit ihrem Freund Hans Strelow beteiligt sich die junge Frau an der Herstellung und Verbreitung von Flugschriften, die zum Kampf gegen das NS-Regime aufrufen. Im Rahmen einer groß angelegten Verhaftungswelle gelingt Gestapo und Spionageabwehr im Juni 1942 der entscheidende Schlag gegen die »Rote Kapelle«. August 1942: Verhaftung Harro Schulze-Boysens. September 1942: Verhaftung von Cato Bontjes van Beek in der Wohnung ihres Vaters am Kaiserdamm 22 in Berlin-Charlottenburg.

Der Krieg wird bald ein Ende haben, die Dinge sich zum Guten wenden. Daran glaubt Clara Rilke, deren hilfsbedürftige Mutter inzwischen bei ihr lebt, immer noch ganz fest. Doch je länger der mörderische Wahnsinn anhält, desto mehr erweist sich ihre Einschätzung der politischen Lage als Illusion. Da kann auch der »Herold« noch so sehr überzeugt sein, Hitler gehe es allein um das Wohl des deutschen Volkes.

*In Bremen wird noch furchtbar gebaut und gebunkert – da-
nach vermutet man noch keine schnelle Beruhigung und Beendigung,* notiert sie am 28. Februar 1941. *Wir sind doch hier die
sogenannte Gefahrenzone – wenn die Luftangriffe auf Bremen
wieder zunehmen, so ist es hier nicht viel besser als in Bremen,
da wir hier viel Flak und dergleichen haben,* warnt sie Bekannte am 22. August 1941 vor dem Plan, die Stadt zu verlassen und auf dem Land Schutz zu suchen.

*Und wir können nicht in den Keller gehen. – Vielfach rät man
uns von hier fortzugehen. Ich selbst bin allerdings mehr für aus-
harren, da, wo man hingehört – aber noch jemanden hier aufzunehmen mit einem Kind, ist ein anderer Fall (…). Meine
Kinder sind deshalb nicht gekommen! (…) Bremen wird jetzt
noch viel mehr mit Militär belegt, als bisher – ja man sagt, dass
es ein ganz großer Durchgangspunkt für Militär werden soll
und dass ganz Bremen Einquartierung bekommt. Es ist also
doch so eine Art Kriegsgebiet.*

Es sind harte, sehr harte Zeiten. *Sollte der innere Besitz und
der innere Zusammenhang nicht immer deutlicher werden in
einer Zeit, in der wir immer wieder vor dem Verlust einer (…)
äußeren Bindung, eines (…) äußeren Zusammenhangs stehen,*
fragt die Künstlerin sich immer mehr und neigt verstärkt
dazu, sich von der Außenwelt ab- und ihrer Innenwelt zuzu-
wenden.

Eine Notiz Mitte November 1941: *Ich glaube, wir können
gar nicht genug dankbar sein, für die innere Welt, die wir immer deutlicher erkennen.*

•

Seit ihrer Verhaftung in Berlin versuchen Angehörige und Freunde von Cato Bontjes van Beek und selbst der Fischerhuder Kirchenvorstand verzweifelt, durch zahlreiche Gnadengesuche eine Vollstreckung ihres Todesurteils zu verhindern. Doch Hitler persönlich lehnt ihre Begnadigung ab. Cato Bontjes van Beek wird »wegen Beihilfe zur Vorbereitung des Hochverrats und zur Feindbegünstigung« am 5. August 1943 im Alter von 22 Jahren mit dreizehn anderen Frauen und zwei Männern in Berlin-Plötzensee durch das Fallbeil ermordet.

Die erschütternde Nachricht aus Berlin trifft Clara Rilke ins Herz. Den Tod ihres Freundes Otto Modersohn nur wenige Monate zuvor und den seines Sohnes Ulrich im Juli 1943 in den Wäldern von Bjelgorod in Russland hat sie immer noch nicht verwinden können.

Das Schicksal spart auch mit ganz persönlichen Schlägen nicht: In Weimar besetzen zunächst die Amerikaner, dann die Russen das Sieber'sche Haus mit dem Rilke-Archiv, und als im Winter 1945 die Nachricht vom Tod ihres Schwiegersohnes Dr. Carl Sieber zu ihr gelangt, beginnt ihre religiöse Überzeugung immer mehr grundsätzlichen Zweifeln zu weichen.

Sie drücke, schreibt sie am 27. Dezember 1945, *das Schicksal meines lieben Vaterlandes, ja der ganzen leidenden Menschheit manchmal so, dass ich mit aller inneren Kraft meine, nicht hingelangen zu können zu dem klaren Wissen: »dein Reich ist gekommen, du bist immer gegenwärtig«*.

Als zwei Jahre nach Kriegsende ihre Enkelin Christine, die gerade mit einem Studium in Kiel beginnen möchte, im Alter von 24 Jahren an den Folgen eines Verkehrsunfalls stirbt, ist das wieder ein furchtbarer Schlag. Anlässlich der Trauerfeier für sie liest die Großmutter aus Rilkes erster Elegie.

Clara Rilke-Westhoff 1952

»Clara Rilke-Westhoff und ihr Kreis«. Den 70. Geburtstag der Bildhauerin nimmt das Graphische Kabinett in Bremen zum Anlass für eine Ausstellung ihrer Gemälde und Plastiken, die auf ihren ausdrücklichen Wunsch von Werken der Alten Worpsweder umrahmt und am 31. Oktober 1948 eröffnet wird. Die einführenden Worte spricht Dr. Günther Busch, Direktor der Kunsthalle. Clara Rilke dankt für die Ehrung mit einer Lesung von Gedichten Rainer Maria Rilkes.

Vier Jahre später, 1952, gibt sie die berühmten »Briefe über Cézanne« von Rainer Maria Rilke zur Veröffentlichung frei. *Heute wollte ich Dir ein wenig von Cézanne erzählen,* hatte Rilke im Oktober 1907 aus Paris an seine Frau nach Worpswede geschrieben, nachdem er sich anlässlich des Pariser Herbstsalons intensiv mit der Kunst Paul Cézannes auseinandergesetzt hatte. Für Paula Modersohn-Becker, der Clara Rilke diese Briefe zu lesen gab, kurz bevor sie am 20. November 1907 starb, gehörten sie zur letzten Lektüre.

·

Fischerhude, 9. März 1954. In dem ebenerdigen Atelier von Clara Rilke mit Blick auf die Wümmewiesen haben sich Familie, Freunde und Nachbarn um den Sarg mit der Verstorbenen versammelt, um von ihr Abschied zu nehmen. Das silberweiße Haar umrahmt ihr energisches Gesicht, die schmalen, doch kräftigen Hände ruhen gefaltet auf ihrer Brust. An den Wänden, auf Schränken und Regalen verteilen sich ihre Arbeiten, stehen Bücher, Krüge, Erinnerungsstücke.

Die Nachricht von Clara Rilkes Tod im Alter von 76 Jahren hat sich blitzschnell verbreitet und löst eine Flut von Würdigungen aus. Aber die Mehrzahl der Nachrufe geht nur am Rande auf ihr künstlerisches Schaffen ein. Umso mehr wird jene Frau gerühmt, die *einmal die Gattin und Gefährtin Rainer Maria Rilkes war* und treu *das köstliche Vermächtnis ihres Gatten* bewahrte. Es zu pflegen und anderen Menschen nahezubringen, sei ihre vornehme Pflicht und Aufgabe gewesen.

Mit Clara Rilke-Westhoff ist eine Frau dahin gegangen, die durch den Adel ihrer Erscheinung allen unvergesslich bleiben wird, die ihr einmal begegnet sind, wird die Hannoversche Allgemeine Zeitung im März 1954 schreiben und die als typisch weiblich definierten und gepriesenen Eigenschaften der Bildhauerin hervorheben: *Hochgewachsen, mit klarem Blick Menschen und Dinge ihrer Umgebung durchdringend, erinnerte sie an die sagenumwobenen Frauen der Vorzeit, denen übernatürliche Kräfte zugesprochen wurden.*

Zwei Pferde ziehen die schwarze Kutsche mit dem blumengeschmückten Sarg, und ein langer Trauerzug begleitet die Tote auf ihrem letzten Weg von ihrem Haus in der Bredenau bis zum Fischerhuder Friedhof, wo auch ihre Enkelin Christine begraben liegt.

1949 verließ unsere Mutter mit ihrem zweiten Mann die damalige Ostzone und brachte die wichtigsten Dinge des Archivs schwarz über Berlin in den Westen, nach Fischerhude, wusste Clara Rilkes Enkelin Josepha später zum Verbleib des Rilke-Nachlasses zu erklären, den Ruth Sieber-Rilke und der Orchestermusiker Willy Fritzsche nach dem Krieg über die Grenze retteten und im Haus von Clara Rilke in Sicherheit brachten.

Nach dem Tod der Bildhauerin schrieb der einst mit beiden Rilkes befreundete Schriftsteller und Essayist Rudolf Kassner an Ruth Sieber-Rilke, die auch das Erbe ihrer Mutter übernahm, nach Fischerhude:

Ich hoffe, dass der Tod Deiner Mutter ein sanfter war, sie hat ihn nicht anders verdient mit ihrem stillen einsamen, selbstlosen Leben. Ich habe sie das letzte Mal 1918 oder 19 mit Väterchen zusammen gesehen, bei mir in der Herrschelstraße damals in München. Sie aßen beide zu Abend bei mir. Der Abend ist mir sehr im Gedächtnis haften geblieben. Ich hatte vorher nicht gewusst, dass Deine Mutter so nachgebend sein könnte. Ihre große, eher mächtige Figur hat diesen Gedanken nie in mir aufkommen lassen. Sie war eine nordische Natur, nicht weit vom Meer, wo das Starke, Starkgliedrige da ist, um das Sanfteste, Nachgiebigste zusammen zu halten.

ANHANG

Dank

Mein herzlicher Dank gilt der Paula Modersohn-Becker-Stiftung, Bremen, und der Otto Modersohn-Stiftung, Fischerhude, die mir Einblick in ihre Archive gewährten und meine Arbeit mit zahlreichen nützlichen Hinweisen unterstützten.

Besonders danken möchte ich auch all jenen, die mir für den Abbildungsteil Fotografien aus ihren Privatarchiven zur Verfügung gestellt haben.

Quellen und bibliografische Auswahl

Alpers, Else: Clara Rilke-Westhoff und Rainer Maria Rilke. Verlag Atelier im Bauernhaus, Fischerhude 1987

Berend-Corinth, Charlotte S. 181 In: Stephan, Inge (Hrsg.): Das Schicksal der begabten Frau. S. 129

Berger, Renate: Paula Modersohn-Becker: Paris – Leben wie im Rausch. Bastei-Lübbe 2007

Blom, Philipp: Der taumelnde Kontinent. Europa 1900–1914. Hanser Verlag 2009

Bohlmann-Modersohn, Marina: Hoffnung auf den neuen Menschen – Heinrich und Jan Vogeler. In: Väter und Söhne. Rowohlt-Berlin 1996

Bohlmann-Modersohn, Marina: Paula Modersohn-Becker: Eine Biografie mit Briefen. Erweiterte Neuauflage. btb Verlag, München 2007

Busch, Günter/ Reinken, Liselotte von (Hrsg.): Paula Modersohn-Becker in Briefen und Tagebüchern. Revidierte und erweiterte Neuausgabe, bearbeitet von Wolfgang Werner. S. Fischer Verlag, Frankfurt am Main 2007

Cosnier, Colette: Marie Bashkirtseff. Ich will alles sein. Verlag Volk & Welt, Berlin 1994

Galerie Cohrs-Zirus (Hrsg.): Katalog zur Ausstellung »Clara Rilke-Westhoff. Plastiken, Zeichnungen, Gemälde«. Worpswede 1978

Galerie Cohrs-Zirus (Hrsg.): Katalog zur Ausstellung »Helmuth Westhoff. Aquarelle, Zeichnungen, Gemälde«. Worpswede 1979

Gebsattel, Viktor von S. 260: »Briefe an Ernst Hardt« DLA Marbach. In: Theodore Fiedler: »Das Ich versagt am Es: Zu Rilkes Rezeption der Psychoanalyse.« Rainer Maria Rilke. Eine Annäherung. Jan Badewien/Hansgeorg Schmidt-Bergmann (Hrsg.) Evangelische Akademie Baden, 2004. S. 104.

Hansmann, Doris: Künstlerkolonie Worpswede. Prestel, München 2011

Hetsch, Rolf (Hrsg.): Paula Modersohn-Becker. Ein Buch der Freundschaft. Verlag Atelier im Bauernhaus, Fischerhude 1985

Huch, Ricarda: Erinnerungen an das eigene Leben. Kiepenheuer & Witsch, Köln 1980. S. 195

Kandel, Eric: Das Zeitalter der Erkenntnis. Siedler Verlag, München 2012

Kassner, Rudolf S. 364 In: Museum Langenargen am Bodensee, Katalog zur Ausstellung »Die Bildhauerin Clara Rilke-Westhoff 1878–1954. S. 124

Kettelhake, Silke: Renée Sintenis. Berlin, Boheme und Ringelnatz. Osburg Verlag 2010.

Künstler in Fischerhude. Brockkamp Verlag, Bremen 1984

Künstlerinnen um 1900, Katalog zur Ausstellung »Ab nach München«. Süddeutsche Zeitung Edition 2014

Kunstverein Fischerhude (Hrsg.): Fischerhude. Malerdorf an der Wümme. Verlag Atelier im Bauernhaus, Fischerhude 2002

Lohmann, Hans-Martin: Sigmund Freud. Rowohlts Bildmonographien. Reinbek 2006

Martens, Gunter / Post-Martens, Annemarie: Rainer Maria Rilke. Rowohlts Bildmonographien, Reinbek 2008

Morgner, Irmtraud: Leben und Abenteuer der Trobadora Beatriz nach Zeugnissen ihrer Spielfrau Laura. München, Luchterhand 2010.

Museum Langenargen am Bodensee: Katalog zur Ausstellung »Die Bildhauerin Clara Rilke-Westhoff 1878-1954«. Jan Thorbecke Verlag, Sigmaringen 1988

Nádherný von Borutin, Sidonie S. 284 Tagebuchnotizen aus Paris 21.4.–28.5.1913. In: Storck, Joachim W. (Hrsg.): Rainer Maria Rilke/Sidonie Nadherný von Borutin. Briefwechsel 1906–1926. S. 587

Notable American Women 1607–1950. Harvard University Press, Cambridge, MA 1971

Otto-Modersohn-Museum, Fischerhude: Briefe und Tagebücher Otto Modersohns 1895 bis 1925

Paris, Reine Marie: Camille Claudel. S. Fischer Frankfurt am Main, 1989

Pasternak, Boris S. 72 Geleitbrief, 1958. In: Schnack, Ingeborg: Rilke Chronik. S. 109

Peters, Heinz Frederick: Lou Andreas-Salomé. Das Leben einer außergewöhnlichen Frau. Heyne Verlag, München 1962

Pfeiffer, Ernst: Lou Andreas-Salomé. Lebensrückblick. Insel Verlag, Frankfurt am Main 1968

Pfeiffer, Ernst, Rainer Maria Rilke / Lou Andreas-Salomé: Briefwechsel. Insel Verlag, Frankfurt am Main 1975

Reventlow, Franziska zu: Briefe 1. Jugendbriefe 1890–1893. Werk-
ausgabe Bd. 4. Igel Verlag, Hamburg, 2010

Rilke, Ruth S. 298 In: Sieber-Rilke, Hella (Hrsg.): Rainer Maria
Rilke. Briefe an die Mutter. Bd. 2. S. 271

Sauer, Marina (Hrsg.): Die Bildhauerin Clara Rilke-Westhoff.
Hauschild Verlag, Bremen 1986

Schlaffer, Hannelore: Ehen in Worpswede, Verlag Gerd Hatje,
Stuttgart 1994

Schnack, Ingeborg: Rilke-Chronik. Erweiterte Neuausgabe von
Renate Scharffenberg. Insel-Verlag, Frankfurt am Main 2009

Schuster, Jörg (Hrsg.): Harry Graf Kessler. Das Tagebuch Vierter
Band 1906 bis 1914. Stuttgart, Klett-Cotta 2005

Sieber, Carl S. 330/31 In: Sieber-Rilke, Hella (Hrsg.): Rainer Maria
Rilke. Briefe an die Mutter, Bd. 2. S. 499/500

Sieber-Rilke, Hella (Hrsg.): Rainer Maria Rilke. Briefe an die Mutter. Band 1. und 2. Insel Verlag, Frankfurt am Main 2009

Sieber-Rilke, Ruth / Sieber, Carl (Hrsg.) Rainer Maria Rilke: Briefe
aus den Jahren 1902 bis 1906. Insel Verlag, Leipzig 1930

Sieber-Rilke, Ruth / Sieber, Carl (Hrsg.): Rainer Maria Rilke: Briefe
aus den Jahren 1906 bis 1907. Insel Verlag, Leipzig 1930

Sieber-Rilke, Ruth / Sieber, Carl (Hrsg.): Rainer Maria Rilke: Briefe
aus den Jahren 1907 bis 1914. Insel Verlag, Leipzig, 1939

Sieber-Rilke, Ruth / Sieber, Carl (Hrsg.) Rainer Maria Rilke: Tagebücher aus der Frühzeit. Insel Verlag, Leipzig 1942

Sintenis, Renée S. 257 In: Kettelhake, Silke: Renée Sintenis. S. 31

Stephan, Inge: Das Schicksal der begabten Frau. Kreuz Verlag, Stuttgart, 1989.

Storck, Joachim W., (Hrsg). Rainer Maria Rilke / Sidonie Nádherný von Borutin. Briefwechsel 1906–1926. Wallstein Verlag, Göttingen 2007

Tank, Kurt Lothar: Gerhart Hauptmann. Rowohlts Bildmonographien, Reinbek 2000

Vinke, Hermann: Cato Bontjes van Beek. Arche Verlag 2003

Vogeler, Heinrich: Erinnerungen mit Lebenszeugnissen aus den Jahren 1923–1942, Verlag Rütten& Loening, Berlin 1989, in der Bearbeitung von Joachim Priew und Paul-Gerhard Wenzlaff.

Vollard, Ambroise: Erinnerungen eines Kunsthändlers. Diogenes Verlag, Zürich 1980

Zweig, Stefan: Die Welt von Gestern. Erinnerungen eines Europäers. Fischer Verlag 1942

PERSONENREGISTER

BILDNACHWEIS

Gloria Steinem

My Life on the Road

384 Seiten mit Abbildungen, btb 75703
Aus dem Amerikanischen von Eva Bonné

**Gloria Steinem ist eine Ikone der modernen
Frauenrechtsbewegung.**

Sie ist klug, elegant und charmant. Eine Kämpferin mit
Leidenschaft und Stil. Ein Vorbild für Frauen seit fünf
Jahrzehnten. Hillary Clinton verehrt sie genauso wie die
Schauspielerin Emma Watson. Lange vor Facebook-Chefin
Sheryl Sandberg hat Gloria Steinem Frauen den Glauben an
sich selbst gegeben. Sie hat provoziert, Mut gemacht und alte
Rollenbilder über den Haufen geworfen. Auch heute noch, mit
über achtzig Jahren, ist Gloria Steinem ein Star, der Frauen
jeder Generation begeistert. In MY LIFE ON THE ROAD
erzählt Steinem von einem rastlosen Leben, ausgefüllt mit
Reisen und unvergesslichen Begegnungen.

»Eine der wichtigsten Frauen unserer Zeit.«
Diane von Furstenberg

»Steinem zeigt, dass in uns allen eine Kämpferin steckt – wir
müssen nur unsere Sachen packen und ihr folgen.«
Lena Dunham

btb